白亜紀

Night Comes
the Cretaceous

恐竜の絶滅と現代地質学

るく

ウエル／寺嶋英志・瀬戸口烈司

白亜紀の夜へ凍てつく息を吐く

玄月

edit gallery

撮影　熊谷聖司

千夜千冊エディション

理科の教室

松岡正剛

角川文庫
21376

千夜千冊
EDITION

理科の教室

松岡正剛

前口上

人間の前にドーブツがいた。その前に植物が繁った。
植物の前にコーブツがいて、地球が酸素でかこまれた。
そういうところに花と虫が一緒にあらわれた。
ぼくはささやかな理科少年だった。
デボン紀、石炭紀、ジュラ紀、白亜紀にどきどきし、
タングステンおじさんやシダの密生に憧《あこが》れた。

目次

第一章 科学のおじさん

第二章　鉱物から植物へ

第三章　虫の惑星・ゾウの耳

第四章

背に腹はかえられるか

第一章 科学のおじさん

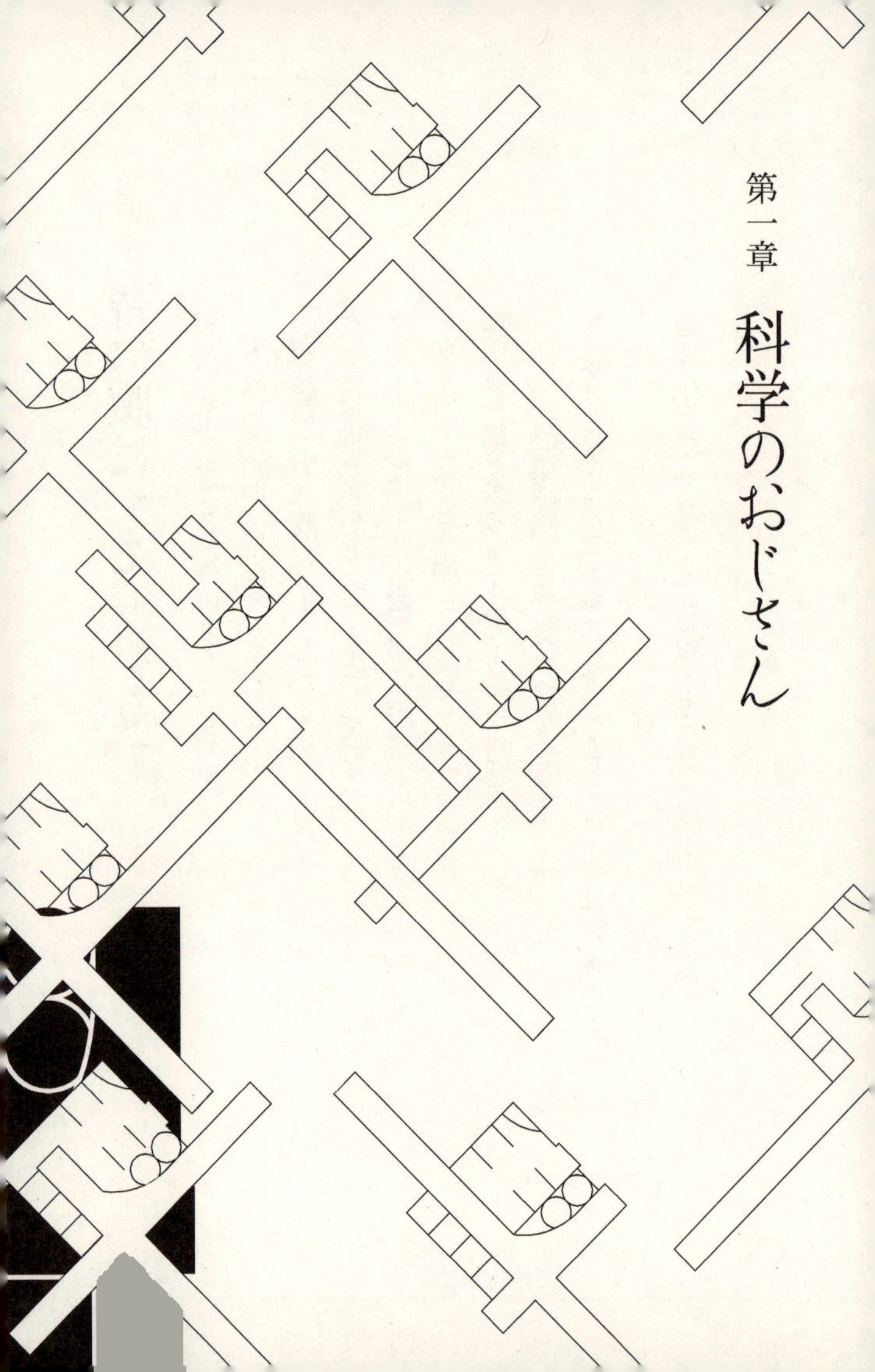

マイケル・ファラデー『ロウソクの科学』
ウィルヘルム・オストワルド『化学の学校』
アンリ・ポアンカレ『科學と方法』
寺田寅彦『俳句と地球物理』
中谷宇吉郎『雪』
野尻抱影『日本の星』
湯川秀樹『創造的人間』
朝永振一郎『物理学とは何だろうか』
ジョージ・ガモフ『不思議の国のトムキンス』
オリヴァー・サックス『タングステンおじさん』

何本ものロウソクの話だけで
「科学の魂」を示した名クリスマス講義

マイケル・ファラデー

ロウソクの科学

Michael Faraday: The Chemical History of a Candle 1861

三石巖訳　角川文庫　一九六二

科学のもつときめきとの出会いといったら、恋や旅の比ではないほどのことがある。ぼくの胸のどこかにエナメル線が巻きついた十字架を最初に打ちこんだのは、マイケル・ファラデーだった。

ファラデーの法則のことではない。あのクリスマス講演だ。ファラデーの電磁気学が世界にもたらした衝撃については、ここではくりかえさない。ベンゼンの発見、塩素の液化法の発見、復氷の発見、特殊鋼の研究、金のコロイドの発見などの成果についても省略しよう。ロンドンのナショナル・ポートレート・ギャラリーに掛かっているファラデーの肖像画がいかに魅惑的かということも、ここでは駄弁を弄《ろう》さない。それよりクリスマス講演だ。

ファラデーは一八六〇年のクリスマス休暇に、ロンドン王立研究所の主催で連続六回にわたるクリスマス講演をした。

これがすばらしかった。そのころ晩年にさしかかっていたファラデーの名はロンドン中に聞こえていたし、その話術は深い知性と科学への愛情に満ちていた。講演は一日目から満員で、王侯貴族から一般市民までがつめかけた。とくにファラデーがこの年かぎりで王立研究所を退くことを知っていたロンドンっ子は、この天才の才能を惜しむかのように講演に聞き入った。

その夜、ファラデーは『ロウソクの科学』の第一講を語った。冒頭、ゆっくりと聴衆を見まわし、「この講演で、どんな話が出てくるかをたのしみにお集まりくださった光栄にこたえるために、私は一本のロウソクをとりあげて、皆さんに、その物質としての身の上話をいたしたいと思います」と語りはじめた。ロウソクの身の上話なのである。聴衆にざわめきのような声が上がった。その静まりを待って、ファラデーは次にこう言った、「この宇宙をまんべんなく支配するもろもろの法則のうちで、ロウソクが見せてくれる現象にかかわりをもたないものは、一つもないといってよいくらいです」。

ファラデーがクリスマス講演をとても大切にしていただろうことは、少年時代の日々にすでに刻印されていたようにぼくには思われる。

ファラデーは十八世紀末ロンドンの下町の、そのまた場末の鍛冶屋《かじ》の倅《せがれ》だった。少年時代の境遇はディケンズが描いたデイヴィッド・コパフィールドやオリバー・ツイストにとても近い。早くから家事を手伝い、小学校に通うころには製本屋の小僧っ子になった。けっこう極貧の日々ではあったが、その製本屋の主人が少年ファラデーをおもしろがった。製本途中の書物の片隅にすばやく好奇の目を光らせる少年に興味をもって、書物を読む時間をくれた。

そういうところは、ちょっとベンジャミン・フランクリンに似たスタートだ。主人はまた、製本屋の屋根裏部屋に仲間が集まって、自然界や科学界や技術がどういうものかをときどき夜っぴて語ることを許した。この時代、印刷業とは出版書籍業であって、工場にはいつも「知」がインクまみれで飛んでいたのである。

ある日、少年ファラデーはお使いの途中の街角で一枚のポスターを見る。テータムという人物が毎週一回の講演会を自宅で開いているというポスターだ。ファラデーは兄に銀貨をねだって手に握りしめ、この講演に駆けつけた。科学の夜明けがそこにあった。

ある日また、少年ファラデーは製本屋を訪れた客の一人から、かのハンフリー・デービーが王立研究所で公開特別講演をすることを聞きつけた。デービーはイギリス第一の化学者である。電気分解の先駆者であり、ナトリウム、カリウム、カルシウム、マグネシウムなど、たくさんの元素を発見した。またまた銀貨をせびったファラデーはデービーの講演を研究所の講堂の片隅で固唾《かたず》をのんで聞く。

この二つの講演はファラデーの胸に鮮やかに刻まれた。それは少年ファラデーを科学者ファラデーにしたセピア色の日光写真だった。さっそく講演内容を克明にメモしたノートをデービーに送ったところ、デービーも少年に好意をもった。一八六〇年のクリスマス講演はその日光写真の忘れがたい感動に対する返礼だったにちがいない。けれどもどう想像しても、テータムやデービーよりもファラデーの講演のほうが数百倍すばらしかったろう。ちょっとだけ、内容を紹介する。

ぼくが読んできたもののなかで、『ロウソクの科学』ほど文句のつけようがないくらい感嘆できる科学書は少ない。

科学のギョーカイではこういうものをしばしば通俗科学書とか通俗科学講義と言いたがるのだが、このクセはやめたほうがいい。どこが通俗であるものか。少年少女がめざめるべき理科と科学の真髄はすべて、ここにある。いや、オトナだってその翼に乗ってそのまま大空を滑空できる。

ファラデーはこの講演でたんにロウソクの話をしたのではない。ロウソクを比喩《ひゆ》につかったのでもない。ロウソクの身の上話をしたのだけれど、その場に何本もの何種類ものロウソクを持参して、ときに実験を見せながら話をはじめたのだ。まさにロウソクだけで多様におよぶ科学をしてみせた。

一本目は木綿糸をぐるぐる巻きにして牛脂に浸した「ひたしロウソク」だ。これでロウソクというものがどのようにできているかを説明した。二本目は沈没した軍艦ロイヤル・ジョージ号が引き揚げられたときのロウソクで、これはたっぷり塩水に浸されたにもかかわらず、火をつけると燃える。スエット(牛脂)が燃えるためであるが、ファラデーはそのスエットの話からステアリン酸を製造してみせたゲイ=リュサックの功績を紹介して、その実験過程を丹念に詳しく案内しながら、化学者というものがいかにロウソクの本質にかかわってきたかを語った。

三本目のロウソクは、マッコウクジラの油を精製してつくられた「鯨油《げいゆ》ロウソク」である。四本目は黄色の蜜蠟《みつろう》のロウソク、五本目は精製した蜜蠟ロウソクで、このロウソクからはパラフィンという不思議な物質の謎を暗示した。六本目は遠い日本から取り寄せた和ロウソクで、おそらくはハゼの実の脂肪を利用したものだったろう。ファラデーは和ロウソクを手に東洋の神秘を伝えた。

このように実物のロウソクを何本も見せながら、ファラデーはしだいに「ロウソクが燃える」とはいったいどういう物理現象なのかということを説明していく。話は化学や物理のことばかりでなく、たとえばロウソクの最も美しい姿は「ロウソクの有用性が完《かん》璧《ぺき》をめざしたときに生まれる美しさであります」というふうな美の科学の観点も、そのつど語られる。

ただのお話ではなかった。ノートを見ながら講義したわけでもない。このクリスマス講演はファラデーがさまざまな実物を持ち出し、ファラデー自身がさまざまな実験を交えた世にも驚くべき手品のような講演だったのである。

たとえばファラデーの前には皿に盛った食塩がおかれていた。その食塩にファラデーは水差しに入った飽和食塩水を注いでみせる。食塩水は青く染められているので、青い色が食塩の山をゆっくりのぼっていく。聴衆が目をまるくしているなか、ファラデーはいくつもの解説をする。なぜわれわれは石鹸《せっけん》で手を洗い、タオルで手を拭《ふ》くのかというようなことを――。

石鹸で手を洗えば水が手にくっつく。タオルで手を拭けば水がタオルにくっつきやすくなる。これが毛管現象によるものであることを示しつつ、実はロウソクが燃えるのもこの原理と同じだということを、まさに手品師が種のすべてを順々に明かすごとくに、証《あか》していくわけなのである。

こうして『ロウソクの科学』は第六講に及んだ。第二講ではファラデーはロウソクに紙や紙円筒や木綿の芯《しん》を近づけ、燃やしてみせる。そればかりか、ごく少量の火薬も燃やす。さらには金網も燃やしてみせる。

第三講はロウソクが燃えたあとに「いったい何が残るか」という興味津々の問題を示した。ファラデーは大人にも子供にもわかるように、そしていっそうの不思議が聴衆の胸に募るように、ロウソクの燃焼によって生成されるものが「水」であることを実験してみせるのだ。

第五講では満員の聴衆の前でシャボン玉を二酸化炭素の瓶の上でふわりと浮かせた。第六講では石炭ガスなどを使ったかなり劇的で過激な卓上実験をし、最後の最後になって、ロウソクの燃焼が実は人間の「呼吸」とほぼ同じ現象であることを、魔法のように解いて結ぶのである。ロウソクと呼吸を一緒に話すなんて、なんともすばらしい。みんな、どきどきしたことだろう。


いまではこうした実験の数々はNHKの教育番組やナショジオTVでもしょっちゅうお目にかかれるものだろう。けれどもその方法の端緒をひらいたのはファラデーのクリスマス講演だったのだ。

その躍動するシナリオといい、その本質を衝《つ》く機知といい、かつてどんな科学者も見せたことのないものだった。かつてなかっただけではない。フロックコートを脱ぎ、帽子を取って、おもむろにロウソクを取り出せる科学者なんて、そこに科学の本来と思索の探求を語れる科学者なんて、あれから一四〇年、一人も出なかった。どうしても本書を読んでみられることを勧めたい。

ところで、クリスマス講演『ロウソクの科学』が格別のものである理由が、もうひとつある。それはこの講演の記録者が、かのウィリアム・クルックス卿《きょう》だったということだ。陰極管（真空管）を発明し、陰極線を発見したクルックスがどういう人物であったかということ、どれだけぼくがクルックスに熱烈な関心を注いだかということは、二八年前に『遊学』（大和書房→中公文庫）に書いたことなので、ここでは省く。

そのクルックスが本書に序文を寄せている。この一文がまたすばらしい。「不細工な素焼のかわらけに赤黒い炎をあげて燃える東方の国の液状瀝青《れきせい》、精巧でもその役目を果たしかねたエトルリア人のランプ」といった歴史的な「火」の列挙に始まって、この燃焼の真実の奥に輝く生命の火の謎を、いまマイケル・ファラデーが解こうとしている臨場感をのべている。序文の最後は「科学のともし火は燃えあがらねばならぬ。炎よ行け！」である。

こういう格別のナビゲーターによって幕があく科学講義なら、いまからでも聞いてみたい。見てみたい。

ぼくも講演をときどきしているが、最近は手に何かを持ったり、「さあ、では、これが河井寛次郎の茶碗《ちゃわん》です。ご覧ください」と言ってモニターに映し出される映像に魔法を任せたりしている。いつかは模型飛行機やらぼくのレントゲン写真やらも持ち出したいものだ。

第八五九夜　二〇〇三年九月三十日

参照千夜

四〇七夜：ディケンズ『デイヴィッド・コパフィールド』　五夜：河井寛次郎『火の誓い』

「元素フェチ」から「反応フェチ」へ
世界の歴史は化学によって変化してきた

ウィルヘルム・オストワルド

化学の学校

Friedrich Wilhelm Ostwald: Die Schule der Chemie, Erste Einführung in die Chemie für Jedermann 1903
都築洋次郎訳　岩波文庫　全三冊　一九五二

京都の初音中学二年のとき科学部に入った。チョークという渾名《あだな》の吉田センセーが顧問だ。顎《あご》がちょいとしゃくれていて、白い上っぱりをいつも引っかけ、サンダルで教室から教室へと廊下をペタペタ移動する。板書をしたあとも白墨を手離さないで喋《しゃべ》っているので、チョークなのである。

科学部に入部すると実験室に出入りできた。部員はたった七人だったが、実験器具をいじれるのとセンセーの話が聞けるので、それだけでわくわくした。各自で研究プランを提出して吉田センセーに裁定してもらい、「じゃ、やってみい」と言われると、これを一学期で一つずつこなす。タイトルは仰々しくも「脱皮の研究」「ホコリの研究」「皮膚の研究」「落体実験の研究」「悲鳴の研究」「ツル草の特性研究」といったレイレイしいものなのだが、なんのことはない、誠文堂新光社の「子供の科学」のバックナンバーや図書館の科学図鑑や理科の参考書などをまるごとヒントにしたものばかりだ。

吉田センセーの話は顎がしゃくれているせいか、いつも断片的なのだが（ときどきむにゃむにゃと溶けていくのだが）、目の前に実験器具と試料があるので、どんな雑談的な話でもそのつど、どぎまぎできた。

いまなおありありと蘇《よみがえ》るのは「ミセルとベシクルの冒険」の話だ。この、グリム童話のようなミセルとベシクルの話のおかげで、ぼくはその後も界面（interface）と分子間力（intermolecular force）にずっと興味をもちつづけることができた。

「ええか、わかったか、石鹸はミセル、シャボン玉はベシクルやで」「二人はキョーダイなんや」と吉田センセーは宣《のたま》った。

ミセル（micelle）は、界面活性剤などの分子がある程度の濃度になると集合するコロイド状の粒子のことで、石鹸はこのミセルの独特な性質をつかってつくられる。分子には、食塩のように水に溶ける親水性分子と石油のように水に溶けない疎水性分子とがあって、なかに両方のはたらきをもつ両親媒性分子というものがある。これがミセルだ。一方のベシクル（vesicle）はこの両親媒性分子が隙間なく並んで脂質の二重層をつくりだしたもので、二分子膜の薄い袋をつくる。シャボン玉はベシクルでできている。

ミセルは単分子膜、ベシクルは二分子膜なのだが、分子膜がどういうもので、そこにはたらく分子間力が何を意味するのかはまださっぱりわからなかった。けれども、リン脂質でできた二分子膜のベシクルが細胞膜（生体膜）をつくっていたこと、石鹸や洗剤やシャボン玉の膜をつくる両親媒性分子こそが数々の「界面マジック」や「膜マジック」を演出しているのだということは、その後のぼくの生命科学観の苗床になった。ぼくは正真正銘の膜フェチなのである。

ちなみに分子間力は何かというと、分子どうしや高分子内の離れた部分にはたらく電磁気学的な力のことで、強い順にイオン間相互作用、水素結合、双極子相互作用、ファンデルワールス力などになっている。

話を戻して、中学校の理科はざっとこんなぐあいで過ぎていったのだが、次の九段《くだん》高校での理科は一・二年で生物を、二・三年では物理と化学を選択した。当時の都立高校は生物が共通で、物理・化学・地学のうちの二科目が選択だったからだ。三教科とも期待していたのに、半分以上ががっかりだった。

センセーがおもしろかったのは生物だけで、初めて進化や発生や適応のマジカルな経過に興奮させられた。一番惹《ひ》きつけられたのは「細胞の魔力」だったろうか。センセーが黒板に描く細胞図に、次々に染色体やミトコンドリアのぐにゅぐにゅや幾つもの引きだし線が加わっていくのに、しばしばうっとりした。

物理の授業はあまりに地味すぎた。教室の床にゆっくり沈みこんでいくような地盤沈下授業だったので、半分以上の生徒が寝ていた。よくいえばマニア風味のセンセーなのだが（いいかえると独りよがり）、ついに一度も物理的想像力というものに期待を抱かせてくれなかった。これは致命傷だ。せめてフィジカル・イメージとはどういうものかを刷り込んでほしかった。ぼくが物理にとりくむ気になったのは、大学時代に勝手気儘《きまま》なコースで量子力学や相対性理論に入りこんでみてからのこと、湯川博士の家にお邪魔するようになってからのことだ。

で、最悪だったのが化学の授業だったのである。のちのち自分で化学をいじってみようという気分のカケラさえ貰《もら》えなかった。汚い万年白衣をワイシャツの上に羽織った太っちょの、エロキャベツという渾名のセンセーが授業中の半分ほどをむだ話ばかりするので、化学反応式もモル計算もさっぱり身が入らなかったし、それよりなにより「化学」というもの全般がなんだかインチキじみたイメージに染められてしまったのだ。

あらためてふりかえってみると、当時の高校理科はかなりヤバかった。化学が最悪だったのも、責任は担当教師ばかりにあったのではなく、おそらく学習指導要領がそうとう「へたれていた」か「硬直していた」のではないかと思う。

十五年ほど前（二〇〇三年）に高校理科の教科書にかかわることになった。意外なことにぼくがおエラい先生にまじって「理科基礎」の教科書の監修者に選ばれたのだ（もうひとつ「理科総合」が新設された）。そこで当時の検定教科書をいろいろ見ることになったのだが、数研出版や東京書籍や第一学習社の理科教科書のいずれもが、どれもこれもいきいきとしていない。遺伝の教え方、極性の教え方、熱力学の教え方、みんなおかしい。

現場のセンセーたちとも何度か面談したが、ほとんどが冒険を避けるような雰囲気である。超コンサバなのだ。教科書メーカーの版元の担当者に訊《き》くと、指導要領が縛っているんだという。十五年前でそうだったのだから、ましてぼくの高校時代は半世紀も前の教科書だ。何かが沈殿しているか渋滞したままだったにちがいない。

ちなみにその後の化学教科書がどうなっているのか、しばらく知らないままだったのだが、二〇〇六年に講談社ブルーバックスで左巻健男の『新しい高校化学の教科書』というものが出たので覗《のぞ》いてみたところ、あえて〝検定外教科書〟と銘打ったわりにはまだまだダイナミズムに欠けていた。

左巻センセーは実験科学をおもしろく展開したり見せたりするのが得意な人で、子供に科学実験のおもしろさを伝えるとかカルメ焼きの作り方を究明するのは名人級なのに、教科書の脱構築は難しかったのだろう。せっかくなので応援もしておくが、左巻本では

上田誠也さん、竹内敬人さんらとともに、ぼくがかかわった東京書籍の『理科基礎』。高校生にリベラルアーツとしての理科の見方・考え方を案内するという方針で編集された画期的な教科書だった。

『暮らしのなかのニセ科学』（平凡社新書）や『病気になるサプリ』（幻冬舎新書）などが、きわどく警喩的で、ずっといい。

というわけで、ぼくの中学理科・高校理科はたいそう粗雑なままにおわったのだが、今夜はそれならばということで原点の教科書にもどることにした。ウィルヘルム・オストワルドの『化学の学校』だ。

岩波文庫で三冊分になるが、こんなに丁寧で、手元臨場的な本はいまでもめずらしい。すべて対話型で、まるで岩波文庫の中に先生一人、生徒一人の化学のミニ教室があるかのようなのだ。先生の名前は都築洋次郎の古典的な訳ではオストワルド先生だが、以下はオストヴァルトと表記する。

オストヴァルトは、電離には欠かせない「オストヴァルトの希釈律」や硝酸の製法を革新した「オストヴァルト法」で有名なノーベル賞化学者である。ノーベル賞受賞の理由は「触媒作用・化学平衡・反応速度の研究に果たした功績」というもので、これはほとんど現代化学の基本の基本を確立したというに等しい。

一八五三年、ロシア領リガ（ラトビア）で桶《おけ》屋の子に生まれ、ドルパット大学やリガ工科大学で教鞭《きょうべん》をとったのち、一八八七年からライプツィヒ大学で二十世紀現代化学のあらかたの基礎を組み上げた。化学の総合化に対する信念をもっていた。

一方で哲学にも政治にも明るく、さらに色彩についての先見の明があった。ぼくが印刷に関心をもったころ、誰もがマンセルの色彩カード (Munsell Color System) を活用していたものだが、それをつくったアルバート・マンセルに多大な影響をもたらしたのがオストヴァルトなのである。マンセルの色相 (Hue)、明度 (Value)、彩度 (Chroma) はそこで生まれた。オストヴァルトの色彩化学はさらにデ・ステイルやピエト・モンドリアンのアート活動を理論的に支えた。

思想的にはかなりの堅物だったと思う。一元論的なのだ。これはエルンスト・ヘッケルからの影響とハーバート・スペンサーの社会進化思想への共感によるのかもしれない。やがてカール・ユングがオストヴァルトの一元論を心理学にあてはめた。かれらにとっては「心も化学だった」のである。

そういうオストヴァルトが晩年になって、子供のための『化学の学校』を書いた。十三歳の子供がわかることを念頭においたという。先生と生徒の会話問答様式にしたのは、ガリレオの『新科学対話』を踏襲したかったためらしい。


前半の手順がすばらしい。「物質」「性質」から始まって、「元素」「空気」をへて「化学当量」「電気分解」に及ぶまで、先生と生徒のやりとりを丹念に追っているミニ教室なのだが、それだけですっかり化学思考に慣れるようになっている。

見出しだけを追うと、物質↓性質↓物質と混合物↓溶液↓融解と凝固↓蒸発と沸騰↓測定↓密度↓形態↓燃焼↓酸素↓化合物と成分↓元素↓軽金属↓重金属↓続酸素↓水素↓爆鳴気↓水↓氷↓水蒸気↓窒素↓空気↓炭素↓酸化炭素↓二酸化炭素↓太陽↓塩素↓塩素と水↓化学当量↓化合量↓倍数比例↓気体容積の法則↓電気分解……というふうに進む。基本の基本であるとはいえ、なんとも絶妙な説明手順だ。

後半は各元素の性質を次から次へと提示しながら問答を繰り広げているので、化学の多様性に遊べる。ただし、こちらはいささか古い。今日の化学参考書を補ったほうがいい。

『化学の学校』に挿入されている図は化学器具の基本ばかりだが、少年にとってはわくわくするものばかりだろう。乳鉢、濾過器《ろか》、試験管、アルコールランプ、温度計、フラスコ、ビーカー、ピペット、サイフォン、ピュレット、ライデン瓶などが次から次へと登場し、かんたんな実験装置も図示されていく。

オストヴァルトは最初の数十ページで、生徒がどのように「物質」という言葉を理解できていくかという説明をする。そこがすべての出発点であるからだ。化学（chemistry）は物理学（physics）と同様に「物質」（matter, substance）を相手にする学問である。ただし物理学が物質の運動を力学的に見ていくのに対して、化学はもっぱら物質の性質を反応的に見つづける。

物質を相手にするといっても、この物質は地球にあるものだけではなく、宇宙にあるものも含む。物質の起源は一三八億年前に宇宙の素《もと》が光よりも速い膨張を急速におこし（インフレーション）、そのあとのビッグバンで物質が宇宙大に飛び散ったことに始まっている。化学はいまもってこの宇宙開闢《かいびゃく》以来の散らばった物質たちのすべてを相手にする。それらがどのように反応していくのかを見る。

もっともわれわれがこれまでの科学で知ってきた物質は、おそらく全宇宙の物質のうちのたった五パーセント程度でしかない。残りの九五パーセントは、オストヴァルトの時代にはそんなふうに呼ばれていなかったが、ダークマター（dark matter）およびダークエネルギー（dark energy）というもので、観測不可能な状態にある。だから化学は全宇宙物質中の五パーセントくらいの物質を扱う。それは昔も今も同じなのだ。

物質たちには著しい共通性がある。すべてが一〇〇種類ほどの原子（atom）からできていること、原子は原子核をつくる陽子・中性子とその周囲をまわっている電子でできていることだ。どんな原子も原子核（陽子・中性子）・電子の構成なのだ。

ただ陽子と電子の数は原子によってちがっているから、いろいろになる。原子は水素・ヘリウム・酸素・ナトリウム・アルミニウム・鉄・亜鉛・ニッケル・コバルト・ストロンチウムなどなどの元素（element）としておなじみの姿恰好《すがたかっこう》をとり、しかるべき性質をあらわし、環境条件や熱の状況によって他の物質とさまざまに反応する。

原子と元素という呼称の使い分けは気にする必要はない。原子が物質を構成する具体的な要素のことをいうのに対して、その原子を構成する性質をもつ物質をやや抽象的に元素と呼んでいるにすぎない。ほとんど同じだ。定義上は「分子を構成する単位粒子」が原子で、「原子番号の等しい原子」のことを元素という。現在、名前がまだ決まっていないものを含めて、この世には計一一八の元素があることがわかっている。

元素を原子量の順にうまく並べると周期表（periodic table）になる。周期表はとても美しい。科学史上、最も出来のいいポートフォリオだろう。ロシアのドミトリー・メンデレーエフの音楽的ともいうべき推理作業によって確立した。

メンデレーエフは物質たちの席の占め方にオクターブの反復や移行があると見たのだが、そのため未発見の物質を空欄にしたところ、ほどなく一八七五年にガリウムが、その後もスカンジウム、ゲルマニウムなどが発見され、予想した席をぴたりと占めた。

ぼくの高校の教科書には周期表でいうと、原子番号111番のレントゲンニウムまでが載っていたが、地球上で安定的にある元素（物質）は九〇種類になる。43番のテクネチウム、61番のプロメチウム、および93番以降の元素は、あとから人工的に誕生した。だから化学はこれらを除いた九〇種類（1番の水素から92番のウランまで）を相手にする。これを化学元素ともいう。たいていの化学元素には同位体（アイソトープ）があるが、化学的性質はほとんど変わらない。

　周期表には原子番号、元素記号、周期、元素名、族、原子量などが表示されている。陽子が一個の水素から始まって、一マス進むごとに陽子が一つ多い元素が並んでいく。そうやってできあがった周期表は何度見ても、どぎまぎする。

　ぼくは稲垣足穂《たるほ》にぞっこんだったころに一番右の18族のヘリウム・ネオン・アルゴン・クリプトン・キセノン・ラドンに憧《あこが》れ（貴ガス族）、『全宇宙誌』（工作舎）をつくっているころには4列8族の鉄に始まる遷移金属が気になっていた。星の一生は原始星から始まって白色矮星《わいせい》や中性子星をへて、一方ではブラックホール化していくのだが、他方では爆発してノヴァ（新星）になる。この分岐点がどうおこるかは、鉄たちの遷移金属の動向にかかっている。かつてぼくは、そのことを「宇宙のアイアン・ロード」と名付けたものだった。

　元素の周期表についての本は、手元においておくのがお奨《すす》めだ。硬いものも、子供向けのものもあるが、わかりやすいものなら若林文高の『元素のすべてがわかる図鑑』（ナツメ社）が、美しい本ならセオドア・グレイの『世界で一番美しい元素図鑑』（創元社）が、骨太のものならピーター・アトキンスの『元素の王国』（草思社）がいい。愉快なものもある。寄藤文平の『元素生活』（化学同人）などだ。

化学の初期の歴史は元素発見の歴史とほぼ重なる。古代から知られていた元素は、鉄・亜鉛・錫《すず》・鉛・水銀、金・銀・銅、それに炭素《カーボン》と硫黄《いおう》くらいだった。多いと思うかそんなものかと思うかはべつとして、これらは元素というより人間の英知が果敢に相手にすべき材料だったろう。

なかで、なかなか採掘できない金（gold, aurum）に価値評価と関心が集中し、そのため錬金術師たちが金の生成にとりくむところとなって、いわば古代中世金属中心主義が蔓延《まんえん》した。この金と重金属重視の傾向は、その後の文明の価値ピラミッドを大きく規定した。金は通貨の基準となり、重金属は工業の基準となった。文明は化学的選択によって、どうにでもなってしまうのだ（のちの石油化学がいい例だ）。

錬金術師たちが何をしたかったかといえば、なんとかして「変成」をおこしたかった。変成はエリクシル（elixir）という変成促進物によっておこるとされ、エリクシルを含んでいる「賢者の石」の探索が始まった。そんな妄想にとりつかれることになったのは、遠洋航海と交易の発達にともなってアラビア圏のアルケミー（Alchemy）がヨーロッパに流入してきたからだった。

アラビアン・アルケミー（＝錬金術）では水銀・硫黄・塩が三元素とみなされていたので、錬金術師たちはさかんにこれを混ぜあわせて金が変成してくるのを期待したのだが、そんなことはおこりっこなかった。

一六六一年、こうした錬金術にケリをつけるべくアイルランド出身のロバート・ボイルが登場して『懐疑的化学者』を著した。このとき“alchemy”が“chemy”になり、それが“chemistry”に昇格していった。

ボイルはかなり興味深い人物で、弱視と病弱と戦いながらロバート・フックを助手にしたり、ガリレオに教えを乞《こ》うたりしながら、空気ポンプ、永久照明、沈まない帆船、睡眠薬などの開発研究に打ちこんだ。もともとは錬金術師だった。

ちなみにその後、元素がどの程度発見されていったかというと、中世は砒素《ひそ》、アンチモン、ビスマス、十六世紀で白金、十七世紀でリンくらいが付け加わったにすぎない。だから本格的化学はこのあとでやっと起爆するのである。それは十八世紀が気体の発見に始まったことに象徴される。窒素、水素、酸素、塩素が発見された。

十七世紀、ヤン・ファン・ヘルモントが木炭を燃やして出てくる気体を「森のガス」

と名付けた。ガスという命名はカオス（chaos）にもとづく。ジョセフ・ブラックは石灰石を燃やしても「森のガス」が出ることを示した。

それまで何かが燃えるのはフロギストンという〝燃素〟によるものだと仮定されていたのだが、その正体がわからなかった。ダニエル・ラザフォードは二酸化炭素の中ではロウソクが燃えないことを認め、ヘンリー・キャヴェンディッシュは酸と金属が反応したときにもガスが出ることを発見して、フロギストンの正体は「森のガス」そのものだろうということになってきた。キャヴェンディッシュはそれが空気の重さの四分の一であることにも気がついた（キャヴェンディッシュは水素も見つけた）。

ついでジョセフ・プリーストリーが酸素を発見した。プリーストリーは当時の科学的文人を集めたサロン「ルナ・ソサエティ」の主宰者でもあった。ぼくが長新太や楠田枝理子や鎌田東二らとジャパン・ルナ・ソサエティを遊んだのはプリーストリーに肖《あやか》ったためだった。

ここにアントワーヌ・ラボアジェの時代がやってくる。ついに酸素のはたらきを解明してみせたのである。一七八九年のラボアジェの『化学原論』こそ本格的な化学の誕生だった。物質は反応の前後で質量を変えないこと、元素そのものも消滅しないこと、この二つの法則は、その後の化学の「ものさし」になっていく。ラボアジェの実験はいまでもペリカンフラスコ（ペリカンが両翼を広げたようなフラスコ）で再現できるのだが、ぼくは〝こいつ〟が大好きなのである。

十八世紀は気体の発見とともに、コバルト、ニッケル、マンガン、モリブデン、チタンなどのおびただしい元素の発見が続いた。とくに一七五五年から一八一〇年までの約半世紀でマグネシウム、バリウム、ストロンチウム、ナトリウム、カルシウムなどが次々に発見されたのは、ハンフリー・デービーによるところが大きい。デービーは電気分解フェチだった。

ぼくが思うには、化学好きにはまずもって、気体フェチと溶液フェチと電池フェチがいるのではないか。ぼくは小学校以来の電池フェチで、そのぶん長じるにしたがって物理のほうに関心が寄っていった。これとはべつに、また分析フェチと反応フェチがいる。ぼくはどちらかというと反応フェチだが、分析フェチこそが化学の体系化に貢献した。しかし現代の化学をリードしているのは大半が合成フェチなのである。このフェチには工業感覚が富んでいる。

こうしてしだいにオストヴァルトの化学時代になっていったのである。オストヴァルトは電離フェチだったのではないかと想像する。

原子は相互に組み合わさって分子やイオンになる。分子やイオンは物質がその性質を保ったまま分割できる最小の単位である。化学はそうした分子結合や分子反応やイオン状態を分析したり解析したりする。イオンは原子から電子が飛び出たり飛び込んだりしている状態のことをいう。原子や分子がある程度集まると、そこで特徴的な性質をもった「相」(phase)をつくる。そうすると大きくは固体・液体・気体(物質の三態)になる。このうち気体が電離するとプラズマになる。オストヴァルトはこの電離現象に分け入ったのだ。電離フェチでなかったはずがない。

なんだか中学時代以来の思い出ばかりの印象記に終始してしまったが、『化学の学校』は佳《よ》き日々の理科教室が再現されている化学函のような三冊である。なんとしてでも手元においておかれるのがいい。

第一六八三夜　二〇一八年八月二十日

参照千夜

八三〇夜：ユング『心理学と錬金術』　六八七夜：リオーダン&シュラム『宇宙創造とダークマター』　八七九夜：稲垣足稲『一千一秒物語』　六五夜：鎌田東二『神道とは何か』

複雑系の科学を予見していた「読み」の天才
その数学的才能とその先行的直観

アンリ・ポアンカレ

科學と方法

山本修訳　叢文閣　一九二五　吉田洋一訳　岩波文庫　一九二七
Henri Poincaré: Science et Méthode 1908

昭和がはじまるころ、日本に最初の科学哲学ブームがおこった。とくに田辺元《はじめ》は西田哲学を継承しながらも必死に量子力学に挑戦し、ハイゼンベルクの「不確定性」などの難解な概念にとりくもうとしていた。その模索にはどこか科学を理想的に解釈しすぎるところがあった。この印象は、のちのニューエイジ・サイエンスに見られたものとやや近い。

なぜそうなったかというと、かれらにはハイゼンベルクはいたが、ガウスがいなかったし、アインシュタインはいたが、ミンコフスキーがいなかった。そしてなにより、ポアンカレがいなかったのである。田辺元はポアンカレを読めたはずである。『科學と方法』が山本修や吉田洋一に訳されたのは昭和のはじめだったのだ。

ポアンカレはぼくの科学全般のクライテリア（評価基準）を示す出発点だった。最初に『科學と方法』を読み、ついで『科學と仮説』を読んだ。

当時の読後感では後者のほうが刺激的だったのだが、その後、読みかえす機会があって、やはり『科學と方法』はヨーロッパの科学と哲学のデカルト的正統性を踏まえていながら、たんにその延長にとどまらない科学的思考をのばすにはどうすればよいのかという根本問題にふれていて、ずっとベーシックな気がしてきた。とくに第二篇「數學《すうがく》的推理」はぼくを何度もそこへ立ち戻って考えさせてくれた。

そのころ（二五歳くらいのころのことだが）、ぼくは十九世紀末から二十世紀初頭の科学にどっぷり浸《つ》かりたくて、その周辺を遊弋《ゆうよく》していた。

最初はフリードリッヒ・ガウスだ。曲率論に酔い、非ユークリッド幾何学に溺《おぼ》れた。その勢いでフェリックス・クラインの「エルランゲン・プログラム」で多様体の幾何学に分け入り、そこからトポロジーをちょこちょこ齧《かじ》るようになった。それがドゥ・ブロイの『物質と光』をボロボロの古本（岩波新書の赤本）で読んでから急にその前史が知りたくなって、物理学のほうへ転戦していった。

まずはエルンスト・マッハの力学を、ついでローレンツ収縮とミンコフスキー時空連続体を、それから前期量子論のたぐいを、そしてアインシュタイン著作集（改造社や共立出版）に入っていった。途中、アルフレッド・ホワイトヘッドの『科学と近代世界』や『自然という概念』（松籟社やみすず書房）を読んだのがよかったらしく、この探検ではつねにどきどきするような収穫があった。そして、いよいよポアンカレだったのである。

これでやっと数学の快感が見えた。なんだ、ポアンカレにはほとんどのことが予見されていたのかという快感だ。数学するということが予見することである、と感じられたのだ。この快感に酔ったぼくは、すぐに「数学的自由」という造語をつくったほどだ（ガウスからの影響もあった）。そのあとは勇んでヒルベルトとコーン＝フォッセンの『直観幾何学』（みすず書房）に突入していったのかとおもう。

第一次大戦の渦中、イギリスの将軍がバートランド・ラッセルにこんなことを聞いたらしい。「いま、フランスで一番偉大な人物は誰なのか」。ラッセルは言下に「ポアンカレです」と答えた。将軍がフランス共和国大統領のレイモン・ポアンカレのことかと思って、「ほう、あの男がね」という反応をしたところ、ラッセルは「いや、数学者のアンリ・ポアンカレが偉大なんです」とまたまた言い放った。

アンリはレイモンの従兄《いとこ》だった。数学者が一国を代表する最も偉大な人物であるとされるというのは、きわめてめずらしい。アルキメデスかガウス以来のことではないかと思う。それを皮肉屋をもって鳴るラッセルが持ち出したというのも、めずらしい。では、ポアンカレはどこが偉大だったのか。いまならラッセルに代わって、いろいろ説明できる。ポアンカレは純粋数学であれ応用数学であれ、ほとんどの数学領域を独自にカバーできた最後の数学者だった（数学の新局面を告げた論文が五〇〇を超えている）。今日では、いわゆる数学四部門（数論・代数学・幾何学・解析学）のうちの二つですら、カバーできる数学者がほぼいない。まして数学四部門に高度な研究を質的に残せるということなど、夢のまた夢だ。それをポアンカレはやってのけた。なぜ、そんなことができたのか。

ポアンカレが鉱山学校で結晶学を修めていたことに注目したい。一八五四年にナンシーで生まれ、高校生のときには〝数学好きの怪物〟だと噂され、文学と科学でバカロレア（フランス教育省が認定する中等教育修了資格）をとると、グランゼコール（高等職業教育機関）でも数学に熱中した。

エコール・ポリテクニクを卒業すると、鉱山学校に入って結晶学に打ち込んだ。結晶学こそ数学思考を鍛錬するにもってこいだったからだろう。群論的感覚と解析的視野はここで養ったのではないかと思う。一八七九年には採鉱技師として働いてもいる。

鍛え抜いた才能によって、ポアンカレを最初に有名にしたのは楕円《だえん》関数の一般化だった。このことには数学史ではたいてい「絢爛《けんらん》たる成果」というようなおおげさな形容詞がつく。一八八〇年、二六歳のときである。微分方程式論からの〝変化〟だった。

鮮やかな方法的発見はそのあともずっとつづく。ポアンカレは位置幾何学や位相幾何学の創始者であって、複素変数関数論の立役者であった。もっと有名なのは三体問題やフェルマーの定理などの難問を提出したことだ。複雑系の科学やカオス理論の先駆的予見者でもあった。


あるときポアンカレは、次のような課題をノートに書いた。「すべての惑星は現在の軌道とほとんど同じ軌道上を、今後も運動しつづけるのだろうか。それとも太陽系外に飛び去ってしまったり、太陽に衝突したりする惑星もあるのだろうか」。

これはとんでもない問いだった。ニュートン力学では宇宙における二つの天体は、二つの間の運動方程式(微分方程式)を積分すれば安定した周期解をもつことができた。けれども三体あるいはそれ以上の多体があると、どうなるか。ニュートンの後継者たちは三体あるいは多体の系についても運動方程式を積分して解くことを試みたのだが、すべて積分不能となって行きづまってしまったのだ。方程式は書けるものの、それを解くのがきわめて難しかった。ポアンカレはこのことについて、三体問題を積分法で解くことは不可能であることをあっさり証明してみせた。

ポアンカレは、微分方程式の解の大域的《たいいきてき》性質を幾何学的に研究することが必要だろうと予想したのである。解があるかないか、周期的かどうか、どんな周期なのか、構造安定なのかどうか、こういうことを調べる方法があるはずだと見定めたのだ。今日、これは一方では位相幾何学として確立し、他方ではここから「力学的カオスの軌道」が予想されるようになった。驚くべきかな、ポアンカレだ。

こんなことがいくつも先行していたため、科学史が口癖のように惜しむのは、もしポアンカレがもう三十年おそく生まれるか、もう二十年長生きしていたらアインシュタインの相対性理論の大半を手掛けていただろうことである。さもあろうけれど、そんなことを言っても詮《せん》ないことである。ポアンカレを洒落《しゃれ》て解説したいなら、大学で数学に抜きん出る前に鉱山学校にいて鉱山技師をめざしていたということや、土星の輪に惹かれてその安定性を夜な夜な考えたということではあるまいか。

きっとポアンカレには、そう言っていいならぜひそう言いたいのだが、比類ないアブダクティブ（仮説的）な思考力があったのだろうと思う。

『科學と仮説』に書いてあることに、仮説は科学者の世界観を反映しているという一節がある。この仮説はどこから出てくるかというと、ひとつには物質の性質を考えているうちに生まれる。これは「分析的判断」のためのプロセスが生んだ仮説になる。もうひとつは物質の運動を考えているときに生まれる仮説で、これは「総合的判断」をしようとしていると生まれる。

これが科学者に浮かぶ一般的な仮説だが、この両者ともすぐに「経験」や「実証」に照らし合わせることになる。もちろん科学にとってこのことは重要なのだが、ポアンカレは第三の仮説がありうると見た。それは「先行的判断」や「先行的総合」がつくりだす仮説なのである。

これをもってポアンカレのアブダクション（仮説的推論）と言っていいかどうかは自信がないが、それに近いものがあるだろう。ともかくもこうして、『科學と仮説』についで『科學と方法』に向かったポアンカレは、「科学者がその好奇心の前にあらわれる可能性の中から何を選ぶべきか」という方法に着目するのである。そして、この決定には先行力や直観力が重大な役割をもっと踏んだのだった。

こういうふうに踏み切るポアンカレを、天才的直観力の持ち主だと称《たた》えるだけではなくて、ほかにどう解説していけばいいのか、言葉がない。だから当時、ぼくは数学的直観主義の学習のほうへ逃げこんでいったのだった。


というところで、ぼくが『科學と方法』で感服した有名なエピソードを紹介して今夜のポアンカレ讃歌《さんか》を区切ることにする。

ポアンカレは自分でフックス関数と名付けたものをいじくっていた。この関数に類似のものはないことを証明しようとしていた。ところがいくらやっても証明の糸口がない。だいたいの予見はあるのに証明に進めない。ミルクを入れないコーヒーばかり飲む二週間ほどがたって、ある夜、超幾何級数から誘導されるフックス関数の一部類の存在を証明すればいいのだと気がついた。そこでテータフックス級数というものを創造してみた。けれどもそれをどう動かすかというところで、多忙に紛れはじめた。アタマの中からも数学的課題が消えていた。それなのに旅先で乗合馬車に乗ろうとしてステップに足をかけた瞬間に、フックス関数を定義するために用いた変換は非ユークリッド幾何学の変換とまったく同じであるという、推理のプロセスになんら保証のない考えが浮かんだのだ。馬車の中に入ると乗り合わせた客と会話がはずんで、そのことを考えてみる余裕はなかった。

　しばらくたってこれらのことをふりかえる機会がやってきた。ポアンカレは猛然とすべての難関を攻略するための作業にとりかかる。あやしい問題を次々に片付け、あと一つの難関を攻め落としさえすればすべてが解決というところにさしかかったとき、今度はまったく予期せぬ暗礁にのりあげた。ポアンカレは兵役に従事せざるをえなくなり、ここでふたたびアタマの中からこの問題は去ってしまった。それがある日、ある大通りを横断しているときにすべてが蘇り、最後の困難を突破する解法がひらめいたのだ。

　ポアンカレは書いている、「突如として啓示を受けることはある。しかしそれは無意識下で思索的研究がずっと継続していたことを示しているのだ」。
ポアンカレはこのことを「数学的発見における精神活動の関与」とよんだ。これはのちにマイケル・ポランニーが「暗黙知」と名づけたものが動いていたということを暗示する。ポアンカレは暗黙知の数学の発見者でもあったのである。ぼくがポアンカレに参りはじめたのは、ここからだったのだ。

第一八夜　二〇〇〇年三月十七日

参照千夜

二二〇夜：ハイゼンベルク『部分と全体』　五七〇夜：アインシュタイン『わが相対性理論』　三四九夜：ドゥ・ブロイ『物質と光』　一五七夜：マッハ『マッハ力学』　九九五夜：ホワイトヘッド『過程と実在』　一三三夜：ヒルベルト＆コーン・フォッセン『直観幾何学』　一〇四二夜：マイケル・ポランニー『暗黙知の次元』

好きなもの　イチゴ　珈琲　花美人
懐手《ふところで》して宇宙見物

寺田寅彦

俳句と地球物理

ランティエ叢書（角川春樹事務所）一九九七

二十年ほど前につくったエディトリアル・ゲームに「ミメロギア」がある。イシス編集学校をつくったときに基本プログラムにとりいれてみたところ大評判になった。お題に「珈琲《コーヒー》・紅茶」「人類学・社会学」「トヨタ・ニッサン」などという対比の言葉が出ると、回答者はこれに「午前の珈琲・午後の紅茶」とか「足の裏の人類学・口の端の社会学」とか「安定のトヨタ・探偵のニッサン」といった形容をつけて、それらの対比をいっそう穿《うが》って強調するというゲームだ。ミメロギアとは、ミメーシス（模倣）とアナロギア（類推）という二つのギリシア語による修辞法の用語をくっつけた造語である。いまでは編集稽古《げいこ》の定番になっている。

寺田寅彦にこのミメロギアの原型がある。俳句仕立てになっている。「客観のコーヒー、主観の新酒かな」というものだ。これはコーヒーと新酒をくらべるふりをして、客観と主観の区別をめんどうな論理などで説明せずに、その二組の本質的なイメージにふわりとした対同《ついどう》をおこさせる芸というもの、そのくせコーヒーと新酒の暗示的本懐を告げてみせているのである。

客観と主観というめんどうな概念をどう扱うかは科学者の腕の見せどころ、それを苦もなくコーヒーと新酒に振り当てた。理科は言葉に、言葉は理科になって、一緒にネクタイをしているのだ。

寺田寅彦にはまた、「好きなもの　イチゴ　珈琲　花美人　懐手《ふところで》して宇宙見物」という有名な三一文字もある。当初はローマ字で記されていた。

ぼくが大好きな戯《ざ》れ歌で、寺田寅彦の芸当がすべて言いあらわされている。それとともにここには、『枕草子』このかた連歌俳諧《はいかい》で極め尽くされてきた「物名賦物《もののなふしもの》」の伝統がたくみに集約され、しかもそれが近代化され、科学化されている。任意に物の名をあげて、そこから連想されるお気にいりを少々連打するのが「物名賦物」で、清少納言『枕草子』もそのでんだった。「山は」「小さきものは」「好きなものは」と措定《そてい》して、それをただ並べるだけだが、そこに愉快な編集術が遊ぶ。

寅彦は好きなものに「イチゴ」と「珈琲」を並べあげ、そこで「花美人」と振って愛《あい》嬌《きょう》を見せ、そこからが独壇場なのだが「懐手して宇宙見物」というふうに一挙に望遠をズームして飛び上がった。寺田寅彦こそ編集学校の初代名誉校長だったのだ。

寺田寅彦の『柿の種』に「連句の独自性」という随筆がある。

いまさら強調するまでもなく、漱石門下の寅彦の随筆は天下一品で（ときに吉村冬彦の名義）、この言葉の料理を一度でも口にしたらその味が忘れられない。忘れられないというより、のべつ食べ続けたくなるという中毒的なおいしさがある。かくいうぼくも十年くらいに一度はこの中毒にたっぷり罹《かか》りたくて、寅彦を何度もつづけさまに読んできた。で、この「連句の独自性」では、最初にチェンバレンの日本文化論、「この国で純粋に日本固有なものは風呂桶と俳諧《ポエトリー》である」を引いて、では、いったい俳諧っていうのは何だろうという随筆にしている。そして俳諧とはこれだと言わないのが俳諧だから、寅彦はまずドイツ人がいかに俳諧的ではないかという説明をする。

ドイツ人を引き合いに出したのは、寅彦が学んだ物理学がドイツ流のものだったので、ドイツ的思考のクセはよく見えるからだ。

たとえば、ドイツ人は呼鈴の押釦《おしボタン》の上に「呼鈴」と貼り札をする。便所の箒《ほうき》の柄には「便所の箒」と書く。寅彦はこういうやり口は俳諧ではないと言う（もっともこういうことは日本人もその後やるようになったので、日本人もずいぶん俳諧から遠ざかったということになる）。これにくらべればフランスにはセーヌ河畔の釣人やマチスの絵や蛙の料理など、ちょっと俳諧がある。ただしシャガールの絵のように雑然といろいろなものを散らばらせて夢の群像にするものもあって、これは寅彦にとってはとうてい俳諧ではないらしい。とくにあんなものを真似た日本人の絵はさらにひどい。

だからドゥ・ブロイの波動力学には俳諧味があるが、デンマークのボーアやドイツのハイゼンベルクの物理学になると「さび」「しをり」を白日のもとに引きずり出して、隅から隅まで注釈してしまうことになる。

こういうことをしないのが俳諧なのである。そう言って、寅彦はこれは日本には多様な自然の変化がありながら、その宗教と哲学に自然的制約があること、それをうけとる日本人に無常迅速という感覚が根を張っているからだと転じる。そうすれば「五月雨《さみだれ》」とか「時雨《しぐれ》」という、それ自体ですべての自然との関係を集約する言葉に自分を捨てられる。こうなれば、おのずから俳諧が出てくるのだと言う。

もうひとつ、『雪月花の定座の意義』では、連歌の附合《つけあい》を尊んで、この心理的機巧には「不知不識《しらずしらず》の間」というものができるので、これこそが俳諧ではないかと書いた。科学の袖《そで》の隙間から俳諧をのぞかせたのだ。こういう随筆もコンペイトウの話をはじめ、寅彦が当初から見せていた名人芸だった。

この芸当は科学においても発揮された。寅彦の科学は附合の科学であって、間の科学なのである。

寅彦については、その人生があまり知られていないようなので、少々ながらその肖像を添えておく。何歳くらいで死去したのかも、知られていないかもしれない。

明治十一年に麹町《こうじまち》に生まれるのだが、三歳のころに高知に移って尋常中学校に入り、明治二九年に熊本の五高に進んだ。ここで二人の師にめぐりあう。一人が英語教師の夏目漱石で、もう一人が物理の教師の田丸卓郎だ。田丸は東京帝大の理科大学物理学科の初期の修学者である。ハイデルベルク大学に留学したのち、東大の理論物理学のセンセーになった。弟の田丸節郎も有名な化学者だった。

寅彦は漱石と田丸が大好きで、すぐに自分の好奇心はこの二人に即してこそ進捗《しんちょく》すると決めた。惚《ほ》れっぽかったのか、早熟だったのか、五高時代に阪井夏子（陸軍中将の娘）と学生結婚をすると、漱石を主宰とする俳句結社「紫溟吟社《しめいぎんしゃ》」を始めた。

ついで東京帝大の理科大学に入り、田中舘愛橘《たなかだてあいきつ》と長岡半太郎の教えに触れた。これまた巨《おお》きなセンセーである。ただ、妻の夏子が病死した。大学院を出たあと、母校の講師となり、浜口寛子と再婚して、明治四一年に理学博士号をとった。研究テーマは「尺八の音響学的研究」である。このあたりで地球物理学に関心をもち（地球全体が鳴り響いているように感じていた）、ベルリン大学に留学、ストックホルムでスヴァンテ・アレニウスに会えた。アレニウスは物理化学の創始者で電解質の電離理論でノーベル賞を受けた大立者だ。

明治四四年にパリ、イギリス、アメリカをまわって欧米のダンディズムを存分に吸って帰国すると、農商務省から水産講習所で海洋学を研究するように嘱託された。そのころの役所は新進の学問に飢えていたのである。

かくて大正二年が寅彦の研究本格化の節目になった。マックス・フォン・ラウエのラウエ斑点《はんてん》発見に刺戟《しげき》されてX線回折実験にとりくみ、「ネイチャー」に「X線と結晶」を発表した。

ラウエはX線の正体が波長の短い電磁波であることを証明したのだが、この現象を逆に利用すれば物質の結晶構造を明示することが可能になる。寅彦が結晶に関心を寄せたこと、ぼくにはアンリ・ポアンカレとの強い類似力を感じさせる。

大正六年、夫人がまた亡くなり、翌年に酒井しん子と三度目の結婚をする。大正十一年はアインシュタインが来日して、石原純が公私にわたってエスコートするなか、寅彦も講演を聴講し、歓迎レセプションに参加した。そのわりにはかの数々の随筆にアインシュタインについての言及がほとんどないのは、ぼくが思うには、寅彦は嗜癖《しへき》的でオブジェクティブな見方が大好きで、茫漠《ぼうばく》たる時空連続体には関心をもてなかったのではないか、あるいは幾何学よりも実際のパターン形成（割れ目）に心躍っていたからではないか、そんな気がする。

そこへ関東大震災がきた。寅彦は地球科学者として地震に向かい、東京帝大の地震研究所に属すると、例の「天災は忘れた頃にやってくる」という名言を残した。大河内正敏に誘われて理研（理化学研究所）でも研究をするようになった。これらの研究所で、中谷宇吉郎、坪井忠二、平田森三らの後進が育ったのである。多くの名随筆も書いた。昭和十年の暮れ、大晦日《おおみそか》に転移性骨腫瘍《こつしゆよう》で亡くなった。五七歳である。師の漱石の死は四九歳だった。ずいぶん短い生涯だったのである。

ところでぼくは、岩波の小ぶりな『寺田寅彦全集』を少しずつ買って、やっと全巻を書棚に並べたときの、各枝の蕾《つぼみ》がふくらみきったときのような感慨の瞬間をいまでもよく憶《おぼ》えている。三〇巻ではなく新書サイズの例の十六巻ものだ。

やっと揃ったのである。それから何度も何度もその書棚を見て、なんともいえない至福感を味わってきた。どれか一冊だけを取り出すのが惜しい。それほどにこの寅彦全集の「揃い」は百人一首の札を全部とってしまったような快感をもたらしてきた。

揃えてみると、それからがいそいそしてきた。窓際に椅子を出す。一巻ずつ函《はこ》からクロス貼りの本を取り出してくる。渋茶をすする。次にペラペラ、パラパラ、何度も同じページを行き来しながら、その日その時、一番読みたくなった随筆を捜し当てるのだ。いそいそする。けれどもその一巻に今日の照準器にぴったりするものがないと、次の一巻を取り出し、また同じことをする。捜し当てるといっても、それは前に読んだものであったり、何度もページを繰っているうちに半ば読了感のあるものであったりするのだが、それでもその日その時にぴったりする随筆とめぐりあえると、やっぱりいそいそする。無上の幸福なのである。

これを「粋の科学」との逢着《ほうちゃく》とも、「茶碗の宇宙」を手に取るとも、一緒に「松葉牡丹《ぼたん》の線香花火」を眺めるとも、言っていいだろう。それほど寅彦は極上なのだ。

そもそもぼくは当初から寅彦の「割れ目の科学」が好きで、これを継承した平田森三の『キリンのまだら』（中央公論社→ハヤカワ文庫）や、寅彦の最後の継承者ともいえる樋口敬二さんのエッセイに至るまで愛読し、世に揶揄《やゆ》されている寺田物理学を本気で復活させたいと思っている寅彦血盟団の一味なのである。

「割れ目の科学」というのは、シマウマや虎猫の斑《まだら》模様とか大地に割れ目をつくっている河川のパターンなどがどうしてできたかを考える科学のことで、まさに寺田物理学の面目が躍如する。ぼくはそれを復活させたかった。

だが、いつもそう思っているうちに、またまた窓際の椅子で寅彦随筆を何度もパラパラ、ペラペラ、いそいそと読んでいると、その俳諧味に引っ張られてしまい、ついうとうとと「寅彦不知不識の間」に滑り落ちていく血盟団失格者でもあった。

もうひとつ白状しておかなければならない。寺田寅彦には「牛頓」(中国語でニュートン)といった俳号による俳句がそれなりの数あるのだけれど、なかなか名句に出会えず、寅彦は俳句はヘタだといっとき思っていたことだ。

しかし、あるとき「山門や栗の花散る右左《みぎひだり》」にいたく心を動かされて、それから二度と「寅彦先生は俳句がヘタだ」とは言わないようになった。寅彦の俳句から寅彦の随筆が見えてくるようになってきたからだった。

とくに「哲学も科学も寒き嚔《くさめ》かな」の一句に脱帽してからは、ぼくは俳諧編集のスクナヒコナとして、あるいはミメロギアの名手として、あらためて牛頓寅彦先生を崇拝しなおすことにしたのである。実は今夜、数ある寅彦全集からの一冊ではなく本書を選んだのも、この『俳句と地球物理』という寺田寅彦の著書にはない標題をつけた角川春樹事務所の編集感覚に敬意をあらわしたかったからと、巻末に寅彦の全句が付録収録されていたからだった。

昭和五年の二月中ごろ、伊豆の伊東付近で地震があった。寅彦はそのときの地震の頻度と椿の花が落ちるデータをグラフ化してみて、その模様が似ているのに気がついた。地震と椿の落花のオシログラフの模様が似ているなんて、とうてい寅彦以外には発想しない。

これは寅彦が自然界における相互の「寄与」(コントリビューション)ということをつねに感じ、つねに考えようとしていたことをよく物語っているエピソードであろう。寅彦は喫茶店で珈琲にしようか紅茶にしようか迷っているときにさえ、宇宙線の到来を感じる人だったのである。

寅彦が虎猫の割れ目や線香花火のパターンや煙の乱流に関心をもったのは、自然が不安定で不確実だと見ていたからで、それとともに芭蕉の「風流は寒きものなり」を実感していたからだった。漱石はそういう寅彦を『吾輩は猫である』には水島寒月として、『三四郎』には野々宮宗八として描いた。そこには、みんなが本気にしていないことに好奇心をもつことこそを信条としている科学者の姿が出入りする。かつての日本にもそういう「懐手をする科学」があったのである。

やはり金米糖《こんぺいとう》の話をしておきたい。寅彦はあるとき金米糖のツノツノがどうしてああいうふうにできるのかに関心をもつ。製法を聞いてみると、純良の砂糖に少量の水を加えて鍋《なべ》の中で熱してどろどろの液体にし、心核に芥子《けし》粒《つぶ》をいれて杓子《しゃくし》で攪拌《かくはん》しながら何度もすくいあげていると、ああいうツノツノが出てくるらしい。

中心に心核があって砂糖が成長することは不思議ではない。しかしツノツノがだいたい平均的な数で非対称に成長するということは、ふつうの統計物理では解けない。平均的球形から偶然の統計的異同が生じるプロセスと、一定の数のツノツノになる相互作用を発見しなければならない。

そんなことを考えながら、寅彦はしだいに個体のフラクチュエーション（ゆらぎ）の問題に翼をのばし、物理学がいまだに「一つの石によって落さるべき二つの鳥」を相手にしていないことに思い至る。さらに生命の有機的多様に対して物理学がまったく無力であることを慨嘆する。

そうしてふと窓外に目をやると、そこには顔も服装もちがうたくさんの人々が往来している。寅彦はこの人々の内側に、いったいどのような分子的統計異同がおこったかと想う。そして物質も人間も、個性とはすべからくアナロジーに関係していることに思いを深めていく。

こういう味わいのあるエッセイは一〇〇も二〇〇もある。ただわれわれがそれらを書店の片隅に置きざりにしているだけなのである。まだいろいろ言いたいことはあるのだが、ドイツ人に似ていると言われないうちに、今日は次の一句だけをあげておく。

粟《あわ》一粒秋三界を蔵しけり　牛頓

第六六〇夜　二〇〇二年十一月十五日

参照千夜

四一九夜：清少納言『枕草子』　五八三夜：夏目漱石『草枕』　三四九夜：ドゥ・ブロイ『物質と光』　二二〇夜：ハイゼンベルク『部分と全体』　一八夜：ポアンカレ『科學と方法』　五七〇夜：アインシュタイン『わが相対性理論』　一夜：中谷宇吉郎『雪』　二二夜：川上紳一『縞々学』　九九一夜：芭蕉『おくのほそ道』

雪は、天から送られてきた手紙です
宇吉郎は、天から降りてきた理科粋人です

中谷宇吉郎

雪

岩波新書　一九三八　岩波文庫　一九九四

岩波新書だった。

床屋に行ったあとに頭をスウスウさせながら書店の片隅で岩波新書の新刊を手にとり、高校生だからさんざん迷ったすえにやっと一冊を手にするくらいなのだが、それでもその一冊を紙の爆弾のようにもち抱えて部屋に戻ってページを開くまでの出会いの緊張というものは、いまでも思い出せるほどにどぎまぎするものだった。

そのころの青版赤版の岩波新書は一冊ずつが予期せぬ魔法のようなものだった。装幀《そうてい》が同じ表情をしているだけに、ページを繰るまではその魔法がどんな効能なのかはわからない。ぼくはドゥ・ブロイの『物質と光』やウェルズの『世界文化史概観』などとともに中谷宇吉郎の『雪』に耽《ふけ》った。

赤鉛筆でラインを引いた当時の、すっかり変色した岩波新書をいまおそるおそる開いてみると、まるで雪が降った跡が雪花化石になっているかのような錯覚がする。一頁一頁が霞《かす》んだプレパラートなのである。それが記憶の粉塵《ふんじん》のなかを歩むようで、いとおしい。ただし、この日本を代表する科学の名著は、なぜか数年前に岩波新書から岩波文庫に移った。

中谷宇吉郎は師匠の寺田寅彦にくらべると名文家でもないし、俳諧に遊ぶでもなく、関心も多様ではない。文章に機知を飛ばせるわけでもない。どちらかといえば理科一辺倒だ。けれどもこの理科感覚には、日本人にはどこかぴったりするものがある。なにしろ日本人の雪は「しんしん」「こんこん」という音が聞こえる雪なのだ。だから中谷のロマンが一途《いちず》な「雪の理科」に昇華したのだろう。

ながらくそう思っていたのだが、ごく最近になってこの印象を少しあらためる気になった。中谷が生まれた石川県片山津《かたやまづ》の一隅に数年前に完成した「雪の科学館」を訪れたからだ。磯崎新《あらた》が設計した小さなミュージアムである。建物も構想もなかなか、いい。ぼくはここで、中谷宇吉郎がいかにダンディズムに富んだ生涯をおくったのか、初めて知ることになった。研究遺品や生活用品などもいろいろ展示されていて、それらのひとつひとつが粋《いき》なのだ。ほう、粋な人じゃないか。そう、感じた。

その枠は全体の枠ではない。部分の枠の集まりなのだ。それなのに部分に息づく変数が相互に共振しあっている枠なのである。知的な枠といってもいいだろう。実は三〇人ほどの未詳倶楽部の老若男女を引き連れてここを訪れたのだが、そのメンバーの大半がぼくと似たような一種の上品共振に包まれていた。

中谷宇吉郎は一生を通じてまさに結晶的ともいうべき知的な趣向に懸《か》けていた。雪だけが結晶ではなかったのだ。それは中谷が身につけていたネクタイ一本から扇子一本の先にまでおよんでいた。眼鏡入れもダテな黒曜石で、色紙の文章も書もオツな片麻岩《へんまがん》だった。旅行鞄《かばん》もシャレた電気石だったのだ。そうか、クリスタリゼーションは中谷の人生全般の細部に舞い散っていたのだったか。

そこでもう一度、『雪』を読む気になった。今度は岩波文庫である。旧仮名遣いでなくなったのが残念だが、それはがまんする。いまは名古屋市科学館の館長をしている樋口敬二さんの解説もついている。樋口さんは宇吉郎の直系の弟子で、日本雪氷学の第一人者である。やはり岩波新書に『雪と氷の世界から』の一冊が入っている。

はたして昔の読後感とはそうとうに変わっていた。科学的な見方に徹しつつも、わかりやすく叙述している「言葉の態度」が美しいのに気がついた。そういうことは高校生のころにはわからなかった。次に雪を愛している中谷の心が、そのような心情についての心理的な記述がまったくないにもかかわらず、深々と伝わってきた。科学者はなかなかそのようには書けるものではない。ファラデーやファーブルを想わせる。科学者ならではの知の粋なのだ。

ついで、雪を漠然とさせないための視線が澄みきっている。雪はその組成や機能だけでは雪にはならない。われわれは雪は水の凍ったものだと見ているのだが、そして事実そう見てだいたい正しいのだが、では池の水が凍ったからといってそれを雪とは名指さない。雪は空気中で水が氷の結晶になったものなのである。

雪は何かの途中の産物なのだ。この僅《わず》かなちがいをもとに、中谷の記述は天地の裂け目をめざして膨らんでいく。

この本はそこを読んでいくのが粋なのだ。自分自身が大空を舞いながら、途中に雪氷化していくべき読書なのである。そう思ってあらためて振り返ってみると、中谷は地上の雪にはほとんどふれないで、天から降ってくる途中の雪だけを凝視しつづけていたことに気がついた。

ぼくはシモーヌ・ヴェイユが『重力と恩寵《おんちょう》』のなかで「メタクシュ」というきらきらとしたギリシア語を何度もつかっていたのを思い出した。メタクシュとは「中間だけにあるもの」という意味である。

きっと雪にもメタクシュな重力と恩寵が関与しているのであろう。雪は重力とともに地上に落ちてくるが、その前にはいっとき重力に逆らって天の恩寵とともに空中で中間結晶化という天体サーカスをやってのけているはずなのだ。中谷はその「いっとき」を追いつづけた人だったのだ。

ああ、とてもいい気分だった。読みおわるとそんな気にさせる。こういう読書を一年に二、三度はしたいものである。例の有名な「雪は天から送られた手紙である」というメッセージは本書の最後の最後にやっと顔をのぞかせる。

第一夜　二〇〇〇年二月二三日

参照千夜

三四九夜：ドゥ・ブロイ『物質と光』　六六〇夜：寺田寅彦『俳句と地球物理』　八九八夜：磯崎新『建築における「日本的なもの」』　八五九夜：ファラデー『ロウソクの科学』　二五八夜：シモーヌ・ヴェイユ『重力と恩寵』

北斗七星は金色のクランクだ
北極を中心に、夜な夜な天球をぶんまわす

野尻抱影

日本の星

中央公論社　一九五七　中公文庫　一九七六

新村出《しんむらいずる》の『南蛮更紗《なんばんさらさ》』の一冊がすべてを暗示していた。『南蛮更紗』は「雪のサンタマリヤ」「吉利支丹《きりしたん》文学断片」といった洒落た南蛮趣味の随筆をまとめたもので、一世を風《ふう》靡《び》した随想集である。そこには「日本人の眼に映じたる星」「星に関する二三の伝説」「二十八宿の和名」「星月夜」「昴星《すばるぼし》讃仰」「星夜讃美の女性歌人」という六篇の星に関する言及が収められていた。

日本の天文談義の歴史では、最初の「日本人の眼に映じたる星」がとくに有名で、当時の日本言語学を牛耳っていたチェンバレンの「日本文学には星辰《せいしん》の美を詠じたものがない」という説に、新村出が華麗に反旗をひるがえした。アマツミカホシから北辰北斗をへてヨバイボシ（夜這い星）までがずらり並べられたのだ。

この一冊に若き天体民俗学の野尻抱影がすこぶる感応したのである。大正末年のことだった。それもそのはずで、「星夜讃美の女性歌人」では建礼門院右京大夫の歌集を「日本文学絶無の文学」といった調子で格調高く綴《つづ》ってあるのだから、天体において「和」を打ち出してみたい青年には武者ぶるいのする挑戦だったにちがいない。さすが、新村出である。

すでに抱影少年は、神奈川一中時代に獅子《しし》座流星群の接近に遭遇して以来の天体少年だ。中学四年の修学旅行では急病になり、残念な数日をおくるのだが、そのとき病室で見たオリオン座が忘れられなくなっていた。

その後、早稲田大学の英文科で彼《か》の地の文芸の修養をつみ、ラフカディオ・ハーンに習って日本の心を教えられ、東西の意志を結ぶには「きっと天体をもってこそ答えたい」という使命に燃えていく。それには「日本の星にも歴史がある」ということをなんとしてでも証明しなければならなかった。

二四歳のときに見たハレー彗星《すいせい》も目に焼きついた。そのころ抱影青年は山岳に憧れ、南アルプスに夢中になっていたのだが、そこから星は手にとれるようだった。ただ、それらの星々を日本の名前で指さしてみたかった。こうして星の和名の収集が始まったのが大正末年である。

実際の天体も自分で観測することにした。望遠鏡を手に入れた。「ロング・トム」と名付けた。かのスティーヴンソン『宝島』に出てくる海賊愛用の大砲名である。天に打ちこむ気概をもった野尻抱影とロング・トムの名はすぐに日本中の天文ファンに知れわたっていく。

さっそく各地からは「スバルは一升星という、ヒヤデス星団は釣鐘星《つりがねぼし》という」といった報告がよせられてきた。そのことが次々に新村出ふうというか、ラフカディオ・ハーンふうというか、抱影独得の文体で雑誌に発表され、ラジオで紹介されていった。その成果が昭和十一年、『天文随筆・日本の星』として研究社から刊行された。本書の前身にあたっている。

野尻抱影の「抱影」の名は、学生時代に島村抱月と演劇研究をしたときに名付けた星名である。抱月はスペイン風邪で急逝し、先妻もスペイン風邪で亡くすのだが、抱影自身は小さな鶴のように長寿を全うし、まさに星に届くほどに星影を抱きつづけた。

英文学から演劇へ、そこから山岳をへて、星辰へ。そういうコースだったけれど、なんであれ、気にいればどんなことにも打ちこんだ。だから研究社の「英語青年」の初代編集長も、「中学生」誌上の「肉眼星の会」の主宰もつとめたし、そのかたわらで透徹した好奇心をもって自然や天体を眺め、漢籍や和綴本《わとじぼん》を渉猟しまくった。

そのひとつに昭和九年からの、牧野富太郎が植物を、自分は天体を担当して小中学生のための旅行合宿をしつづけた「自然科学列車」という企画もあった。元祖環境体験学習である。ちょっとした物語（たとえば『土星を笑ふ男』）を文学誌に載せて、評判をとったりもした。志賀直哉とは志賀の一家が野尻邸を訪れて北斗七星のミザールを見てからの昵《じっ》懇《こん》の仲で、終生の心の友となっている。抱影と直哉の一対は、意外な連星の一対だ。その抱影の実弟が、これまたぼくが大好きな『鞍馬《くらま》天狗《てんぐ》』の大佛《おさらぎ》次郎なのである。

本書は春夏秋冬の順に、星の和名だけで天体をほとんど覆っていった一冊だ。まことに爽快、胸がすく。

胸がすくだけではなく、和の星の光条に射られるかのように、眼も眩《くら》む。次から次へと繰り出される日本の無数の星言葉には、日本各地の民俗習慣風俗が縦横無尽に織りこまれ、これらを双六《すごろく》の賽《さい》の目を読むようになんとなく読んでいるだけで、ふと気がつくと和風の天体模様に自分の全身が染まっているのを感じる。そんなエキゾチックな風情が味わえる。

日本の星の話が、いったいどうしてエキゾチックなのかなどと問うてはいけない。すでに新村出の『南蛮更紗』がそうであったように、北原白秋の故郷柳川《やながわ》の詩がそうであったように、日本の山水や天体は、これをちょっと魔法にかければたちまち異国の風情がペパーミントの香りのごとくたちあらわれてくるものなのだ。異国の風情で悪ければ、天空の情緒といいかえればいいだろう。

たとえば四三《しそう》の星である。舵星《かじぼし》である。剣先星《けんさきぼし》である。これらはいずれも北斗七星の異名であるが、四三の星は天にサイコロをぱっと振ったら四三の目が出て、それが北天に開いて北斗になったというもの、なんともカッコいい。舵星は天空を疾走する船の舵のこと、剣先星は北斗の柄の先の鋭い見立てである。両方ともが、伊予水軍や村上水軍が波濤《はとう》をこえて自身の船団を北へ進めるときにつかっていた用語であった。

ガニノメという星がある。ふたご座のαとβのことである。「蟹《かに》の目」が訛《なま》ったもので、愛媛地方でカニをガニというところから派生した。

ヨーロッパではこれをジャイアント・アイという。それが日本ではカニの二つの目になっている。そこで調べていくと、茨城ではカニマナク、熊本ではカニマナコになっていた。さらに調べると、壱岐《いき》あたりの漁師たちはカレーンホシという。何のことか最初はわからなかったが、やがて魚のカレイの二つの目であることが判明する。抱影さんは書く、「カニ以上に生な強い見方であろう」。では、各地がそれぞれ海中生物に見立てているのかというと、そういうこともない。播磨《はりま》ではカドヤボシ、安芸《あき》ではニラミボシなのだ。角を曲がれば二つの目。「まことに俗曲のようである」。

抱影さんはこんなことを綴ったうえで、星の和名は庶民たちの天候予想にも関与していたことをあげ、最後に「月のないのに二つ星キラキラ、あすはあなたに雨投げる」という俗謡をそっと出し、これらの星がときに投げ星と愛称されてもいたことをもって、なんだか全部の星を天空に返してしまうのだ。ぼくはこの手順に「星の仁義」を感じてしまった。

ところで抱影さんは星の専門家である以外に、乞食と泥棒の専門家でもあった。天体のジャン・ジュネなのである。なぜ星の専門家が乞食と泥棒に関心をもつのかというと、これはぼくが直接に聞いたことだが、「あなたねえ、天には星でしょ、地には泥棒、人は乞食じゃなくちゃねえ」というのである。

この話になる前は、エマニエル夫人が坐《すわ》るような大きな籐《とう》椅子に腰をかけたまま、ぼくの眼をじっと覗きこみ、右足をトンと踏んでみせ、「あなた、いまあたしが何をしたかわかるかな?」であった。むろんぼくはさっぱり見当もつかず目を白黒させていたのだが、そこで抱影翁が言うには「いまね、あたしの足の下で地球がくるっと回ったんですよ」なのである。

そのとき抱影翁は九十歳をこえていた。ただただ茫然《ぼうぜん》としているぼくのことにはおかまいなく、つづいて御託宣をくだすのだった。「あなた、一ヵ月に一度くらいは地球の上に乗って回っているんだということを思い出しなさいね」。「あっ、ついでにもうひとつ、五十歳までは人間じゃないよ。五十歳くらいでちょっと形がついて、まあ六十歳くらいから人間になっていくんですよ」。

それからぼくは、抱影翁の本づくりにとりかかり、『大泥棒紳士館』（工作舎）という一冊を出版することになる。けれどもまもなく抱影さんは亡くなった。一九七七年十月三十日のことである。そのときの遺言がものすごいものだった。「ぼくの骨はね、オリオン座の右端に撒《ま》きなさい」。その五日前の十月二五日に、稲垣足穂が亡くなった。これらはぼくがフランスとイギリスに行っているときである。

急いで日本に戻ったぼくは必死で「遊《ゆう》」の特別号を「野尻抱影・稲垣足穂追悼号」として構成し、「われらはいま、宇宙の散歩に出かけたところだ」という追悼の辞を表紙に散らした。デザインは羽良多平吉に頼んだ。たった一ヵ月くらいの作業だったが、工作舎のスタッフは誰も寝なかった。毎晩が星集め、ホーエイ彗星集め、タルホ土星集めの日々だった。抱影語録も徹底的に集めた。

たとえば、「真珠色の夜ともなれば、私の想像は、この満目ただ水なる河谷の空に、熱国の星々を、やがて更けてはシリウスの爛光を点じてみたくなる」……「オリオンが初冬の夜、東の地平から一糸乱れぬシステムでせり上がって来た姿は、実に清新で眼を見張らせる」……「北斗七星は金色のクランクで、北極を中心に、夜々天球をぶん廻してゐる」……というふうに。

そこへ最後になって、ご子息の堀内邦彦さんが原稿を寄せてくれた。ぼくは編集担当の田辺澄江と相談して、こんな文句をタイトルにした。「お父さん、今夜は旅立ちには絶好の、星のこぼれる夜ですよ」。

第三四八夜　二〇〇一年八月二日

参照千夜

九二五夜：建礼門院右京大夫『建礼門院右京大夫集』　一五五夜：スティーヴンソン『ジーキル博士とハイド氏』　一七一夜：俵浩三『牧野植物図鑑の謎』　一二三六夜：志賀直哉『暗夜行路』　四五八夜：大佛次郎『冬の紳士』　一〇四八夜：北原白秋『北原白秋集』　三四六夜：ジャン・ジュネ『泥棒日記』　八七九夜：稲垣足稲『一千一秒物語』

科学者かて、自然の足の指を
舐めたくなるときがあるんやで

湯川秀樹

創造的人間

筑摩叢書　一九六六　角川ソフィア文庫　二〇一七

仕事柄、いろいろな職業のいろいろな才能の持ち主の文字を見る機会が多い。最近はワープロやパソコンのフォントを読まされるのでつまらないが、かつてはバックミンスター・フラーから吉本隆明まで、その手書き文字を見てきた。

湯川さんからの何枚かの葉書もどこかに残っているはずだ。久々に見たいと思っているけれど、まだ探していない。この字がなんともいい。万年筆によるものであるけれど、書きっぷりに芯があって、かつ四通八達に微《かす》かに動いている。どこか意識のスピードと文字を綴るスピードがずれているようで、そのずれが筆記を動かしているのだが、それなのにうまいのだ。聞けば、小学校のときに山本竟山《きょうざん》に書を仕込まれていた。竟山は明治の書壇で指導的役割をはたした楊守敬《ようしゅけい》に師事した書家である。

湯川さんのお父さんは中国歴史地理学の小川琢治《たくじ》、お兄ちゃんが古代中国史学の貝塚茂樹、弟が中国文学の小川環樹《たまき》である。みんなそれぞれ東洋の歴史や哲学に根ざしている。だからというのでもないが、湯川さんは根っから漢詩が好きだった。

ところが十二歳のころにはすでに孔子が嫌いで、はっきりと老子や荘子をおもしろがっていた。のちに老荘思想や芭蕉の思想を理論物理学にとりこんだのは、このときからの傾向である。

漢詩ばかりではなかった。俳句は知らないが、短歌もうまい。ちょっと深甚で、かなり放埒《ほうらつ》だった。

弟がもしやゐるかと復員の兵の隊伍《たいご》にそひて歩みし
案内の老女のほかに人けなし畳の上に貂《てん》の糞して
暗き道に犬うづくまり小溝には蛙なくなりもの思ふ道

湯川さんは生粋の京都人である。三高・京大と進んだ。京大では西田幾多郎が毎週「哲学概論」を担当していた。湯川さんは岡潔《きよし》の微積分と西田の哲学に没頭しつつ、プランクの『理論物理学汎論《はんろん》』全五巻、ボルンの『原子力学の諸問題』、シュレーディンガーの『波動力学論文集』に首っぴきになっていく。

いずれも実験ではなく理論の世界だ。とくにフリッツ・ライヘの量子論解説に生涯でもあまり類のないほどのショックをうけたという。プランクが提唱した「自然の不連続性」を秘めた量子論を採り上げたもので、新しい物理学はいまだ混沌《こんとん》の状態にあると書いていた。自伝『旅人』(角川文庫)では、「これまでに読んだどの小説よりも面白かった」「一冊の書物からこれほど大きな刺激、大きな激励を受けたことはなかった」と、当時をふりかえっている。この感覚が湯川秀樹なのである。理論と感覚が交差していったのだ。西田、岡潔ときて、その上にライヘ……。

このあと湯川さんは王道ともいうべきディラックの相対論的量子力学に傾倒して、京大を出るころにはディラック電子論にもとづいた「水素原子スペクトルの超微細構造の研究」に着手するのだが、これが幸か不幸か、フェルミに先を越された研究テーマになってしまった。もしもこれがそのままだったら、のちのノーベル賞は生まれなかったろう。切歯扼腕《やくわん》の若き理論物理学者はここで方向を転換し、波動場の理論に転身する。それからは日夜を分かたぬ没頭だ。

こういうふうに神経が過敏なときは、少しのヒントやきっかけがヴィジョンを躍り出させるものである。核内電子に注目していたこのときは、東北大学の日本数学物理学会での仁科芳雄の「ボーズ統計にしたがう電子を考えてみたら」という言葉にピンときた。二六歳になっていた。昭和八年、一九三三年である。中間子論の仮説の発表は、それからきっかり二年後のことになる。

ぼくには湯川さんからの影響が大きかった時期がある。むろん物理学的世界像の根本的な見方を教えてもらったことがなにより大きいのだが、空海や三浦梅園を読む気になったのも湯川さんの言いっぷりに惹かれてのことだった。

あるとき、湯川さんは自分が仏教について感じてきたイメージには決定的に欠けているものがあったと言った。それまで仏教は諸行無常の感覚と浄土の感覚を重視してきたと思っていて、またそれこそが日本的な仏教だと見ていて、密教はどこか性格のちがうものだと思っていたのだが、さて、待てよという気になったのだという。

日本人の歴史は、聖徳太子以降の浄土思想が出てくる前に長い感覚の錬磨があって、そこではきっと生命とか欲望ということを重視していたはずだ。そうでなければ縄文土器などつくれなかった。そういう生命感や欲望の吐露が基底にあるところへ、外来仏教が入ってきた。だから最初は輸入仏教そのままを模倣していたのだが、そのうち日本人の奥にあった基底のものがそこから溢《あふ》れて出てきて交じったのではないか。それが空海の密教だったのではないかと気がついたというのだ。

その後、湯川さんは空海を梅園とならべて格別の天才とよぶようになるのだが、このような見方には、近代日本の知識人の湿った性分からみても、まことに大きな見方の転換を示唆するものがある。ぼくはそういう湯川さんに影響を受けつづけたのである。当方がまだ若かったのもよかったのだろう。

湯川秀樹の凄《すご》みは中間子論だけではわからない。その後の非局所場理論から素領域仮説に転じていったところが凄かった。

中間子論というのは、一言でいえば量子力学の限界のほうに突き進んでいった理論のことで、当時はその限界を見究めることが新しかった。そもそも科学理論とは、「何に頼って、何をモデルにするか」というところに発する。量子力学はその基礎をシュレーディンガーの偏微分方程式に頼っていた。場の量子論では、相互作用表示をとったシュレーディンガー＝朝永《ともなが》の方程式に頼る。

けれども解が見つからなかったらどうするか。解が無意味だったらどうするか。これでは頼ったものが頼れない結果をうむことになる。ここに量子力学や場の量子論のかかえる内部矛盾があった。

中間子論は「核力は交換力である」という天才的なアイディアによって、新しい中間子の存在を予告したものである。いわば「間」の理論物理学の凱歌《がいか》であった。対象と対象の「間」に注目し、そこに交わされている相互作用の担い手を予想した。その担い手が中間子だった。それをみごとに当て抜いた。

そうではあるけれど、そこにはやはり矛盾が含まれていた。ハミルトニアンの中の摂動項として相互作用をさせようとすると、発散がおこってしまうのだ。S行列の級数展開が発散してしまう。積分される項が無限大になる。

これではまずかった。波動方程式に頼るのか、ハミルトニアンに頼るのか。頼ったうえで、どうするか。こうした選択を迫られる。たいていの科学者はここでぐちゃぐちゃとごまかすのだが、湯川秀樹は選択に直面した。ノーベル賞をとったのちなのに、いや、だからこそその苦悩はキリキリするものだったろうが、悩んだあげく、これらに頼ることをすっぱりやめたのだ。

こうして着手することになったのが「非局所場」という前代未聞のものだった。それはさしずめ静かな大乗仏教の海にひとりで遊弋《ゆうよく》する空海であり、儒学でも国学でもない条理にひとり立ち向かった梅園のようなものだったろう。

少しだけ説明することにするが、もともと場の理論においてはノンローカル（非局所）な思想をもつこと自体がそうとうに困難な転換だったのである。それを「素粒子の背後」に見ようというのだから、これはよほどの科学的覚悟だった。

そのとき湯川さんは、まずは「素粒子の奥にはハンケチがたためるくらいの大きさの空間があるんや」と説明した。「ハンケチがたためる」は物理学者のユーモアとしても抜群だが、それを「素粒子の奥」に覗いたところが「勝負！　いざ見参！」なのである。何に「いざ見参」なのかというと、ニュートンこのかた朝永におよんだ「粒子を点関数であらわす」という考え方に挑んだからである。いわば「点ではない点」「拡がりのある点」を考えた。

こういう発想が非局所スカラー場Uというものになる。スカラー演算子を変位演算子のある関数とみなしつつ、同時に四つの時空演算子の関数とみなすという芸当だ。湯川さんは「最も小さな時空構造」に向かったのだ。しかし、この理論は科学界で賛同が得られなかった。

おかしなことに、多くの科学者たちは自分が属していない領域の成果など、なんの役にも立たないとおもいこんでいる。そういう連中が大半なのである。

だからアインシュタインがとりいれたミンコフスキー時空幾何学など、量子や素粒子の領域にいる科学者には無用の長物であるばかりか、仮にそんなものにちょっとでも興味をもった者がいれば、すかさず「神秘の好きな人ですな」とか「いかがわしい科学なんてあるんでしょうか」と揶揄するキマリになっている。ぼくが世の中でいちばん嫌いな揶揄である。

湯川さんは非局所場で打開策をたてきれなかったのち、次に「素領域」というニューモデルを持ち出した。これは、「もうこれ以上は分割ができないほど小さな時空」というものだ。時空というからには、そこにはアインシュタインもミンコフスキーも関与する。しかしこれで、あの湯川秀樹さえもが揶揄されることになったのである。誰も面と向かっては笑わなかったかわりに、「おいたわしいことだ」と陰でひそひそ声で言いあうことになる。バカもんたちである。アホである。

湯川秀樹その人はそんなことは知っちゃいなかった。むしろ特殊相対論の変更はなぜなされなかったのだろうかとか、時空連続体はそのままに素領域においてそれを出現させるにはどうするかとか、時空の一点で粒子を作り出すのではなく、ある時空領域がその拡がりのままに粒子たちを作り出す演算子を考えるにはどうするかとか、そういうことに乗り出していったのだ。

その後、いくつかの冒険的な理論的編集工事をへて、結局は素領域理論も半ばで時間切れとなった。まことに惜しいことである。

この仮説の渦中で湯川さんは旅をした。科学者の旅路としては長い長いものである。ぼくにはこの旅路を知ったことが、決定的だった。

そこを本人はこう書いている。「ずいぶん長い間、私は老荘の哲学を忘れていた。それが四、五年前、素粒子のことを考えている際に、ふと荘子のことを思い出した。そして、素粒子の奥にあるものが、さまざまな素粒子に分化する前の、まだ未分化な何物かであるのかもしれないと思った。それはいままでに知った言葉でいうならば、渾沌というものであろうかと思った」。

素粒子の奥には宿屋があったのである。それは物質という物質が百代の過客として投宿し、また旅立っていく宿屋であった。その宿屋の名が「素領域屋」だったのだ。そこには、次のようないまなお光りつづける構想が含まれていた。

たとえば、素粒子の「数」と時空的な「点」とのあいだには相補的な関係があるにちがいない。またたとえば、素領域の背後に四次元時空連続体があるとしたら、時空だって不連続的であるということにもなりかねない。さらにたとえば、量子力学的な実在は、実は可能性と現実性という二つの状態を行ったり来たりしていると言わざるをえないのではあるまいか――。

この三つの〝暗示〟だけでも、今日の物理的世界像に改変を迫るには十分なものである。「ほんと」と「もどき」が究極の最小時空に求められたのだ。けれども湯川さんはその統一的記述をしないまま、風呂場で転んだことがきっかけで、百代の過客の一列に加わっていったのだ。

ところで、すでにいくつかのところで書いたり喋ったりしたことであるのだが、湯川さんはぼくにとんでもない告白をしたことがある。

それは、「科学者というものは、女の足の指を舐《な》めるようなところがなくてはあかんのです」というものだ。ぼくはこれを聞いたときは絶句し、次に気をとりなおし、「あの う、その、女の足の指を舐めるって、谷崎の……」と言ったところで、しどろもどろになった。湯川さんはそんな当方の困惑を無視するかのように、「そうや、谷崎や」と言明した。おまえは谷崎を知らないのかというふうに。とっさに「あっ、理科の耽美《たんび》主義」という言葉が浮かんだけれど、ぼくは黙っていた。

そうしたら湯川さんがこういうことを説明してくれたのである。この説明こそ、われわれがいまなお忘れすぎていることである。


このごろはね、何かわからんものがすべておもしろいんです。事実が少し不足しておって、それをわれわれのアタマの思考力でもって補うのが、よろしい。

わかるかな、これは自然界の足元に出ている女の爪先《つまさき》みたいなものでもあるんやな。そやけど、その爪先にも親指から小指までのちがいはあるし、小さな爪も大きな爪もある。それを仮に物質的なものやと仮定してみると、その物質はそれぞれ泊まりたい場所とか場所というもんがあって、そこにはいろんな席が空いているということやね。だから、物質はそこへ行くと、その席に座る。そうやって自然の足の指はできている。

しかしながらここで大事なことは、その席を決めている数学のようなもんと、それを、物質がどこまで知っているかということは別々のことなんやね。そんなこと、足の指を舐めてみなくては、何もわかりませんよ。量子力学はそこで、「観測の理論」というものを持ち出したわけや。見ていることと、していることはちがいますというもんやねえ。それはその通りです。けれども、そのちがいがわかったところで、どうにもならへん。わかりますか。

大事なことは、では、何をもって何とみなすかということなんです。このとき、「何をもって」というところにもイメージがいる。「何とみなすか」というところにもイメージがいる。この二つのイメージを最初から連続したものと見てきたのが、これまでの科学というもんやったわけやね。そやけど、この二つのイメージは別々のものでもかまへんのです。その異なるイメージをつなげ、そもそもの何を何とみなすかという「同定」をおこすことが、本当の理論物理学なんです。

ぼくはまたおそるおそる聞いてみた。「あのう、そういうことを湯川さんが考えているということを、科学者たちは知っているんでしょうか」。湯川さんは、憮然《ぶぜん》として、こう答えたものだ。「知ってることは知ってるやろうけれど、理解しようとはせえへんな。最近の科学は、まあ、そんなもんや」。

天地《あめつち》は逆旅なるかも鳥も人も　いづこより来ていづこにか去る

第八二八夜　二〇〇三年七月三一日

参照千夜

三五四夜：バックミンスター・フラー『宇宙船地球号操縦マニュアル』　八九夜：吉本隆明『藝術的抵抗と挫折』　一二七八夜：老子『老子』　七二六夜：荘子『荘子』　九九一夜：芭蕉『おくのほそ道』　一〇八六夜：西田幾多郎『西田幾多郎哲学論集』　九四七夜：岡潔『春宵十話』　一〇四三夜：シュレーディンガー『生命とは何か』　七五〇夜：空海『三教指帰・性霊集』　九九三夜：三浦梅園『玄語』　六七夜：朝永振一郎『物理学とは何だろうか』　五七〇夜：アインシュタイン『わが相対性理論』　六〇夜：谷崎潤一郎『陰翳礼讃』

「超多時間理論」から「くりこみ理論」へ
エレガントな科学方士の肖像

朝永振一郎

物理学とは何だろうか

岩波新書　全二巻　一九七九

少年トモナガを夢心地にさせたのは、中学校の理科の授業で見た二つの実験だった。ひとつは針金が酸素の中で燃えるところを見たときだ。「線香花火のように綺麗だった」と回想している。なんとなく物質にはそういう秘めたものがあるのだと思った。もうひとつは、風船に水素をつめて空に飛ばしたときだ。物質は何かに包まれていると思ったという。

買ってもらった顕微鏡は二〇倍しか見えない。少年トモナガは学校でガラス管の切れっ端をもらってくると、せっせとレンズに仕立てて組み合わせていった。ついに二〇〇倍くらいの顕微鏡ができた。「工夫をしていくと思い通りのことに出会える」と思ったようだ。

しかし、大学で本格的に研究することにした量子力学だけはなかなか「思い通り」にならない。だいたい朝永さんが京都帝大に入ったころは、量子力学を教えられるセンセーが一人もいなかった。同級の湯川秀樹くんとあれこれ英文テキストを取り寄せてベンキョーしたけれど、これではまにあわない。そこへドイツ帰りの仁科芳雄が一ヵ月だけ特別講義にやってきた。昭和六年のことだ。

目が開かれた。そこへ仁科芳雄から東京の理研（理化学研究所）で研究してみないかと誘われた。「思い通り」のための準備が始まった。

若き朝永振一郎がとりくんだのは量子電気力学である。この分野では当時、とても面《めん》妖《よう》な問題が待ち受けていた。

電子が放出した光子は（波の性質があるので）回折して戻ってきて、もとの電子に吸収されることがある。これを電子の自己相互作用というのだが、困ったことに、従来の「場の量子論」にもとづいてこの自己相互作用を計算すると無限大の発散がおきてしまうのだ。朝永さんは工夫した。

素粒子はそれぞれ異なった時間の中にいる。そうだとすれば、この事情を逆にいかしてこれらを「多時間」の組み合わせと捉《とら》え、電子の質量と電荷の関係に計算式の中での工夫を加えれば、発散がおきないようにできるのではないか。レンズを加工したり組み合わせたりするように、電子の自己相互作用が着ている〝衣〟を、別の〝衣〟に着換えさせるようにはできないものか。

こうして、のちにノーベル賞受賞となった「超多時間理論」と「くりこみ理論」ができたのである。計算はみごとに「思い通り」の結果を示してくれた。ぼくがこの工夫を知ったとき、これは物質界に「席を譲る」と「衣替えをする」というアイディアをもちこんだような気がした。そんなことができる朝永さんは、きっと熟練のテーブル・マジシャンのような科学者なのだろうと思った。が、これが大ちがいだったのである。

朝永さんには一度だけ会ったことがある。工作舎で十川治江とともに「日本の科学精神」というシリーズを刊行しようとしていたときで、そのうちの一冊『自然に論理をよむ』の巻末座談会に出席してもらったときのことだ。場所は工作舎の「土星の間」をつかった。統計物理学の伏見康治さん、地球物理学の坪井忠二さんらとともに、朝永さんにも参加してもらった。

まことに柔和で、ダンディなおじいさんだった。とくにニコニコしているわけではないのに、自分で話をするときも、他人の話を聞いているときも、周囲を溶けさせる親和力のようなものを発散していた。あまりに不思議な感じなので、朝永さんがその場の議論に賛成なのか疑問をもっているのか、まったく読めなかった。

ぼくも仕事柄いろいろの人と座談会や対談やシンポジウムをしてきたが、めったにこういう人には出会えない。仙人というのではないが、それに近い科学方士のような、あるいは波動関数そのもののような、そんな物理神仙の雰囲気がある。方士とは仙人の手前のタオイストをいう。

その座談会では、ぼくは〝暴言〟を吐いた。「物理学以上であったっていいわけです」というものだ。寺田寅彦の物理学についての話題のときで、「隙間を残す」という科学者の態度があってもいいのではないかという話になって、それを朝永さんは「それだと物理学じゃなくなっちゃうんだな」と笑った。で、ぼくがえらそうなことを言ったわけである。そのとき朝永さんは初めてニッコリと笑ったのだ。たったこれだけで、ぼくは包まれてしまっていた。まったく若気の至りであった。

量子力学に入門するときに、理学部物理学科の学生は大きな選択を迫られる。ディラックの教科書でいくか、トモナガの教科書でいくかという選択だ。

ディラックでいくのは才能を鍛えたい技術派である。トモナガを選ぶのは部分の組み立てに酔える美学派といってよい。ぼくはもともとが編集的世界観派なので、どちらもちらちら覗いて遊ばせてもらった。

しかし、右に紹介した朝永振一郎感覚を実感したうえで、あらためてトモナガ量子力学の感想をいうと、やはりあの本には科学方士がいたようにおもわれる。実際、朝永振一郎の本は、何度かにわたってぼくを心地よい振動に導いてくれたのだった。『量子力学Ｉ』（東西出版社→みすず書房）はしがみつくような対象だったから、心地よいといえる実力に欠けていたぼくにはけっこう難解なものだったけれど、『物理学読本』（学芸社）は全身でシャワーを浴びるような快感に富んでいたし、有名な量子の二重性をあつかった「光子の裁判」をふくむ『鏡のなかの世界』（みすず書房）、『鏡の中の物理学』（講談社学術文庫）では、それこそ物理学独特の思惟の進み方の醍醐味《だいごみ》を味わわせてもらった。「光子の裁判」は光子《こうし》を光子《みつこ》さんに見立てて、量子の動向をサスペンスっぽく綴ったものである。

ただ、このような本に夢中になったのは、ぼくの〝原子物理学時代〟ともいうべき一九六〇年代後半からの七、八年間ほどだった。その後は、物理学よりも生物学に興味が移っていたため、トモナガ本ともだんだん縁が薄くなっていた。それが一九七九年に岩波新書から『物理学とは何だろうか』が出て、久々に読んでみたくなった。

ぼくは岩波新書の科学書では、ドゥ・ブロイの『物質と光』（いまは岩波文庫）と湯川秀樹の『素粒子』（共著）を、数回にわたって貪《むさぼ》り読んだほうなので、トモナガ新書にもおおいに期待した。けれども、どんな事情だったかはおぼえていないのだが、この本は買ったのちにしばらくは放っておいたようにおもう。あらためてこの本に向かったのは、ぼくが工作舎をやめてしばらくたってからのことだった。

本書はトモナガ節を静かに浴びるための本である。読んでもらえばすぐわかるように、朝永振一郎という最高級の科学者は、けっして叙述を飛ばさない。ゆっくりと、しっかりと、淡々と、そしてなんともエレガントに科学の推理と実証の歩みを解説してくれる。けっして物理学以上にはしない。ちゃんと物理学のサイズをつくってくれる。それがしかも、ふわりと大きな翼を広げていくのである。いわば、われわれのアタマの中に少しずつ生起しているはずのフィジカル・イメージをまるで計ったかのようにピンセットでつかまえて、それを少しずつ拡張してくれるのだが、その運びがまことにエレガントなのである。

カルノーの「空気エンジン」というものがある。これは本書がニュートンの法則の意味の解説をおえ、次にワットの蒸気機関の問題から熱力学の黎明にさしかかるくだりで出てくる話題で、そこで朝永さんはカルノーの『火の動力についての省察』を引きながら、カルノーがいったいどのように「最大効率をあげる理想的火力機関」を構想したのか、その構想の手順を案内する。

このときカルノーは蒸気エンジンのかわりにピストンのついた空気エンジンを構想す

るのだが、そこで「熱だめ」や「ピストンをじわじわと動かす」という段階が必要になる。朝永さんは、その「熱だめ」「じわじわ」をまことにすばらしい調子で本書の叙述のレベルにもちこんでくるのである。

ようするに「じわじわ」が科学だよ、物理学だよということを、そのような言葉で説明する。実際には、「じわじわ」とは、ピストンの動きによってガスの状態が状態方程式をできるかぎり満たすようになっていくことをいう。このときピストンは高温の「熱だめ」を意識する。けれどもガス自身はそのことを知ってはいない。ガス自体はその状態を知るわけではない。

では、どうすれば、このような状態をつくれるか、そこがのちにカルノー機関とよばれて熱力学の偉大な第一歩を示すことになる空気エンジン構想の要点となるのだが、朝永さんはどんな熱力学の教科書よりもエレガントな説得力に富んだ説明で、まるでヒナ鳥にくちばしでエサをやるように、叙述してくれるのである。

いまのべた例を、べつの言葉でいっておく。どこが朝永振一郎の〝芸〟なのかということがわかるとおもう。こういうふうにいえるのではないか。「朝永さんの科学には、物質の気分というか、分子や原子がうけもっている情報の分量というものに対する感知があるようだ」というふうに。

本書の圧巻は、なんといっても下巻の後半「熱の分子運動論完成の苦しみ」という一〇〇ページほどの一節にある。ボルツマンの「エルゴード的なるものの工夫」の跡を追った箇所である。

ここは、朝永さんが人生最後の半年間ほどを病院に通ったり、入院したりしている渦中に仕上げた箇所らしく、最後の叙述は病気悪化のために、残念ながら口述になっている。つまり未完におわっている。しかし、その口述のところがすごいのである。一九七八年十一月二二日の記録というふうになっている。この口述で、朝永さんはこんなことを言う。「ボルツマンが狙ったことは、確率論と力学の関係をはっきりさせたいという、その一点に尽きる、そういうふうに私は見ています」。

つまり、ボルツマンの熱力学的なアプローチによって、ニュートン力学的な対象とそれを見る人間の側のあいだに確率論をおくことができるようになった、ということだ。これはエルゴード定理の中心にすでに確率論的構造があるという話である。

ここから朝永さんは、さらにボルツマンと、その後のアインシュタインやマッハの登場との関係を口述する。マッハはボルツマンを論難するが、もしボルツマンが長生きしていたら(ボルツマンは自殺した)、逆にボルツマンが時代をまとめる科学を構築したかもしれないというのである。

これはボルツマンのことならともかく気になってきたぼくを震撼《しんかん》させた。じーんときたと言ったほうがいいだろう。そのことについては、いつかまた書いてみたい。いまは話がこみいりすぎる。ともかくも、いずれにしても朝永振一郎をいっときも早く読むことだ。日本人の科学者として、日本人が誇りにしたい格別の科学方士なのだから。

第六七夜　二〇〇〇年六月九日

参照千夜

八二八夜：湯川秀樹『創造的人間』　六六〇夜：寺田寅彦『俳句と地球物理』　三四九夜：ドゥ・ブロイ『物質と光』　五七〇夜：アインシュタイン『わが相対性理論』　一五七夜：マッハ『マッハ力学』

この一冊に出会っていなかったら、ぼくは二十世紀物理学に夢中になれなかったろう！

ジョージ・ガモフ

不思議の国のトムキンス

伏見康治・山崎純平訳　白揚社　一九五〇
George Gamow: Mr. Tompkins in Wonderland 1939

ガ、ガ、ガモフーッ。ガーモフ万歳！　ガモーフ万歳！　どれだけ『ガモフ全集』のお世話になったことか。ぼくが哲学や文学の毛布から抜け出して「理科のかちーっ」「物理のめざめーっ」と叫ぶ季節をもったのは、ほとんどこの全集のおかげです。どこかのブランドのノベルティのような洒落た装幀の、函入角背クロス貼りの全十一巻別巻三巻はいまや破損がひどく、とっくに紛失しているものもあります（誰かが返してくれないままらしい）。けれども白抜きのガモフのサインはあの日どおりに刻まれたままでした。いったいいつ入手したのかと奥付を見てみたら、一九六六年二月でした。ということは早稲田の二、三年生のときらしい。そうか、そうだったか。

いまはっきり思い出したけれど、ぼくが早稲田の後半以降を量子力学やら相対性理論やらに熱中しはじめたのは、最初は近藤洋逸《ようい つ》の『新幾何学思想史』（三一書房）や東京図書の「数学選書」シリーズだったのですが、その途中でガモフのことを知って（アイザック・アシモフ経由だったかもしれない）、急にのめりこんだのです。まるでアインシュタインが図面を引いたコニーアイランドか、シュレーディンガーの波動関数でできている花屋敷に潜りこんだような興奮でした。

そこまで『ガモフ全集』の砲列にとんとん拍子で入っていけたのは、なんといっても第一巻『不思議の国のトムキンス』のせいなのです。この第一巻があまりにも機知に富み、あまりにも量子めき、あまりにも曲率が効いていて、我を忘れるほどの憎《に》っくい解説だったのです。あとで何度も思ったことですが、こんなふうに二十世紀物理学の本質を名人級で案内ができる物理学者は、おそらくジョージ・ガモフの登場まで一人もいなかったと思います。いや、その後もいないのではありますまいか。

ジョージ・ガモフが宇宙進化論の最初の提案者の一人で、「星ができる前からヘリウムがあったにちがいない」と確信して火の玉宇宙を提唱したこと、宇宙の核反応段階に関するαβγ理論の確立者で（αβγは共同研究者アルファ、ベーテ、ガモフの頭文字）、ようするに今日のビッグバン理論の先駆者であったことは、よく知られています。

それだけでなく、ガモフはDNAが二重螺旋《らせん》であることが発見された直後、どのようにして四種の塩基で二〇種以上ものアミノ酸が形成されるかのしくみを解いて、いわゆる「コドン」の機能を仮説してもいました。

ようするにガモフ先生は大々大々科学者なのです。しかし、仮にそのような画期的理論の形成にガモフがいっさいかかわっていなかったとしても、ジョージ・ガモフの名は『不思議の国のトムキンス』一冊によって、不朽永遠になっていたはずです。それは『不思議の国のアリス』のルイス・キャロルが数学者でありながら、アリスの生みの親として不朽の名声を得たことに匹敵します。だからアリスを知る者は、絶対に、絶対に、トムキンスを知らなければなりません。

さらに言っておきたい。ガモフは第四巻『原子の国のトムキンス』、第八巻『生命の国のトムキンス』で、再三トムキンスに奇妙なフィジカル・ワンダーランドを潜伏旅行させただけでなく、とくに第六巻『1、2、3、…無限大』で、今日なおこの本を超える「数と時空の相対性」をめぐった一冊はないと断言できるほどの傑作科学解説をやってのけたということです。

かつて、『宇宙論入門』『遠方では時計が遅れる』『ロバチェフスキー空間を旋《めぐ》りて』の著書もある稲垣足穂は、「そやな、ほんまに『1、2、3、…無限大』こそ、高校か大学の教科書にせなあかんなあ」と言い、『ガモフ全集』の何冊かの翻訳者であって、『量子統計力学』『相対論的世界像』のほかに『時間とは何か』『折り紙の幾何学』という小粋な編著書もある日本学術会議の会長もつとめた伏見康治は、「ガモフですか？　全集全部を中学生の教科書にすべきですよ」と言ったものでした。言っておきたかったのは、だから『1、2、3、…無限大』も名著中の名著だということです。

それでは、『不思議の国のトムキンス』ですが、これはしがない銀行員でハリウッド映画なんて大嫌いのトムキンスが、映画よりもっとおもしろい時間を過ごせるのは何だろうと思って、ある大学の現代物理学の連続講演に出掛けたわけなのです。

ところがトムキンスは、カリガリ博士のような髭《ひげ》をたくわえ、レンブラントの解剖学教室で眼鏡をかけて指導しているような老教授がえっへんと咳払《せきばら》いをし、「えー、われわれの住むこの空間は彎曲《わんきょく》し、それ自身において閉じ、加えるに膨張しつつある」と言ったとたん、何が何だかさっぱりわからなくなってしまいます。すごすごと家に帰って毛布を被って眠りこんだところ、ふと気がつくと、さあ、こんな奇妙な夢を見ていました、というところから、はじまり、はじまり、です。

トムキンスが目をさますと直径一〇キロもある岩の上にいる。しかもその岩は空中に浮かんでいて、まわりをたくさんの岩が飛んでいる。トムキンスはその飛行する岩のひとつにへばりついているのです。岩の端っこに落ちそうになりながらおそるおそる進んでみると、不思議なことに自分の重みで岩に押し付けられているのか、落っこちないのです。こりゃなんたる不思議だと思ってよくよく見ると、そこに例の老教授先生が立っていて、なにやら手帳に計算をしている。「おはようございます」と挨拶をすると、老教授は「ここには朝というものはない」とニべもありません。

トムキンスは寂しい宇宙でせっかく出会えた唯一の人物が、なんともつきあいにくい学者だと知ってがっかりするのですが、そこへ事件がおきた。どこからかやってきた小さな岩が教授の手元を通過して、手帳を飛ばしてしまったのです……。

以上が、トムキンスが最初に見た「おもちゃの宇宙」の冒頭場面です。この「おもちゃの宇宙」は全体として一〇キロから二〇〇キロくらいまで、しだいに膨張しつつあるのです。

遠ざかった教授の手帳の行方を、教授に促されたトムキンスが双眼鏡で覗いてみると、手帳はだんだん小さくなっていくだけではなく、ぼんやり赤くなっていました。それがしばらくすると、今度は大きく見えてきて像がぼけている。これはてっきり戻ってきたのだとおもうと、そうではないらしい。

というわけで、ここからはプランクとアインシュタインが舞台の後ろで数字でできた絡操《からくり》の大道具を操っているかのような、たいそう愉快な天体力学のショーの見せ場になっていきます。そもそも岩たちを浮かばせている空間が少しずつ膨張しているのです。いや、時間もかなり変になっている。そのなかで教授の手帳がついに教授の手元に戻ってくるまでのトムキンスの驚愕は、たいそう見ごたえのある出来事です。

ここでは主として光の収差、曲面と測地線の科学、赤方偏移、光のドップラー効果、非ユークリッド幾何学、宇宙の膨張などが次々に、しかし必ず暗示的に解説されるのですが、それがひとつひとつトムキンスのおかしな見聞に関与していて、妙に納得させられるのです。

やがてトムキンスはもうひとつの夢である「量子の部屋」を見ます。これは教授が例の講演で、「すべての運動はただお粥《かゆ》のようなものであらわされる」と言ったそのお粥が、トムキンスのどこかに引っ掛かっていて、それが夢になったものでした。いったい何がお粥のようなのか。この「量子の部屋」の比喩的解説が、またまた痛快でみごとな展開です。

場面はビリヤードルームに変わっています。ここでは量子力学的にいえば最初に「非可換の無限行列」を説明しているところなのですが、その前にトムキンスはこのビリヤードの球が突かれるたびに、ぼわぼわっと拡がりながら進んでいくのに腰を抜かしてしまったのでした。トムキンスはそれが〝量子〟という「拡がる物質」だと聞いて、なぜ今夜はウィスキーを飲んでいないのにこのようなものが見えるのか、何の見当もつきません。なるほどこれがお粥なのかと思うばかりで、それにしても粥状の球とは、どうにも意味がわかりません。そこで教授が「この二つの量子の球がぶつかると、どうなるだろうねえ」と、さらに難題をふっかけて不気味に笑います。

その直後に目の前でおこったことの不思議といったら、トムキンスがとうてい誰にも話せないようなことでした。衝突した「拡がる球」は互いに交じったまま、なんとあらゆる方向に進み始めたのです！　しかもどんどん拡がっていく。これはいわゆる角運動量ゼロのS波の散乱です。得意満面の教授は混乱するトムキンスを尻目《しりめ》に、もっととんでもないことを言い出します。量子の球が拡がったのは、この世界では球が「だいたいここにある」とか「一部はどこか他のところにある」としか言えないような、そういう状態をあらわしているのだと説明するのです。

まさにハイゼンベルクの不確定性原理をメタフォリカルに説明している場面なのですが、いま読んでもまことに巧みに書いてある。教授はえらそうに、続けてこう言います。「一方を決めれば、他方がますます拡がっていくじゃろう」。

トムキンスが見た第三の夢は「のろい街」の出来事です。ここでは光が一時間に二〇キロの速度で進む以外は、ふつうの物理現象がおこっていた。トムキンスはなんだべつにおかしいところなんてない街じゃないかと自信をもつのですが、向こうから自転車に乗ってやってきたパイプを口にした紳士の姿を見て、ぶったまげてしまいます。

その紳士は運動方向に対して自転車ごと平べったくなっている！　やがて広場の時計が十二時を告げると、紳士は自転車をもっと速くこぎはじめ、ますます板のように薄くなっていく。

それでもこのころ少しは知恵がついてきたトムキンスは、ははん、これは「運動体の収縮」というやつだと予想する。実は教授がそういうことを書いた原稿を読んだからでした。けれどもそれ以上のことを知りたくても、この街には癪《しゃく》にさわる教授の姿が見当たらない。チェシャ猫もハンプティ・ダンプティもいないのです。そこでトムキンス一人の前代未聞の冒険が始まるのでした。

まずトムキンスはその紳士を追いかけようと決め、傍らの自転車に飛び乗ってまっしぐらに走ってみます。自分の姿が自転車ごと平べったくなっているのをさぞかしみんなが感心して見ているだろうと鼻高々だったのですが、周辺を見て驚いた。なんと、通りがだんだん短くなり、店のウィンドーが細長い隙間のようになって、お巡りさんも薄っぺらくなっているのです。それにくらべて自分の姿のほうはあんまり変わらない。これは、びっくりです。

もっと変なのは広場の時計が三〇分たったのに、自分の腕時計は五分しか進んでいな

ガモフは、たくさんのイラストを駆使して、「おもちゃの宇宙」や「のろい街」や「量子のジャングル」といった不思議な時空を案内してくれる。なぜか頭髪が薄くてお人よしのトムキンス像とともに、忘れがたい魅力である。

いということです。どうも「相対性」という言葉に関係がありそうなことがおこっているらしいのですが、トムキンスはこのあたりで降参してしまいます。なぜなら停車場で降りてきた見るからに若そうな人物を「おじいさん！」と呼んで、再会をよろこんでいる老婦人を見てしまったからです。なぜあんな若い奴がおじいさんであるものか。ふん、あれも相対性なんだろう。でも、わしは「相対性の髭」なんてはやしてやるものか。そう、トムキンスは独りごちて、その場から去ってしまうのです……。

ざっとこんな具合だ。トムキンスはさらに「量子のジャングル」の夢、「のろい街」の解説を教授にしてもらうための「休息の一日」、そしてありとあらゆる自然界の定数がぶんぶん飛び回っている「最後の冒険」をする。

海岸近くのレストランでは教授の娘の美しいモード嬢も登場し、「負の曲率のコップ」やら「空間の地震」やらが次々に出来事をひきおこして、気がつくとレストランにはモード嬢そっくりの娘さんがどんどんふえている。

量子定数が狂ったようだ。そのなかでやっと本物らしいモード嬢をみつけたトムキンスは、令嬢が「わたくし、飛ばした帽子をとってまいりますわ」と言うのを制して、「そんなことをしたら、戻られたときにはぼくはおじいさんになっているかもしれません」と思わず口走る。ついにトムキンスは何かを理解したようなのだ。気がつくとモード嬢の優しい手をトムキンスの手が握っている。その瞬間、空間には大きな襞《ひだ》が拡がり始め、太陽の光線がそれてしまい、トムキンスと令嬢は海岸いっぱいになっていた。せっかくのチャンスをトムキンスは逃したのである。

ぼうっとしてしまったトムキンスに、遠くから鈴のような声が聞こえてきた。「まあ、お父さまったら、またむずかしい物理の話をしてトムキンスさんを眠らせてしまったのね」。トムキンスはバネに弾《はじ》かれたように目をさまし、そしてそして、二人はやがてつつましく結婚式をあげ末長く仲むつまじく暮らしてゆきました……とさ。

科学アリスの旅ともいうべき『不思議の国のトムキンス』には、お話以外にもとびきりの魅力が加わっている。ひとつはジョン・フーカムが描いた何枚もの挿絵だ。ルネ・マグリットとM・C・エッシャーの発想に匹敵しうる「おかしな空間」の絵として、この挿絵に勝るものはない。フーカムは「おかしい時間」の絵も描いた。

もうひとつの魅力は、第二部で別立てになっている。トムキンスが居眠りをしてしまったという例の「教授の講義」だ。これは「空間と時間の相対性」「空間の彎曲《わんきょく》と引力」「作用量子」の三本立てで、数式が登場し、ローレンツ変換や重力場方程式やシュレーディンガーの波動関数が懇切丁寧に解説される。

最初にも書いておいたように、ガモフは『不思議の国のトムキンス』だけで講義をすませたのではなかった。この名調子が実に一一巻に及ぶのである。シャーロック・ホームズと同じで、一度引っ込んだトムキンスが何度も引っ張り出されるところも、悪くない。やっぱり、ガ、ガッ、ガモフ、ガーモフ万歳、である。あとはトムキンスとアリスが結婚するだけではあるまいか。

第七六八夜　二〇〇三年五月七日

参照千夜

一〇一九夜：近藤洋逸『新幾何学思想史』　五七〇夜：アインシュタイン『わが相対性理論』　一〇四三夜：シュレーディンガー『生命とは何か』　一五九八夜：ルイス・キャロル『不思議の国のアリス』　八七九夜：稲垣足穂『一千一秒物語』　二二〇夜：ハイゼンベルク『部分と全体』

世界は「ふつうの人」と「そうでない人」と「変なおじさん」でできている

オリヴァー・サックス

タングステンおじさん

斉藤隆央訳　早川書房　二〇〇三

Oliver Sacks: Uncle Tungsten 2001

往診の鞄、水冷エンジン、砂鉄のダンス。…炭素電球、タンタル電球、青蛍《ほたる》石。…ライムライト、タングステン・フィラメント。…輝《き》安鉱《あんこう》、鶏冠石《けいかんせき》、ジルコン、コバルト。…化学の箱庭、切手のアルバム、バスの乗車券。…カチオン、アニオン、弗酸ラディカル。…ハイポ、ダゲレオタイプ、未来新聞、ソーマトロープ。…ヘリウム気球、アルガンバーナー、ダニエル電池。

この本には、オリヴァー・サックスの子供時代の科学オブジェがいっぱい詰まっている。紹介しきれないくらいだ。何もかもキラキラしているし、どれもこれもがカッコいい。そこに電球工場のタングステンおじさんがいた。メンデレーエフの周期表が待っていた。サックスは脳神経科のお医者さんなのである。すばらしい本をいろいろ書いた。子供時代を大切にしたからだ。

父が叫んだ、「電気のヒューズがとんだぞ」。ぼくは飛行士のヒューズさんがどこかへ飛んでいったと、ラジオのニュースが言っているのかと思ったものだ。ヒューズは切れたか溶けたのだ。「電気のヒューズがとんだ」は科学的にはおかしな言葉なのだけれど、この言いっぷりには何かがある。ここには期待の発端がある。

こういうセリフが近頃の家で交わされなくなったのは、世の中、万事が万端、イノベーションのほうに進みすぎたからだ。とくにIT化だ。これでたいていの部品がチップ化し、どの部品や回路でどんな事件がおきたのかは皆目わからなくなった。事件は家の中でおきたのではなく、SECOMの回路でおきたのだ。ユビキタスってつまらない。ヒューズ飛行士も飛び出さない。

わが子供時代、家のなかの部品のほぼすべては見えていた。箱のフタをあければ、事件はその中のどこかでおこっていた。そしてこれに、「あっ、電球が切れたみたい」とか「あっ、停電だ！」とかが加わって、一家の夜の出来事が突如としていっそう濃密な神秘の予兆になっていた。

ごく最近のテレビのニュースで「白熱電球をやめて、すべてをLED蛍光灯にする」

というバカなことを、なんとか大臣が言っている場面を報道していた。ちょっと見ただけなのでどんな経緯でそうなったのかは知らないのだが、これではいけない。タングステン電球の、あのアンバーな光の色はいつまでも併用されるべきだ。

最近は禁煙一斉全面化をはじめ、いろいろ許せないことがある。もはや日本は陰謀帝国ではないのか、誰かに言いくるめられるばかりになっているのではないかと、もともと〝陰謀史観〟なんて見向きもしなかったぼくにして、ついついそう思わざるをえないことが多い。

だからこのニッポンLED蛍光灯化計画も、いまさらまともに扱う気はないのだが、それでもどうにも憤慨が収まらないので、せめてものカタルシスとして本書を紹介することにした。「部品王国よ、もう一度！」「村田製作所、がんばれ！」だ。

オリヴァー・サックスの子供時代、デイヴおじさんがいた。おじさんは「タングステンおじさん」と呼ばれていた。おじさんがそう呼ばれるのは、おじさんがやっている会社がタングスタライト社というもので、細いタングステンの線をフィラメントにして電球を作っていたからだった。

タングステンおじさんは、ロンドンのファリンドンで古めかしい工場をやっていた。黒くて重たいタングステンを粉にして加圧し、これを真っ赤に焼いてから槌《つち》でとんとん叩いてどんどん糸のように細くしていくと、この世のものとは思われないフィラメントができあがってくるのだった。おじさんはウィングカラーのシャツを腕まくりして、いつもこの夢のような作業に耽っていた。

おじさんの自慢は、オリヴァー少年を工場のいろんな機械に触れさせて、その油じみた鋼鉄の怪物たちのとてつもない性能を見せることと、とろとろ光る水銀をボウルに入れてそこに鉛の弾丸《たま》を浮かべ、少年に重い鉛が沈まないのを見せて、ほうら、不思議だろと言ってみることだった。でも、おじさんがもっと誇らしげになるのは、その水銀のボウルにポケットから取り出したタングステンの棒を入れてたちまち沈ませてみせるときなのだ。このときは決まって「これがな、おじさんの金属、タングステンというものなんだ。こんなもの、世界中さがしたってないんだぞ」と言うのだった。

オリヴァー少年の家は父親も母親もお医者さんである。だから少年はアルコール脱脂綿の匂いやキラキラした注射器や不思議な聴診器に囲まれて育っている。

一族はみんな仲がよかったようで、少年が育ったロンドン・メイプスベリー・ロードのエドワード朝様式のお屋敷もばかでかかった。屋根は組み立て鉱物の結晶のようで、どの部屋も神聖な雰囲気に満ちていた。書斎には敬虔《けいけん》な父親が集めたユダヤ教の本が厳《いかめ》しい医学書とともにずらりと並んでいたし、診療所にはカテーテル、ブジー、開創器、ゴム手袋、鉗子《かんし》、アルコールランプが鋭い風情で待っていて、オリヴァー少年の好奇心をそそっていた。

もっとどぎまぎするのは、いろいろな部屋に侵入して、頑丈に組み立てられた家具の抽斗《ひきだし》をこっそり開けるときだった。そこにはたいてい失神しそうなオブジェが所狭しと詰まって押し黙っていた。どの部屋にも石炭暖房のマントルピースがあって、父も母もそこで煙草をくゆらしていた。そこへいつもおじさんやおばさんたちが集まってきた。みんながみんな、ヘビースモーカーだった。少年はいっときも早くその一員になりたいと希《ねが》っていた。

時代はロンドンがナチスの戦火の危険にさらされていた時期である。一九三三年生まれのオリヴァー少年には、毎日毎日が大事件だった。ロンドン空襲ばかりが大事件だったのではない。北アフリカからバナナが届くとそれを親戚一同が取り囲むのだって、往診には車を使っていた父親が、六〇〇ccツーストロークの水冷エンジンのオートバイ「スコットフライング・スクワーレル」を入手したのだって、大事件なのだ。

なかでも少年はタングステンおじさんの工場へ行っては、いつも胸中に爆発音が聞こえるような出来事に出会うのが好きだった。少年の関心は「金属」と「植物」、もしくは「数」と「化学」だったのだ。

タングステンおじさんの工場のオフィスにはガラス戸棚があった。そこには歴代の電球が息をひそめてずらりと並んでいた。エジソン電球はもちろんのこと、オスミウム電球（カール・ヴェルスバッハの発明）、タンタル電球（アーヴィング・ラングミュアの発明）、レニウム電球、タングステン電球。ライムライトもあった。少年はやっぱり、おじさんが自慢するタングステンのフィラメント二重コイルとモリブデンの支持体に心が奪われた。

ガラス戸棚にはたくさんの鉱物と幾つかの金属も並んでいた。ライム（石灰）、ジルコニア（酸化ジルコニウム）、トリア（酸化トリウム）、マグネシア（酸化マグネシウム）、アルミナ（酸化アルミニウム）はみんな電気の材料だったけれど、そのほかにも名前の知れない鉱物の塊りもあった。おじさんはそれらを一つまみしては、ときどきちょっと危険な実験をしてくれた。

カリウムを賽の目に切って水を入れた桶に落とすと、火をつけて狂ったように駆けまわり、紫の炎を噴かした直後に白熱したかけらを四方に飛ばす。ナトリウムは油に浸けておいて水の中に投げ込むと、あたり一面を黄色い火の海にする。まっさらのチョークに塩酸をかければ泡が出たし、ガラス管もガスバーナーを奇術のように使えばぐにゃぐにゃになった。水素を発生させてそれを逆さにした容器に集めておいて一気に吸いこむと、声は二、三秒だけミッキーマウスのように甲高くなったものだ。

けれども少年はもっと怪しいものたちとも出会いたい。鉱物や金属の化け物とも出会いたい。その正体をもっと詳しく知るには工場を出て、サウスケンジントンの地質博物館に出向かなければならなかった。

オリヴァー少年は地質博物館では神の子になれた。「モーラの子」（モーラは網羅のこと）になった。まず、入口にある巨大な青蛍石でできた壺《つぼ》に額《ぬか》ずいた。次に一階の火山のジオラマに目を見張る。それからは陳列棚にひとつずつ顔をくっつけるようにして、岩石や鉱物のドラマトゥルギーに思いを馳《は》せる。

鉱物についている名前もすばらしい。コランダム（鋼玉）、オーピメント（雄黄）、ガリーナ（方鉛鉱）、パイライト（黄鉄鉱）、カルセドニー（玉髄）。どれもこれも『トリスタンとイゾルデ』に出てくる神秘の場所を示す暗号のようだ。ジルコン（風信子鉱）には東洋の響きを感じたし、カロメル（甘汞《かんこう》）には古代ギリシアの音楽を感じた。とくにクライオライト（氷晶石）にはすっかり参ってしまった。

とびきりの化け物は最上階に飾られていた。輝安鉱の集塊だ。無数の槍《やり》が突き出すようになっていて、全部がピカピカに黒光りしている。まるでトーテムや呪物《じゅぶつ》のようなのだ。それが日本の四国という島の市ノ川で採取されたということに、少年はわくわくするものを感じ、いつか「日本の輝安鉱の島」に行ってみたいと思うようになる（やがて、その島の近くの広島に原爆が落とされたことを少年は知るのだが、それからというもの、アメリカの過剰が大嫌いになっていく)。

こうしてオリヴァー少年は地質学や鉱物学の本にも夢中になり、最初は「鉱物の詰め合わせセット」を買ってもらい、鉱物標本を集め、それからはジェームズ・デーナの『地質学の話』を読んでだんだん化学式にも関心をもつようになっていく。

決定的だったのは、戦争も終わって再開されたロンドン科学博物館に行ってみたら、階段を登りきったところの壁一面が巨大な元素周期表のキャビネットになっていたことだった。そのキャビネットは九〇あまりの箱に仕切られていて、それぞれに元素の名前と原子量と化学記号が記されていただけでなく、どの箱にも宝石のような元素のサンプルが見えるようになっていたのだ。たんなる物質の展示ではない。それは「知の標本箱」の出現だったのだ。

本書は、その後の少年がグリフィンの『趣味の化学』やヴァレンティンの『実践化学』やバーネイズの『家庭生活の科学』を読んで、どのように目眩《めくるめ》く化学の世界に熱中していったかを、詳しく書いている。

オリヴァー・サックスは映画にもなった『レナードの朝』の原作者で、専門は脳神経科医である。医者だったお父さんとお母さんを継いだわけだ。

一九三三年にロンドンに生まれ、総合診療医の父と外科医の母に育てられたあと、オックスフォードのクイーンズ・カレッジで医学を専攻したから、これは逃れられない業務を継いだのかと思いきや、タングステンおじさんのせいか、とても自在な神経科医になっていった。

一九六二年にカリフォルニア大学に移って舞台をアメリカにしたのだが、それがよかったのか、サックスは一人ひとりの患者から大いなるものを受けとるようになった。

小説『レナードの朝』（ハヤカワ文庫）は嗜眠《しみんせい》性障害の患者に新薬のLドーパを投与した体験談をもとにしたもので、サックスはこのほかにもいろいろのクリニカル・エッセイやクリニカル・ノヴェルを書いている。頭痛に悩む諸君のための『サックス博士の片頭痛大全』（ハヤカワ文庫）、高機能自閉症と診断された学者（テンプル・グランディン）とそれをとりまく連中についての物語『火星の人類学者』（ハヤカワ文庫）、視失認に陥った男についての『妻を帽子とまちがえた男』（ハヤワカ文庫）など。医療ものにはだいたい説得に負けそうなバイアスがかかることが多いけれど、いずれもおもしろい。

まだ読んでいないのだが、『色のない島へ』（ハヤカワ文庫）はサックスがミクロネシアに行ったときの話、『手話の世界へ』（晶文社）は知覚と言葉をめぐる話、『オアハカ日誌』（早川書房）はメキシコのシダについての話になっているようだ。

なかで、なんといっても本書がピカ一である。少年の科学への「ときめき」をこれほどうまく書いているものは、めずらしい。『パンダの親指』（ハヤカワ文庫NF）のスティーヴン・ジェイ・グールドや『エレガントな宇宙』(草思社)のブライアン・グリーンが絶賛したのも当然だ。

それにしても、タングステンおじさんが本当に実在していただなんて、まったく羨《うらや》ましいかぎりだ。ぼくにも是非ともいてほしかった。が、実はこういう〝変なおじさん〟は誰のそばにもきっといるはずなのだ。

ところがそのおじさんは〝変〟だから、ついつい仲良くなりそびれてしまう。遠巻きになる。これがダメなのだ。やっぱり〝変なおじさん〟には危険を冒してでも付き合わなくてはいけなかったのである。

ぼくも宝来屋の佃煮《つくだに》おじさんや立花外科の白衣の先生や、イノダの自転車おじさんともっと親しくなるべきだった。ジャック・タチのところでも書いておいたことだけれど、世の中というものは「ふつうの人」と「そうでない人」と「変なおじさん」でできている。そして「編集する人」と「編集しない人」で(笑)、分かれているものなのである。

ところで、さっきも書いておいたように、本書の後半はみごとな「化学入門」にもなっている。こんなふうに化学のイロハを躍動的に書いているエッセイはめずらしい。とくにメンデレーエフの快挙の解説は出色だ。オリヴァー少年が青年となって量子力学にふれ、ついに昔日の「化学の箱庭」と別れを告げるところなど、ぼくには万感迫るものがあった。

第一二三八夜　二〇〇八年五月二日

参照千夜

一六八三夜：ウィルヘルム・オストワルド『化学の学校』　三一一夜：上西一郎『理科年表を楽しむ本』　一一九夜：益富寿之助『カラー自然ガイド・鉱物』　二〇九夜：スティーヴン・ジェイ・グールド『パンダの親指』　一〇〇一夜：ブライアン・グリーン『エレガントな宇宙』　八九二夜：ジャック・タチ『ぼくの伯父さんは、のんきな郵便屋さん』

第二章

鉱物から植物へ

上西一郎『理科年表を楽しむ本』

益富寿之助『カラー自然ガイド 鉱物』

森本信男・砂川一郎・都城秋穂『鉱物学』

井尻正二『化石』

ピーター・トーマス『樹木学』

盛口満『シダの扉』

田中美穂『苔とあるく』

データをカプタにする
年度ごとの理科情報の読み方

上西一郎

理科年表を楽しむ本

丸善　一九九六

　ぼくの書棚は、いまは赤坂稲荷坂の編集工学研究所と松岡正剛事務所、および麻布の自宅に分かれている。五万冊ほどあるかとおもう。三十年近くの蔵書がたまりにたまってこうなったのだが、仕事場ではスタッフや来客も見られるようにした。

　こんなふうになっていると、書棚の編成も容易ではない。できれば一年に一度の改変がのぞましいのだが、それを全貌におよぼすのは困難だ。おまけにその書棚空間のあちこちにはスタッフの机や椅子や会議用テーブルがあり、そこはかれらの住処《すみか》やアトリエの風情をもっている。ときには書棚にスタッフの持ち物や書類や小物が、ばあいによってはコーヒーカップがおかれていたりもする。だから、ときどき珈琲《コーヒー》色に汚されたりもする。多くの書物は日々の仕事の現場に交じっているわけなのだ。

それでも立派な書庫をつくるという気分にはなれない。状況に応じて書棚構成をつくり、その書棚と書籍に接すればいいので、純粋な図書幾何学的な空間のようなところで静謐に書物に接したいとは、ちっとも望んでいないのだ。むしろ苛酷な条件のなかで書籍をあれこれ工夫をして配置していく苦闘をたのしんできた。

そのぶんいろいろな不都合もおこる。「しまった」もおこる。そのひとつが書棚と書籍の関係にいくつもの死角が生まれ、こんなところにこんな本がいたかという仕打ちをしてしまうことである。

三年ほど前は、ぼくの書斎にすべての辞書・事典のたぐいが集中していた。いまはそれがジャンルごとに分散した。辞書や事典というものは、何かの都合でパッと見るためにある。その瞬間に引けない辞書や事典は億劫《おっくう》だ。そのため長らく書斎の中にレキシコグラフィック・ディスプレーを試みてきたのだが、それが分散してみて、まったく見なくなってしまったものがいろいろ出てきた。『理科年表』がそのひとつである。数年ごとに買い替えることもしなくなったし（いま手元にあるのは一九九五年版だった）、ほとんど開かなくなってしまった。

今夜の話に入る前に、最初に質問をひとつ。『理科年表』がどこで編集されているかは御存知だろうか。文科省？　理科学会？　それとも国際規格をつくっているどこか？　いや、東京天文台（一九八八年から国立天文台になった）である。年度ごとに刊行されている。発行発売は丸善がうけもっている。

天文気象から物理化学まで、ありとあらゆるデータが表形式で収まっているのだが、年度ごとに変化するデータが多いというほどではない。だからしょっちゅう見るものではない。理科現象の基本をおさえるデータブックなのである。何かのきっかけでちょっと調べたいことや確認したいことがあるとき、『理科年表』は何十年も務めてきた執事のように正確な応接をしてくれる。

最近のぼくは邪険な理由ではないものの、あれほど誠実だった『理科年表』を見なくなってしまったのだが、あるとき本屋の片隅に「理科年表読本」（丸善）というシリーズの数冊が並んでいるのを知った。『地震』『くもった日の天文学』『地球から宇宙へ』『太陽系ガイドブック』『数の不思議』などというシリーズだ。なかに『理科年表を楽しむ本』があった。

かつての立派な執事への敬意をこめて買ってみた。パラパラ見ていると、けっこうおもしろい。「夕方の西の空の月はどんな形か」「北極星は北の空の中心にあるか」「南半球では春の次に冬がくるか」「地球は一定の速さで公転しているか」といったヘッドラインがずらっと並んでいて、その問いに簡潔な答えがついている。そして、そのように答えられるのは『理科年表』にこんなデータが載っているからだという〝おまけ〟の解説がついている。なんだか「かたじけない」という気分になった。

そのうち丸善から第二弾が出版された。今度は『理科年表をおもしろくする本』というもので、もっと示唆に富んでいた。かつてのロゲルギスト・グループのエッセイをおもわせた。ぼくはその一人の高橋秀俊さんにはずいぶん影響をうけたのだ。「自転車ダイナモとエネルギー変換」「変化する光速」「原子スペクトルで銀河の速さを知る」なんてエッセイは、その昔日のロゲルギスト・エッセイを髣髴《ほうふつ》とさせただけでなく、あの時代の科学エッセイでは書けなかった新たな科学データにもとづいていた。

データというものは、いくら詳しくともその意味がわからなければ、すべて死に体である。そこでデータ（data）を意味が読めるカプタ（capta）にする必要がある。欧米にはいまデータ・サイエンティストという職能が生まれつつあるが、これはデータをカプタにする役割をもつ。

カプタという名称は型破りな心理学者のR・D・レインによる用語で、データを「いろいろ解釈できる意味情報」にしたものをいう。データが編集可能体になったものがカプタである。したがって、写真や図版を説明するキャプション（caption）もカプタ状態になっている。

データはさまざまな情報を処理できるように形式化され、符号化されている。たいていは数値化されているけれど、単語や概念、記号式のもの、文節的なもの、アルゴリズムの断片、暗号化されたものなどもデータになりうる。しかし、これらは放っておけば自分からは何も語り出しはしない。だから、データはカプタに向かっていく。

実は編集工学というのは、このようにデッド・データをライブ・カプタにしていく方法を研究開発するのがもともとの仕事だった。けれども、そのためにはまずは正確で豊富で多様なデータがなければならない。『理科年表』はその基礎データ集で、この本はそのカプタ集なのである。

本書もエッセイの段落ごとに『理科年表』との照応を示してくれている。けれどもこれを読んだときも、ぼくは書棚の一角に忘れ去られた『理科年表』を覗《のぞ》きにはいかなかった。ごめんな、東京天文台、ごめんね、理科年表。

第三一一夜　二〇〇一年六月十一日

参照千夜

二四五夜：R・D・レイン『レイン・わが半生』　一二三八夜：オリヴァー・サックス『タングステンおじさん』

マストミ知らずして
日本のコーブツを語るなかれ

益富寿之助

カラー自然ガイド　**鉱物**

保育社　一九七四

京都の初音中学校で入学してすぐに化石鉱物倶楽部に入った。正式にはたしか「郷土部」といったようにおもうが、みんな化石部とか鉱物部とよんでいた。

このクラブは一年をすぎると、「科学部」というまことしやかなものに昇格した。クラブ名としてはかえってつまらなくなったように感じたが、ぼくもそのまま昇格した。そこではクラブ担当の先生がいつも白衣を着ていて、われわれに科学実験をするように勧めた。実験は嫌いではなかったので、さっそくいろいろなプランを出して、それが先生に認められると実施にとりかかった。

ガリレオの落体実験のもどきや校内の細菌を培養して分布図をつくったのがそのころだ。なぜだか京都全域の科学実験コンクールにも学校代表で出ることになり、三位だかに入賞した（このときぼくと一緒に発表した友人は有名な茶道具屋の大番頭になった）。

科学部では化学が勢いをもっていたが、ぼくが一番好きだったのは少年期このかた手放せないでいた鉱物や化石だった。一年のときにハンマーやルーペや磁石を揃えて夢中になった鉱物化石採集の日々が忘れられない。

採集してきた鉱物や化石のことは学校の図書室で調べるか、先生に素性を尋ねた。図書室では保育社と北隆館の大きめの図鑑のお世話になった。

だいたい中学生の最初のころまで、自分で本を買ったことがなかった。たいていは母が買ってくれるか、父の本棚でまにあったのだ。そうでなければ学校の図書室だ（小学校では図書委員をしていた）。小学校では学級文庫というものもあり、これは生徒が近所の書店で好きなものを買ってくると、先生がそれにハンコを押してくれて、読んだあとは教室の学級文庫の棚に入れておくというしくみだったので、本は買わなかった。

それが中学二年の夏休みに、初めて自分で本を買った。最初の本が何かは憶《おぼ》えていない。寺町二条の若林書店という本屋だった（ここはかつて梶井基次郎が書棚に檸檬を時限爆弾のように置いて立ち去っていった丸善があったところだ）。何かは忘れた。何冊目かは岩波文庫のデカルト『方法序説』だった。そして、よく憶えているのが小さなポケット鉱物図鑑だった。このポケット図鑑はその後どこかに消えてしまって、どこのものだったか、わからない。

おそらくはここに紹介した保育社のもののような一冊だったとおもう。

本書はまことに可憐《かれん》な文庫本サイズのガイドブックなのだが、まず「益富寿之助《ますとみかずのすけ》」という名前がすごいのである。この名前は鉱物派のギョーカイでは富士山のように燦然《さんぜん》と輝いている名前で、「マストミ」の名を知らない者はモグリなのだ。

益富地学会館をおこして、長らく理事長を務めておられたが、一九九三年に亡くなった。戦中に『実験鑑定物象鉱物学』を、戦後すぐに『実験鉱物学』をまとめ、昭和三十年の『原色岩石図鑑』（保育社）が一世を風靡《ふうび》した。そのあと浜田隆士と組んだ『原色化石図鑑』（保育社）も大定番となった。「昭和雲根志」（『石』として六月社から刊行）という仕事もされた。ぼくはよくミネラルショーのたぐいを訪れるのだが、そこにはたいていマストミ老人の姿があった。京都の出身だった。

マストミ老人は京都薬学校の出身で、薬局も営んでいた。つまり「本草《ほんぞう》」の専門家なのである。これが嬉しい。昭和七年に「日本鉱物趣味の会」を創設して、その後はずっと代表を務めた。マストミなくして日本の鉱物・化石・岩石は語れないのである。

この可憐な一冊には冒頭に次のようにある。「鉱物にはいろいろのものがある。そのなかで、水晶ほど見る者に感動を与えるものは少ない。ことに少年たちが水晶を見ると、何か先天的に水晶にあこがれをもっているかのような興奮をあらわす」。

この文章を読んで、少年は鉱物派になることを決意するだけではなく、自分がミネラリストになったことに自信をもつ。そうか、水晶がかっこいいと思うだけで、ぼくも鉱物の世界とつきあってもらえるんだという喜びなのだ。実際にもこのガイドブックは水晶・石英系を中心に少年のための鉱物学入門を案内していた。書かれている文章はけっこう高度だが、その「心」がひしひし伝わるようになっている。これがマストミ・パワーというものなのである。

文章もさることながら、もともと鉱物図鑑のたぐいの値打ちは、たいていは写真や図版によって決まる。これはオズボーンの昔日からのことで、荒俣宏君などはその値打ちを求めてしょっちゅうイギリスに物色に行っていた。

それはそのとおりであるのだが、図版（イラストレーション）はともかくとして、鉱物については自分で採集したブツの写真を載せるということが斯《し》界《かい》の通り相場なのである。借り物ではダメなのだ。本書は可憐な一冊でありながらも、その点でもすごい。なにしろすべての鉱物サンプルがマストミ・コレクションなのである。

今夜は少年の記憶の片隅にある小さなリュックサックに放置されていた一冊である。ぼくにとってはオズボーンの博物誌よりずっと尊い。なぜなら、こういう一冊はいつまでも「知の目印」になっていくからだ。鉱物図鑑としては大部のものにくらべてはなはだ物足りないけれど、少年にとっては心の中に「知の目印」をもつことが冒険の始まりなのだ。

いまや鉱物図鑑には多くのものがある。採集の前に夢中になり、採集にも連れていくフィールド図鑑型のものもあれば、自分のコレクションのラベリングのために詳細なことを調べる大型図鑑もある。堀秀道の『楽しい鉱物図鑑』（草思社）は一般書としてもよく売れた。二〇二種の基礎鉱物がすべてカラーで収まっている。宮脇律郎の『ときめく鉱物図鑑』（山と溪谷社）はオシャレな集め方を紹介した。豪華図鑑もふえてきた。しかし、なんといってもポケットガイドが光を放つことを知って、目印少年の冒険は始まるものなのだ。マストミなくして、日本のコーブツを語ることなかれ。

第一一九夜　二〇〇〇年八月三十日

参照千夜

四八五夜：梶井基次郎『檸檬』　九八二夜：荒俣宏『世界大博物図鑑』　九七二夜：ポオ『ポオ全集』

あのな、鉱物はじっとしているところがエロティックなんや……稲垣足穂

鉱物学

森本信男・砂川一郎・都城秋穂

岩波書店　一九七五

青木画廊のギャラリストをへて「かんらん舎」というユニークなギャラリーを創設した大谷芳久さんは、しばらくハミッシュ・フルトン、トニー・クラッグ、ダニエル・ビュランといった海外アーティストを精力的に紹介していたのだが、一九九三年に画廊活動をやめてしまった。日本の美術業界の体質にうんざりしたようだ。以来、鉱物を集めるほうに転じた。きっかけは黄鉄鉱《おうてっこう》と出会ったことにあるそうで、現代美術の作品を上回る造形美に惹《ひ》かれたのだという。寿司と同じで「光りもの」から入ったらしい。

その大谷さんがときどき買い付けに行く凡地学研究社（かつて千駄木、その後に大塚）は、大正十年創業の鉱物屋の老舗《しにせ》で、菊地司さんが仕切っている。学校教材の鉱物標本を長らく作っていたのだが（ぼくも三種類ほど標本箱を持っている）、いま七〇〇種くらいの鉱物を扱っ

ている。

そういう菊地さんにとっても鉱物の種類を数えるのは至難のワザである。通例、いちばん少ない数え方でも四〇〇〇種になるが、これはたとえば水晶・アメジスト・瑪瑙《めのう》・碧玉《へきぎょく》をすべて石英一種類と数えたばあいで、実際には数万種を超えている。

たくさんの鉱物に出会うには、鉱物屋やミネラルショーを訪れるのがてっとりばやいのだが、やはり圧倒されるのは博物館で、東京の国立科学博物館は三万点ほどだが、パリの自然史博物館は二四万点、ワシントンDCのスミソニアン博物館は鉱物だけで三五万点、岩石で一八万点、宝石やその原石でも一万点がある。一週間をかけて見るほどだ。ぼくは三度に分けて鉱物部門長のホワイトさんの説明に耽《ふけ》らせてもらった。

鉱物に魅せられた人々は数かぎりなくいる。けれども鉱物に足をとめ、そこにじっと蹲《うずくま》り、そのまま鉱物との日々を主食としているというと、そんなに多くはない。『水晶物語』のある稲垣足穂は「鉱物はじっとしているところがエロティックなんやけど、地味やさかいなあ」と言っていたが、こういう感想がすでにして高尚で、その地味でエロティックな鉱物に没入するとなると、なかなか覚悟がいる。

鉱物に向きあうといっても、鉱物屋やミネラルショーがなかった昔の時代は容易ではなかった。ヨーロッパには中世から「鉱山幻想」というものがあって、地中に眠る幾多の幻想に作家や詩人たちの想像力をかきたてていた。まだ見ぬ鉱物への憧《あこが》れが募るのだ。アマデウス・ホフマンの『ファールンの鉱山』もノヴァーリスの『青い花』もルートヴィヒ・ティークの『ルーネンベルク』も、そうした鉱山幻想の産物である。

この幻想系譜はやがてアーダルベルト・シュティフターの『石さまざま』(松籟社)やフリードリヒの絵画にもなるのだが、一方、ヨーロッパには古くからグロッタ(洞窟感覚)にもとづいたグロテスク趣味が連綿と続いていて(グロテスクとは石っぽいという意味)、有名なジョン・ラスキンの『ヴェネツィアの石』(法藏館)をはじめとする岩石思想を確固として築き上げてきた。これが二十世紀まで続いて、ピエール・ガスカールの「鍾乳石《しょうにゅうせき》」を含む『箱舟』(国書刊行会)、ブルトンの『石の言語』(国書刊行会)、カイヨワの『石が書く』(新潮社)、マンディアルグの『大理石』(人文書院)などに〝結晶〟した。カイヨワは石にはエクリチュールがあることを説き、マンディアルグは大理石で仕上がった謎の館の装飾を物語にしてみせた。

こういうことがあったので、鉱物岩石趣味の根幹をつくる学問といえば、なんといってもヨーロッパの地質学から派生した鉱物学がずっと主流なのである。この伝統は今日までゆるがない。

日本の鉱物学はヨーロッパの鉱山幻想を省いて、学問の骨子だけを踏襲したように思う。見よう見まねといえばそれまでだが、それでも本書は十年がかりでできあがった一冊である。当時の日本鉱物学界の成果が集大成された。いまではいささか古錆《さ》びた知識や研究方法になってしまったものも数少なくないが、当時はこれ一冊が万事の頼りだったのである。

鉱物学は十九世紀のヨーロッパで「結晶学」を起点に組み立てられていった。そのときすでに物理的鉱物学・化学的鉱物学・記載鉱物学といった区分けが芽生えていた。その後、二十世紀になってX線結晶学が登場して(寺田寅彦がとりくんだ)、結晶化学の領域が拡張していったこと、工業社会がさまざまな技術革新をもたらして鉱物の人工的生成についての知識が加わったため合成鉱物学というニュージャンルが勢いを増したこと、さらに熱力学や分光学や電磁気学の発達によって鉱物の微小変化にずいぶん注目が集まってきたことなどが加わって、たえず再編成を余儀なくされてきた。それが鉱物学の経緯というものだ。

ようするに、岩石や鉱物を産出してきた地球の内部の〝芸風〟に目をむけるというのが鉱物学の大命題なのだ。〝芸当〟なのだ。鉱物だからといって、あまり硬く考えないほうがいい。

ちなみに鉱物学では鉱物と岩石とをはっきり区別する。岩石(rock)とは、鉱物(mineral)たちの混合物のことをいう。たとえば花崗《かこう》岩《がん》は白い粒と黒い粒が交じっている岩石だけれど、黒い粒が黒雲母《うんも》、白い粒が長石《ちょうせき》、灰色のところは石英になっている。このような鉱物の粒によって構成されているものが岩石になる。石灰岩は岩石だが、その主要組成は方解石《ほうかいせき》である。

したがって、こうした石英や方解石をいくらルーペや顕微鏡で覗いても、粒は見えてこない。この粒が見えないところが鉱物の特徴になる。鉱物の中を拡大しつづけて見えてくるのは、実は原子やイオンばかりなのである。

いま地表で目視できる鉱物の大半は、地球の中に四〇〇キロほど降りていっても変わらない組成をもっている。だから地表近くの鉱物に夢中になることは、いまなお「地中の告白」と出会っていることを意味する。空間的にはそういうことなのだが、一方、時間的には鉱物との出会いは、驚くほどの太古と向きあうことを示している。百万年のオーダーではない。一億年、五億年、十億年のオーダーだ。鉱物時計はひょっとすると宇宙年齢の半分に近いのだ。

だから鉱物学に入った者のうち、一部はたいてい地球の奥の歴史の解明に関心をもっていく。地球の歴史というのは惑星の歴史で、太陽系の歴史でもあるから、ここから惑星科学にも目が届く。いまは「地球科学」が花盛りなので、鉱物学プロパーに向かう者よりずっとこちらの研究のほうに学生が集まる。

それでもなんとか鉱物や岩石の実在感に興味をもちつづけると、ここに異常なほどのハハハ、シュールミネラリストたちが誕生する。世の鉱物ファンの大半はここに属する。

鉱物ファンの大半は少年少女期のどこかで鉱物に魅せられている。大人になってからの鉱物ファンもいるだろうが、大谷さんがそうだったように、ここには聞いてはいけない事情のようなものが、きっとある。

ただし、このファンたちはたいてい鉱物学には関心がない。鉱物・化石・岩石というブツが好きなのだ。だいたい鉱物学の本なんて、本書もそうであるけれどおもしろそうには書いていないから、めったにページを開かない。ごく最近になって、日本でも鉱物科学研究所の堀秀道さんの『楽しい鉱物学』シリーズ（草思社）などが出て、なるほど鉱物採集や鉱物コレクションは鉱物学に踏み込むものだという感覚がやや広まってきたようではあるけれど、それでも鉱物学を求めて大学に入る学生がふえてきたというニュースや噂は聞いたことがない。堀さんにして北里大学の化学の助手だった。

自分で取り組むべきなのだ。鉱物の性質を見分けるのは、それほど面倒ではない。黙って慣れれば、すぐにおもしろくなる。

まず、硬度がある。滑石《かっせき》を硬度1、ダイヤモンドを硬度10として、あいだの硬度をモースが作った硬度計で測る。宝石の例をもちだすとわかりやすいだろうから言うけれど、翡翠《ひすい》は輝石の一種だが硬度6を超え、コランダム（ルビーやサファイアの鉱物名）は硬度9になる。十円硬貨が硬度3、窓ガラスが硬度5にあたる。

硬度の次に重さがある。これは比重であらわす。水と比べるわけで、水を1としてそこから比較する。硼砂《ほうしゃ》は1・7、オパールは2くらい、硫黄《いおう》は2・07、石英2・65、方解石2・71というふうになる。比重が大きいものには自然銅9、自然銀10、自然金15などがある。

鉱物はいくら硬くてもいずれは割れていく。最終的には粒になる。そこに割れ方という特徴があらわれる。割れ方といってもハンマーで叩いてどう割れるかという見方だけでは足りない。ラジオラリア・チャートなど割るとおもしろい割れ方をするけれど、そもそも割れない鉱物がある。

たとえば自然水銀は液滴にはなるが、いくら叩いてもそれ以上にはならないし、自然金・自然銀・自然銅もハンマーで叩くと潰《つぶ》れるか延びるかするだけで、割れはしない。これは鉱物の「展性」というもので、鉱物のもつしなやかな属性を代表する。

一般的には、鉱物は地球の造山運動や火山活動や地震などとともに割れていった。このとき決まった方向に割れた面に見られる性質を「劈開《へきかい》」といい、割れた面を「劈開面」

という。鉱物の特徴検出では、この劈開を肉眼で見て分類されたものが数多い。それほどわかりやすい特徴なのだ。

とくに結晶があるばあいは、その方向で分類できる。トパーズの柱状結晶では結晶の伸びている方向に対して垂直の劈開が見られ、藍晶石《らんしょうせき》の柱状結晶では結晶の伸びていく方向に平行する劈開がある。

もっとわかりやすい特徴は「色」にあらわれる。外観色と条痕《じょうこん》色で分ける。肉眼でわかる色粒が外観色で、粉末にしたときの色が条痕色になる。アメジストは外観色は紫であるが、粉末にするとかなり白い条痕色になる。

日本画の顔料（岩絵具）がそうであるように、鉱物を絵の具として利用する方法は古代から発達していた。クレオパトラのアイシャドウはキプロス産の孔雀石《くじゃくいし》を粉末にした緑によっていた。鉱物学ではマラカイト・グリーンと言っている。そのクレオパトラの孔雀石は外観色と条痕色が変わらない。こういう色を「自色」といい、条痕色が変わる鉱物の色を「他色」という。モース硬度7以上の鉱物は条痕色がたいていは白く、大半が他色鉱物になる。

色を見分けるのにくらべると微妙だが、しかし慣れてくると色よりもかえって判定がしやすい特徴が「輝き」だ。ぼくの少年時代の鉱物フェチは、ひとつには雲母や黄鉄鉱のキラキラとした輝きに惹かれたせいだった。つまりは「光りもの」。ぼくも大谷さんと同じ症状だったのだ。
輝きは金属光沢と非金属光沢に分かれる。金属光沢は金・銀・真鍮《しんちゅう》や黄鉄鉱のような鉱物の輝きで、光をまったく通さない。非金属光沢は水晶・石英・長石・コランダムなどの光を通すもので、これがまたいくつかに分かれる。
①ガラス光沢はやや温かい輝きのもので、水晶・石英・長石・蛍石など、②樹脂光沢は琥珀《こはく》・硫黄・滑石など、③脂肪光沢はやや鈍く妖《あや》しい光を放つもので、蛇紋岩《じゃもんがん》・玉髄《ぎょくずい》・霞石《かすみいし》など、④ダイヤモンド光沢はギラリと光る錫石《すずいし》・閃亜鉛鉱《せんあえんこう》・ルチルなど（ダイヤモンドは原石は光らないのでここには入れない）、⑤真珠光沢は劈開面の方向から見るとボーッと光る白雲母・輝沸石《きふっせき》・魚眼石など、⑥絹糸《けんし》光沢は繊維状の光が見えるもので、繊維石膏《せっこう》・石綿などをいう。
光学的性質もある。屈折率や反射率やレンズ性に着目する。ぼくも何度もたのしんだが、方解石や水晶は、下においた文字が二重に見える複屈折という特性をもつ。こうした、鉱物の光学的複雑性はけっこう多く、これにはまると鉱物学というより写像光学のほうに進みたくなる。

含有成分から鉱物を見るというのは、肉眼やルーペによる観察だけではやや把握しがたい。とくに元素化合から鉱物を見るには、多少の知識がいる。

成分から見た鉱物には、化合結合していない元素鉱物と化合元素鉱物がある。元素鉱物は金やダイヤモンドだが、そんなに数はない。化合鉱物は、主として、硫化鉱物（黄鉄鉱・黄銅鉱・方鉛鉱などの硫黄との結合）、ハロゲン化鉱（フッ素や塩素などのハロゲン元素と化合したもので岩塩や蛍石などが代表）、酸化鉱物（二酸化珪素としての石英をはじめ数多い）、炭酸塩鉱物（炭酸カルシウムとしての方解石が代表）、さらに硼酸《ほうさん》塩鉱物、硫酸塩鉱物（石膏・重晶石など）、燐酸《りんさん》塩鉱物（燐灰石など）、砒酸《ひさん》塩鉱物（スコロド石など）、モリブデン酸塩鉱物、タングステン酸塩鉱物、そして地球上で最も種類が多い珪酸《けいさん》を主体とした珪酸塩鉱物などがある。が、まあ、こういうことは必要に応じて調べれば、それですむ。

これらのこと以外で重要なのは、結晶の性質や結晶の幾何学なのだが、これも予想したほど上出来なものではなく、ぼくとしてはここから鉱物学に入るのは勧めない（実際の鉱物学科の授業は結晶構造論が入口になっていることが多いのだが、それで退屈してしまう連中のほうが多い）。

では、どうしたら鉱物学にもなじめるようになるかというと、おそらく地質学から入ったほうがいい。これはアリステトレスから始まっていて、さきほどのべた中世の鉱山幻想なども通過する。なによりもストラボンとエラトステネスの対立からビュフォンの時代の水成説と火成説の論争にいたるまで、地質学というもの、議論が激しい分野なのである。それを眺めていくだけでもおもしろい。ガブリエル・ゴオーの『地質学の歴史』

(みすず書房)などで概略を見るだけでも、地質学の魅力は伝わるにちがいない。何といったって進化論だって地質学から派生したものなのだ。

鉱物も岩石も化石も、そもそもは地球の咆哮《ほうこう》であって、巨大エネルギーのドキュメントなのである。そのドキュメンタル・シナリオには洋の東西をまたぐ物語もある。中国の石室幻想から孫悟空まで、北欧の石楼から南欧のグロッタ(奇石感覚)幻想まで、いろいろだ。そういう物語は二十世紀にも姿を変えてSFにもなって、J・G・バラードの『結晶世界』(創元SF文庫)から山尾悠子の『夢の遠近法』(ちくま文庫)になってきた。鉱物幻想は地球があるかぎり続くのである。

第一〇四四夜　二〇〇五年六月六日

参照千夜

八七九夜:稲垣足穂『一千一秒物語』　一三二夜:ノヴァーリス『青い花』　六〇四夜:シュティフター『水晶』　一〇四五夜:ジョン・ラスキン『近代画家論』　六三四夜:ブルトン『ナジャ』　八九九夜:カイヨワ『斜線』　六六〇夜:寺田寅彦『俳句と地球物理』　二九一夜:アリストテレス『形而上学』　八〇夜:J・G・バラード『時の声』

石も化石も地球史の記録者《レコーダー》である
タフォノミー万歳、ダイアジェネシス万歳

化石

井尻正二

岩波新書　一九六八

井尻さんの家に伺って、言葉にしにくい熱いものに包まれた。日本家屋のなかの一室で、そこが書斎にも応接間にもなっているのだが、壁一面に書棚のような棚が取り付けられていて、そこに古ぼけた菓子箱のような紙箱や木箱がぎっしり並んでいる。そのすべての箱が化石標本なのである。いくつか開かせてもらったが、ほんわりとした綿に包まれて、見たこともない化石がそれぞれ黙って眠っていた。南方熊楠《みなかたくまぐす》が天皇に献上した粘菌標本の菓子箱もかくやと想わせた。

すでに井尻さんには築地書館の数々の本（「人と文明」シリーズや古生物学や地質学の本）などを通して、親しみを感じていたので、会いたいと電話をしたときは、会いたい理由を説明するのに苦労したのだが、井尻さんのほうが何かをすぐに察して、ああいいですよと言ってくれた。

実際に会ってみると、表情も会話も柔和なのだが、こんなに厳しい人物だとは想像がつかないほど裂帛《れっぱく》で、厳正な目を社会に光らせていることが五、六分で伝わってきた。昨今の学問、研究、その出版、そのメディア化（たとえば雑誌特集やテレビ番組）に対して、ことごとく問題を感じているようだった。いや、そういう話をしっかりしたわけではなかったのだが、そういう気概で社会を見ていることはすぐ了解できた。ぼくが二八歳のころのことである。

井尻さんに会いにいった理由は、もうひとつあった。井尻さんは吉田一穂《いっすい》の詩の傾倒者であって、研究者なのである。化石学者がたんに詩が好きだというのではない。一穂が『古代緑地』や『黒潮回帰』で直観した地質学的宇宙観に共鳴して、自身の視軸を一穂とともに思索しているというふうなのだ。ぼくも大の一穂ファンで、ささやかな化石少年だった。井尻さんに会いにいかずにはいられなかったのだ。

化石は英語では“fossil”という。これはラテン語のフォシリスから派生した言葉で、発掘物という意味である。だからフォシルには「石化する」という意味はない。

それが日本語・中国語の「化石」では石という文字が目立つので、化石といえばどうしても石に入った古生物をイメージしてしまう。実際には、大昔の生物たちが残していったものなら、石に入っていようといなかろうと、すべてフォシルなのである。だから大別するときは、トレースフォシル（生痕化石）、コープロライト（糞石）、ケミカルフォシル（化学化石）、ボディフォシル（体化石）に分ける。

逆に、石に刻まれた記録だからといって化石とはよばないものも少なくない。日本の戦後の化石学や地質学は井尻さんと、そのころ北大にいた湊《みなと》正雄さんが牽引《けんいん》してきたところが大きかったのだが、その井尻・湊よりもうひとつ前の大御所だった矢部長克《ひさかつ》さんという長老がいた。あるときその矢部大先生が井尻・湊の二人を呼んでテストをした。見慣れない岩石を二個見せて、「これは何の化石と見えるかね」と聞いたのだ。二人はまったく見当がつかずに兜《かぶと》を脱いだところ、大先生はニヤニヤして「ぼくが見るところ、こっちは氷の結晶の化石、こっちは隕石《いんせき》が水面に落ちたときの衝撃波の化石じゃないかと思うんだ」。

かくも石とはすごいレコーダー（記録者）であるというエピソードだが、このように石に残った自然の記録は厳密には化石とはよばない。乾痕《かんこん》・雨痕《うこん》・漣痕《れんこん》などといって、化石とはべつに区別する。化石はあくまで動植物のドキュメントなのだ。

本書はこうした話を交えながら、しだいに化石研究の真骨頂がどこにあるかを案内していくのだが、新書でありながら井尻さんの厳正科学主義といったエッジが鋭く立ち上がってきて、なんだか化石の前に端座させられた気分になる（あの日はたしか、ぼくも井尻さんの家では正座しつづけていたように記憶する)。

化石の解読には、多分野の研究成果がアッセンブルされなければならない。化石が示すのは古代のウマの臼歯《きゆうし》だけだったり、恐竜の爪跡だけだったり、ときには毛が一本だけ残っているということだってある。それを相手に一〇万年前や一〇〇〇万年前や三億年前の「生物社会」を再生しようというのだから、それには岩石学や地層学はむろん、歯学も花粉学も、植物学も動物学も進化学も潮流学も気象学も、ウンコ学も解剖学も、ほとんどの学問が総動員《アッセンブル》される必要がある。

本書のころはまだ成果がほとんどなかったのであるが、最近では化石からDNA鑑定することも可能になってきたので、分子生物学や遺伝情報学は化石学には切っても切れないものになった。

井尻さんはこのように化石をめぐって自然科学の総体が大きく動いていくということを、当初から察知していた。その大きく動く科学ムーブメントを日本におこそうとしていた人だった。地団研(地学団体研究会)の活動もそのひとつだ。

著述活動も広汎《こうはん》にわたる。刊行順にいうと、『古生物学論』(平凡社)、『マンモス象とその仲間』(福村書店)、『自然と人間の誕生』(学生社)、『お月さまのたんけん』(麦書房)、『地球のすがた』(偕成社)、『人体の矛盾』(築地書館)、『文明のなかの未開』(築地書館)、『ぼくには毛もあるヘソもある』（新日本出版社）など、子供向けも文明人向けも含めて、かなりのペンをふるってきた。

本書では、とくに後半でアリストテレスからヘッケルまでを辿《たど》って大きな問題提起をしている。ヘーゲルの『精神現象学』を紹介して、脳という物質的な系によって人類が過去の物質と生物をめぐる歴史を把握したことをもっと一貫した論理で考えるには、今日の科学にはいろいろおぼつかないところがあるといったくだりは、その後に井尻さんが『弁証法をどう学ぶか』『弁証法の始元の分析』（大月書店）といった著書を世に問うたこととあわせて考えると、とても大きな構想がそこにはひそんでいたのだということを思い知らせてくれた。

いま化石学はいちじるしい飛躍を見せている。化石学や古生物学では年代層を岩石の模式断面で測り、その層序の中に地質年代の〝瞬間〟を見いだすことをゴールデンスパイクというのだが、このゴールデンスパイクが井尻さんの時代にくらべて格段に正確になり、格段に情報量をふやしているのだ。

タフォノミー（taphonomy）も発達している。タフォノミーは生物が死んでから岩石や堆《たい》積《せき》物のなかで発見されるまで、どのような出来事を〝体験〟したかという、いわば〝死後の物語〟を研究する分野なのだが、これが俄《が》然《ぜん》おもしろくなってきた。

ダイアジェネシス（diagenesis 続成作用）という研究も浮上している。生物がどのように埋没し腐敗していったのか、それが最初はどの地点、どの時点での出来事で、それがどのように運搬され破砕されたのか、そこにどんな物理変化や化学的変化が加わったのか、そういうことを研究するのである。これは従来の進化生物学では考えられないほど情報編集的だ。

そうなのだ、いまや化石学は〝古情報学〟とでもいうべき華麗な時代を迎えつつあるのである。しかし、ぼくとしては井尻さんの書斎に正座したときの、あの菓子箱の砲列から感じた言葉にならない畏怖《いふ》をこそ忘れたくない。化石は情報なのであるが、そこにはまだ言葉にできない情報が潜んでいる。

第一〇五〇夜　二〇〇五年七月十三日

参照千夜

一六二四夜：南方熊楠『南方熊楠全集』　一〇五三夜：吉田一穂『吉田一穂大系』　二九一夜：アリストテレス『形而上学』

木は百科全書だ
この本は、木についての百科全書だ

ピーター・トーマス

樹木学

熊崎実・浅川澄彦・須藤彰司訳　築地書館　二〇〇一

Peter A. Thomas: Trees-Their Natural History 2000

資生堂の幹部研修を八年にわたって頼まれていたころ、全員に聴診器を渡して隣りどうしの体の音を聞いてもらい、ついで自分の体内の音に耳を傾けるというワークショップをしたことがある。五十代のおっさんたちがキャーキャーと騒いだ。そのあと、会場に使っていた経団連研修所が富士山麓《さんろく》の御殿場にあったので、みんなで外の雑木林に出て、木や土に聴診器をあててもらった。木から聞こえてくるボウォーとした音に全員が驚いた。木によって音がちがうのだ。

これはなかなかの得がたい体験で、おっさんたちは童心に返り咲いて、観聴をなかなかやめようとしない。近くの小川の水に聴診器を浸《つ》ける支社長などもいて、予定の時間をはるかに超過した。管理職になると、自分から一番遠いものに耳を傾けるということはまるっきりしないものなのだ。

ちなみにワークショップはこのあと、部屋に戻ると今度は歳時記が各自の机に置いてあって、これをしばらく見ながら、たったいま自分が雑木林で体験した感覚を五七五にするという苛酷な作業を強いた。全員が五七五の指を折り、またもや子供たちである。それでどのような俳句になったかは資生堂の名誉のためにここでは伏せる。この研修、藤本晴美さんといとうせいこう君といつも組み立てていた。福原義春さんの鶴の一声で始まったもので、「ミネルヴァ塾」という。

樹木や草木の中を水がいきいきと動いていることは、みんなが知っている。「さあ、今日もお水をあげなきゃね」と言って、母は植木や庭をジョーロ片手にいそいそとまわりはじめた（ジョーロってどう綴るのか、知ってますか。如雨露です）。そのジョーロの水を草木が吸う。いったい何の力で吸っているかというと、葉っぱのほうから吸い上げる引張力と、根っこから導管をつかって押し上げている根圧とが合わさっている。これで導管が仮死状態の樹木の中でも、水は一〇メートルも五〇メートルも上がる。

そもそも樹木の内部は中心の髄を木部がとりまき、それを師部と樹皮とが覆うというふうになっている。成長という観点からみれば外側が新しくなっていくぶん、内側が古くなる。これがいわゆる年輪になるのだが、ということは、樹木は上へ上へと成長していくのではなくて、古い材質に新しい材質がかぶさって成長しているということなのである。年輪が加わっていくことが上に伸びることなのだ。

年輪は、春につくられた細胞（早材）の直径が大きくて細胞壁が薄いのに対して、秋に進むにしたがって直径が縮み、代わって次の細胞（晩材）が作られていき、ピークに達したところで切り替わる筋目のことである。番匠《ばんじょう》や木地師《きじし》たちはこの年輪の筋目ですべての材木の性能を読む。

草木は水を吸っているのではなく、水にまじったスープ状の土壌養分をほしがっている。だから余分な水は葉っぱから外に捨てる。植物は水よりも栄養分に富んだコールドスープか冷たいブイヤベースがお気に入りなのである。

ということで、聴診器から聞こえてくる音は、樹木がスープを啜《すす》っている行儀の悪い音なのだと言いたいところだが、残念ながらそういうことではない。水は細胞壁にあいた細かい孔《あな》から浸透しながら養分だけをとられて、残りが上がっては葉から蒸散していくのだから、聴診器でも音は聞こえない。樹木が立てている音、それはその木が立っている周辺環境すべての振動音楽なのだ。

本書はまことによく書かれた一冊で、樹木についてほとんど大半の〝植物知〟が網羅されている。だから百科事典的役割をはたしているということになるのだが、そのわりにいささかも文章が平板にならず、ワンアイテム・ワンブロックずつが読ませる説得力に富む。

著者はイギリスのキール大学環境科学科で教えるまだ四十代の樹木学者だ。こういう百科全書的な本をこんなふうに文体さえ意識しながら細部を躍動的に書けるとは、よほどのキレ者だ。ぼくはいつも思うのだがエンサイクロペディックな本ほど独創性が問われるものなのである。ちなみに翻訳の熊崎実さんは岐阜県立森林文化アカデミーの学長で、稲本正君のオークヴィレッジとともに岐阜の森林樹木文化を担っている。

本書については事典的なので、これ以上は紹介しないことにするが、ついでにこのほか何冊かの〝木になった本〟を紹介しておく。

筑波実験植物園で研究を続けている八田洋章の『木の見かた、楽しみかた』(朝日選書)は、〝ツリーウォッチング〟という造語をつくった著者が巧みに「外からの木の見かた」をあれこれ教えている。とくに枝や茎の「頂伸」と「継伸」を見るのがコツらしい。外から見た樹木は、素人にはわからないが、玄人が見れば、疲れていたり病気になったり瀕死《ひんし》になっていることがすぐわかる。

そこでこれを外科手術をしたり、内科治療をしたりする職能がある。これが〝樹医〟

というもので、朝日森林文化賞や吉川英治文化賞を受賞した山野忠彦の『木の声がきこえる』(講談社)は、その診察ぶりを語っている本だ。実際に注射を何本も打ちこみ、樹態や樹勢を蘇《よみがえ》らせる。巻末に昭和四一年からの治療樹木一覧が掲げられているが、ぼくが見た樹が何本もあった。

そういう樹木を切り出し、材木にする名人も数々いる。江戸木挽《こびき》の林以一の職人気質《かたぎ》と技を伝える『木を読む』(小学館文庫)は大鋸《おが》一丁で大木を柱や板に仕立て上げる名人の話になっていた。本書では「立て返し」や「立木崩し」といった至芸を披露して、六十歳をすぎてやっと一人前になる世界の「しめし」が躍如する。それこそ山千の山師たちとの攻防も読ませた。

京都大学がつくった木質科学研究所の同窓メンバー「木悠会」が編集した『木材なんでも小事典』(講談社ブルーバックス)もごく最近まとまったばかりの一冊で、『樹木学』とはまた異なる材木利用者にとってのコンパクトなバイブルになった。「木は生物である、木によってわれわれは救われている、木と共生してきた、木はこう使われたがっている、木は放っておけない」という五つの視点による構成だ。この本、ぼくは仕事場と自宅と軽井沢の三ヵ所においてある。

京都の町屋に暮らし、高校時代からは横浜山手町のロシア人が家主のボロ洋館に暮らしたせいか、ぼくには体の奥の隅々までさまざまな「木の感覚」が染みついている。鴨居も大黒柱も好きだし、木目も木口《こぐち》も好きだし、肌触りも、色も、でこぼこも好きである。木組みにも目がない。とくに錐《きり》で孔をあけたり鋸《のこぎり》をひいたりしたときのおが屑の感触は、たまらない。

そういう「木の感覚」が最近になってふたたび浮上して、新たな空間をほしがっているのを感じる。べつだん木製住宅を作りたいとか住みたいというのではない。そうではなくて、木を中心にした組み立ての中に、掛け軸とピアノの、タルコフスキーと川瀬敏郎の、花器と経済学の、衣裳《いしょう》とピューマの、茶会と機械エンジンの、世阿弥とVRの、半泥子《はんでいし》とキリコの、それぞれの出会いを見てみたいのだ。

こういうことを考え始めたのはおおよそ三十歳になったころのことで、そのころは植物的な空間を求めて信州松本に引っ越そうかと思っていた。ただそれには、寺ひとつぶんほどのスペースが必要だった。そのとき四、五〇人のスタッフや知人たちが、じゃあ一緒に引っ越しましょうよと言ってくれていたのだが、実現できなかった。小田原に移ろうかと思ったことがあったが、こちらはおもしろい物件に出会えなかった。

それからこういう無理難題を言い出さなくなったのだが、近頃、やっぱり寺ひとつぶんに何かを組み立てたくなっている。

もしそういうことが可能になるのなら、骨格や構造はビルでも倉庫でもよいけれど、その外観や内装にはどうしても「木々の息吹」が必要なのである。それもできないというのなら、あとはイタロ・カルヴィーノの木のぼり男爵になるしかない。

第八〇九夜　二〇〇三年七月三日

参照千夜

一九八夜：いとうせいこう・みうらじゅん『見仏記』　一一一四夜：福原義春『猫と小石とディアギレフ』　五二七夜：ピーター・グリーン『アンドレイ・タルコフスキー』　一一八夜：世阿弥『風姿花伝』　一一七九夜：川喜田半泥子『随筆泥仏堂日録』　八八〇夜：キリコ『エブドメロス』　九二三夜：カルヴィーノ『冬の夜ひとりの旅人が』

「生きもの屋」の達人が
ぼくが一番好きな植物シダを綴ってくれた

盛口満

シダの扉

八坂書房　二〇一二

渋谷の書店でタイトルに誘われて入手した。今年はまだ七月をすぎたばかりだが、読んでみてすぐに本書が今年度上半期の一番の収穫だと感じた。

シダについてここまで踏みこんだものはなく、ナチュラリストとして、ここまで痛快に体験をまじえた観察と推理のプロセスを綴ったものは少ない。沖縄・琉球の島々を舞台に、著者が次々に「シダの扉」を開けていくようになっているのだが、このように、植物を周辺の風土・民俗とともにエッセイに綴れる〝生きもの屋〟はあまりいない。息づくニッポン植物学も、感じた。

ともかく、むちゃくちゃおもしろい。痛快でもある。植物に自信がなかった読者は、これ一冊で植物好きになる。生物好きにもなる。それはぼくが保証する。しかし、本書がシダについての本だということが、最も見逃せない。相手がシダだということがとても大事なところなのだ。

本書は一冊まるごとシダについて語っているのに、いろいろな想起と連想が、反省させられることや勇気をふるいたくなることが、つまりは感嘆と納得が、まるでどこかに中期滞在したその土地の食卓での箸《はし》がすすむように進む。その土地の食卓というのは、本州と沖縄ということだ。

さもあろう、この著者は職業的には専門が植物生態学の「理科のセンセイ」なのだが、名うてのナチュラリストであって、また名うてのエッセイストなのである。本人は〝生きもの屋〟を自称する。

文章もうまいし、観察絵もうまい。これまでおそらく三〇冊近い本をものしていると思うけれど、たいていの本にそのときどきの教え子の子供たちが何人も実名で出てきて、かれらと一緒になりながら生物観察をする。

そのときの「何かが目の前にある↓よく見る↓それについての質問を投げる↓疑問に対する解釈をしてみる↓あらためて観察する↓お題の立て替え↓調べてみる↓比較する↓仮説をつくる↓ときに転換する↓新たに観察の視野を広げる」という手順が、すこぶる編集的で、その組み立てがとてもコンヴィヴィアル（共愉的）でいい。生きものの土台となっている土地や歴史を切り捨てないで引きずっていくのもいい。

が、それだけではない。なんといっても〝生きもの屋〟としての発想がユニークだ。これまでの本のタイトルだけでもそれは伝わる。

そもそもデビュー作（?）が『僕らが死体を拾うわけ』（どうぶつ社→ちくま文庫）というもので、途中が『骨の学校』（木魂社）という三冊シリーズ、最近が『おしゃべりな貝』（八坂書房）や『フライドチキンの恐竜学』（サイエンス・アイ新書）なのである。タイトルだけを見ると、いったいどんな本なのかと訝《いぶか》るばかりだが、これがめちゃめちゃ説得力に富む。抜群におもしろい。

動物の死体を収集するのは、これを自分たちで解剖して生物の本質を見るためで、そのためにはスズメでもイタチでも、都会で轢死《れきし》したタヌキでも、なんでも集めてていねいに仕分けする。その解剖のあとには当然ながら骨が残っていくから、ここで骨まで愛する。

そのころ盛口が教員をしていた埼玉県飯能《はんのう》にある「自由の森学園」では「骨部」というクラブをつくり、部屋中を骨だらけにしていく。これは盛口にとって大事な帰結なのである。だからその経緯を本にすれば『骨の学校』三部作なのだ。

フライドチキンだって食べればナニが残るかといえば、必ずや骨が残る。いやサンマを食べてもイワシを食べても、ニンゲンが最後に対面するのは骨なのだ。われわれだって最後は「おコツ」だ。ということは食卓だって生物観察の大実験場なのである。が、話はそこで終わらない。フライドチキンの骨をいくつも組み合わせていくと、そこにはニワトリだけではなく、遠い恐竜の面影さえ見えてくる。盛口はそこへ突っ走るのだ。こういう理科のセンセイがゲッチョ先生こと盛口センセーなのである。おもしろくないわけがない。

けれどもぼくは、今年の二月に上梓《じょうし》された『シダの扉』に出会うまでは、このセンセーを千夜千冊しようとは思っていなかった。本書において、初めて涙ぐむほど盛口の書くシダの話に感動したのだ。

実は、ぼくが一番好きな植物はシダなのである。海草、水藻、コケ、葦《あし》、蓮《はす》、ミツマタ、ススキ、松葉ボタン、ダリヤ、曼珠沙華《まんじゅしゃげ》、柳、百日紅《さるすべり》、モクレン、タブ、ナギ、松、楠《くす》、サボテン、菌類……などなども、けっこう気にいってはいるが、ダントツ一番はシダなのだ。

高校二年のとき雨の鎌倉の寺々をまわってカメラに収めながら、雨に濡《ぬ》れるさまざまなシダたちと出会って以来、こんなに美しいものはないとずっと思ってきた。ニューヨークのスラム街の鬼才ヴィジュアルアーティスト、ジャック・スミスの家の冷蔵庫に繁茂していたシダを見てからは、シダは前衛的ですらあった。

本書はそのシダをたっぷり語っている。こういう本はかつてなかった。だいたいシダは植物屋にとっても最も難しい相手だと思われてきた。花が咲かないため、見た目の区別がそうとうしにくいからだ。盛口もそのことはむろんわかっていた。だから高校の化学教員だった父親の同僚のシダ先生が初めてシダの魅力を教えてくれて以来、ずっと心のどこかでシダに気を引かれていながら、なかなか手がつけられなかった。

それが沖縄に移住することになってから、急激にシダに近づくことになった。本書ではそのことを縷々《るる》綴った。舞台は沖縄と周辺の島々。神々のシダが密生する土地だ。

盛口は埼玉県でナチュラリストぶりを発揮して、独特の教え方を身につけたあと、沖縄に移ってフリーの教員を七年ほど体験した。そのあと那覇の沖縄大学人文学部のこども文化学のセンセイになった。かたわら夜間中学の講師をした。

本書はそうした沖縄で、盛口がめずらしい風物や風変わりな食生活をおくる連中の中に入りこんで、「シダの扉」を次々に開けていくという流れになっている。

『不思議の国のアリス』はアリスが庭をぼうっと見ていると、白ウサギが慌てて駆け出してくるところから始まる。アリスが呆《あき》れていると、そのウサギがチョッキから懐中時計を取り出したので、「こんなウサギは見たことがない」と驚き、これをほうっておいてはいけないと、その白ウサギの穴に跳びこんで、そのまめくるめく不思議世界を冒険するというふうになる。これは「アリスの扉」だ。そのような「アリスの扉」と似たものが目立たないシダの世界にもあって、盛口はその「シダの扉」を開いていくことに惹かれていった。その扉が沖縄にあったのだ。

話は盛口が沖縄に来て見るもの食べるものに驚き、それについて土地の連中が説明するフォークロアな知識にどぎまぎしていくというところから始まる。

たとえば沖縄の学生たちはリンゴもミカンもカキも皮をむきたくないらしい。沖縄ではそもそもこういう果物に風物詩を感じない。むいて食べる気になるのはバナナまでらしい。盛口はなぜこういう感覚が沖縄の地に出てくるのか興味をもって、ヤンバル出身のおじいさんや与那国《よなぐに》出身のおばあさんのところに入り浸る。

そうすると、沖縄ではかつては子供が小学校に入ると、親がヤギを世話しなさいと言って、子ヤギを一匹あげたらしいことを知る。子供はこれを自分で育てて、大きくなったらこれを売って学用品を買えるようにしたのだという。ヤギを世話すればお金が入るだけではなく、ヤギが何を食べるか、どんな病気にかかるか、みんなわかる。ヤギは汁がでる葉っぱが好きだということもわかる。

なるほど、このように〝生物多様性〟というものは土地と人とともに生きているのである。やがて盛口はそのような沖縄や琉球列島で、シダがかなり特別なものとして扱われていることに気がついていく。とくにモチを敷くのに使われている。

日本はモチを大事にする。正月用であり、その土地の加工名産でもある。どこにも団子や餅菓子がある。しかし沖縄では餅搗《もちつ》きがない。モチ米を粉にして水で練って蒸す。あるいはモチ米を木の灰を入れたお湯で煮て、そのアク汁のアルカリ成分でモチにする。種子島のツノマキはそうやってつくる。こうしてモチは正月やお盆の大事なシンボルになるのだが、沖縄ではそれをホシダやタマシダといったシダの葉にくるんだり、敷いたりする。

どうもシダには古代中世の風習を伝える何かがあるようだ。盛口はさらに「シダの扉」を開けていく。

カニクサというシダは変わっていて、一枚の葉がツル状になって巻きついていく。西《いり》表島《おもてじま》ではこのカニクサが神々との交流の絆《きずな》になっている。当地ではセンヅルカズラと呼ばれているが、あきらかにカニクサだ。

西表島の節祭（節分）はこのカニクサを家の柱に巻きつける。魔除《まよ》けだと信じられている。それだけでなく、八重山のウガソ（聖地）の柱もシダを巻く。雨乞《あまご》いのときはカミンチュ（神人）がカニクサを手にもち、その代表にあたる「雨の主」（ツカサ）は体じゅうをシダだらけにする。加計呂麻島《かけろまじま》のノロ（神女）は冠《かぶり》カズラを付け、その側近がカニクサの冠を付ける。

ここまでくるとぼくも見当がつく。奇祭として有名な古見《こみ》（西表島）の仮面仮装神アカマタ・クロマタの全身をおおっているのがシダなのだ。シダは土地の日々にとって、何やら重大なヒミツをもっているようなのだ。沖縄でのシダの意義がかなり深いものになっていることが見えてくると、そもそも日本列島で鏡餅の飾りにウラジロを左右に分けて使っているという意義のルーツも見えてくる。ウラジロは学名を「グレイケニア・ヤポニカ」という日本を代表するシダなのだ。

ざっとこんなぐあいに、盛口は南島の「シダの扉」を次々に開け、さらにはハワイへ行っても、東京の池尻大橋の道端でも、またツクシ（スギナの子）、ワラビ、ゼンマイといった食用シダに出会っても、シダ探究にのめりこんでいったわけである。まことにおもしろかった。

地球上にシダが登場したのは古生代のシルル紀中期である。シルル紀というのは、それまで海藻が吐き出した酸素がやっと大気中にふえ、地球のまわりにオゾン層がつくられた時期だ。

地上に降りそそぐ紫外線がかなり少なくなって、それまでもっぱら水中で繁茂していた植物が上陸作戦を企てた。この陸生植物の誕生は四億七〇〇〇万年前のオルドビス紀の中頃だった。そのとき先頭を切ったのがコケやシダだったのである。

しかしそのころの大気は炭酸ガスの濃度が高くて、温室効果による高温多湿な環境でもあったので、コケもシダも乾燥をふせぐために表皮を発達させた。けれども表皮があると、光合成に必要な炭酸ガスと酸素を出入りさせにくくなる。なんらかの工夫が必要だった。そこで「気孔」をもった。これはたいへんな工夫だ。一方、水もたっぷり吸い上げなくてはいけない。そこでコケは地中に向けて「仮根」をはやし、シダはしっかりした「根」をもった。いずれも海中植物にはない発明だ。

水を吸い上げるポンプ機能も必要だった。シダが「維管束」をつくりあげたことが、その後の陸生植物の基本設計になった。

石炭紀のシダはこうしてやたらにでかく成長した。リンボクやロボクといわれる一〇メートル以上の木生シダである。ついで二畳紀には葉っぱをやたらに広げた。ところがここで地球環境の大変異がおこって、多くの巨大シダが絶滅した。地中に埋もれたリンボクやロボクは化石となって石炭になっていった。

中生代を通してみると、かつての古生代的なシダでは生き残れないと見て、陸生植物の多くが裸子植物に進化した。それでも別様のシダは生き残り、これが新生代で新たな種の分化をなしとげた。その多くを大葉類というのだが、これがわれわれが現在に見るシダたちである。

植物はみんなフェノロジーという一年のリズムをもっている。たいていは花の蕾《つぼみ》や開花によってそのリズムが目につく節目になるが、シダのフェノロジーは胞子の成熟のリズムがあらわしている。シダは花をつけないけれども、そのかわりに葉の裏に胞子嚢《のう》がついていて、ソーラス（胞子嚢の集まり）を見せているのだ。

海中に繁茂していた植物群が、四億七〇〇〇万年前のオルドビス紀の中頃に上陸を企てたとき、大半の上陸植物には葉がなかった。それを試みたのがシダである。このとき二つの種類ができた。ひとつは大葉類で、葉っぱの中に維管束をたくさんもった。もうひとつが小葉類で葉っぱは刺《とげ》状で、維管束は一本ですませた。大葉類にはシダ類・スギナ類が、小葉類にはヒカゲノカズラ類・マツバラン類がある。

いずれのシダも胞子を葉の裏に旅人の宿のごとくくっつけた。地質年代が裸子植物の時代になっても、被子植物の時代になっても、このシダ戦略は変わらなかった。ソーラスはシダの永遠の時計なのである。

シダが古生代からの記憶を身に秘めてきたということは、なんとなく人類の歴史の記憶の中にも刻みこまれたにちがいない。ヨーロッパで「バロメッツの伝承」とよばれる物語はその記憶を感じさせる。

　バロメッツは「韃靼人《だったんじん》の羊」とも「スキタイ人の羊」とも呼ばれてきた伝承である。ギリシア人やヨーロッパ人から見て東の未開の地には驚くべき植物があって、それは柔らかい毛に覆われた三フィートをこえるもので、まるで羊のように周囲の草を食べているというのだ。ときには「羊のなる木」とも言われた。

　そもそもスキタイ伝承がヘロドトスの『歴史』以来、どんなに幻想譚《たん》をヨーロッパにもたらしていたかというあたりがミソなのだ。それはヨーロッパの歴史的想像力の〝正体〟ともいうべきものであったのだが、そこにはシダの物語も含まれていた。遊牧民たちの植物とのかかわりは、小麦栽培により定住したヨーロッパ人にとっては、つねに幻想的だったのである。

　まさに「半獣半草」伝説の典型だ。さすがに南方熊楠は『十二支考』（岩波文庫）にこのバロメッツのことを書いていた。盛口はいろいろ調べて、このバロメッツは沖縄でいうタカワラビの一種だろうというふうに推理する。『本草綱目』を点検して、そこで「狗《く》脊《せき》」となっているものがヨーロッパの「スキタイ人の羊」に似ていることもつきとめた。そうだとすると、中国ではタカワラビの根っこは羊ではなく、犬に見立てられていたということだったのである。

　このほか、本書にはフレイザーの『金枝篇』のヤドリギ幻想がその奥でシダにつながっていること、世界のクリスマツリー幻想にもシダがかかわっているだろうといった、とうていたんなる理科センセイでは思いもつかない「扉」も開けていく。
本年度上半期の最大の収穫だというのも、これで納得がいったのではないかと思う。盛口が文中に自分が読んだり調べたりした本のことを、必ず書きこんでいることも好ましかった。

第一四七六夜　二〇一二年七月十日

参照千夜

一五九八夜：ルイス・キャロル『不思議の国のアリス』　一六二四夜：南方熊楠『南方熊楠全集』　一一九九夜：フレイザー『金枝篇』　一六一四夜：田中美穂『苔とあるく』　一七八夜：龍膽寺雄『シャボテン幻想』　一四二四夜：林俊雄『スキタイと匈奴』　一六一三夜：マンクーゾ＆ヴィオラ『植物は〈知性〉をもっている』　一六一二夜：田中修『ふしぎの植物学』

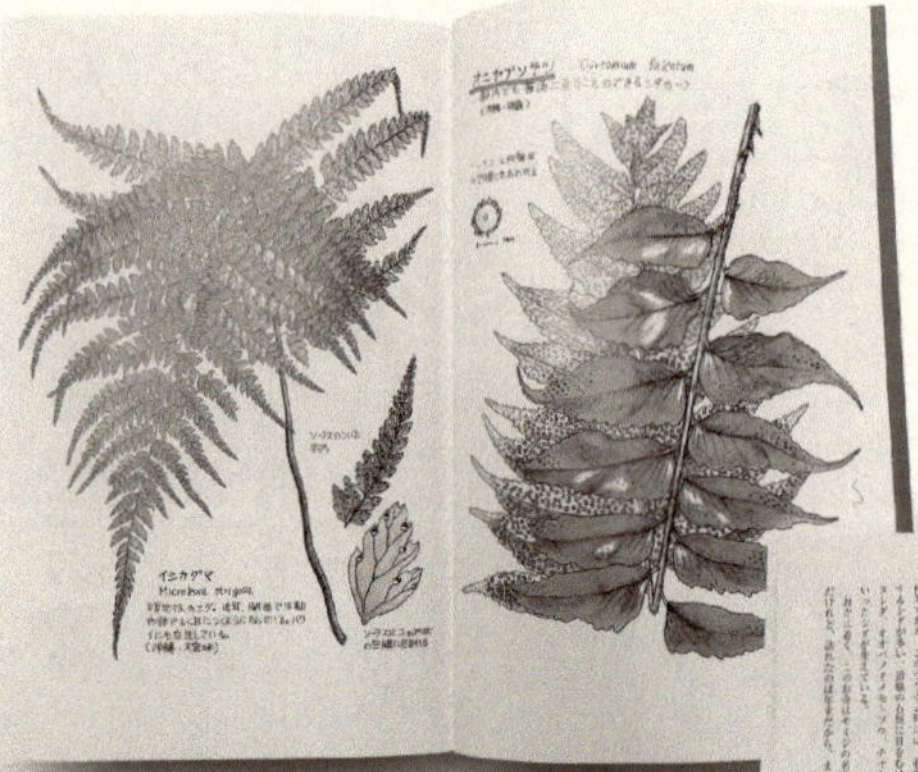

この「シダ本」「コケ本」には、特定植物に対する著者それぞれの系統進化的偏愛ぶりが込められていて、ほほえましい。ごく身近な植物たちの生態に注ぐ顕微的な観察眼とともに、それらとの節操ある〝つきあい方〟も共通する。

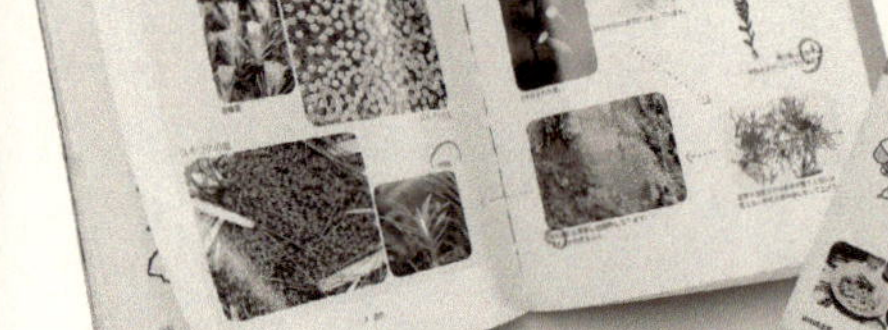

樋口一葉、長谷川時雨、尾崎翠、コケ
戸川純、デレク・ジャーマン、田中美穂、コケ

田中美穂

苔とあるく

WAVE出版　二〇〇七

「私は屋根裏の借部屋で啞であっても、また一本の苔であっても差支えないような日々を送っている」。「私は枯れかかった貧乏な苔です」。

こんなことを書ける少女は、かつて一人しかいなかった。小野町子こと尾崎翠《みどり》だ。小野町子を主人公に仕立てた『第七官界彷徨《ほうこう》』（岩波文庫）では、町子の兄に「みろ、人類が昼寝のさめぎわなどに、ふっと蘚《こけ》の心に還ることがあるだろう」といったセリフも吐かせている。この兄は「じめじめした沼地に張りついたような、身うごきならないような、妙な心理だ。あれなんか蘚《こけ》の性情がこんにちまで人類に遺伝されている証左でなくて何だ！」とも言う。

尾崎翠の実際の三兄が東京帝大の農学科で肥料研究をしていたのである。翠は鳥取県

の岩井（現在の岩美町）の生まれ育ちで、その名も不思議な面影小学校などの学校や女学校を出たあとは代用教員などをしていたのだが、この兄（史郎）を頼って上京すると、渋谷道玄坂の下宿に入って文章を書き始めた。そして昭和八年には『第七官界彷徨』をひっそりと世に問うた。

たとえば「蕗《ふき》のような女」なら一葉がいた。長谷川時雨《しぐれ》は「蕗の匂いと、あの苦み」というふうに、樋口一葉を形容した。ぴったりだ。けれども「苔《こけ》のような少女」はなかなかいない。尾崎翠がひとり先駆した。翠は、苔たちが一斉に胞子を飛ばして「遂ニ其ノ恋情ヲ発揮スル」という幻想的で大胆な様子すら綴ってみせた。

尾崎翠のような感性の女性はめったにいないだろうな、もう再来しないんだなと思っていたら、いっとき戸川純に苔少女の風を感じた。《玉姫様》や《蛹化《むし》の女》などを聞かせてくれた。そこに、ごく最近になって苔少女ならぬ苔ガールがあらわれてきた。田中美穂である。

本書は『苔とあるく』という。その七五ページの左上に、デレク・ジャーマンの庭のコケを撮った小さなカラー写真が載っている。ドーバー海峡に程近いダンジェネスの、あの家だ。稀代《きたい》の映像ホモセクシャルらしく、大きな鉄鍋のような容れ物に多肉植物やら石ころやら雑草やらとともに、ついでに苔たちも「飼っている」ふうだった。

本書はれっきとしたコケボン（苔本）である。苔の育つ日々を丹念にフィールド観察している心優しい本であって、初心者にもわかりやすく苔に親しむ手立てがルーペ片手にいろいろ綴られている。微小な苔を見つめる写真も多い。そういうコケボンにデレク・ジャーマンの妖《あや》しい生態趣味を示す写真がこっそり載っているのが、気にいった。

この著者はそういうことができる苔ガールなのだ。この人には本はネコで、ネコはコケなのであるらしい。ついでにコケはカメで、カメは本なのだ。「本＝ネコ＝カメ＝コケ＝本＝デレク・ジャーマン＝コケ」という式である。

田中美穂は、倉敷の町で「蟲文庫《むしぶんこ》」という小さな古本屋をやっている。蟲文庫だなんてそれこそ戸川純か、さもなくば虫めづる姫君や蟲術《こじゅつ》や大友克洋クンが監督した『蟲《むし》師《し》』を思わせる店の名前だが、本人にとってはちょっと不思議な名前という程度のネーミングらしい。

きっかけがあった。「彷書月刊《ほうしよ》」の編集長の田村治芳がやっていた古本屋の風情をテレビの画面で偶然に見て、何かに打たれて付けたのだという。「なないろ文庫ふしぎ堂」という古本屋だ。この感覚を店のお名前に頂戴《ちょうだい》したかったようだ。まさにこのあたりが小野町子を受け継ぐ苔ガールっぽいところだろう。「彷書月刊」はぼくもときどき愛読してきた小雑誌で、かつて「遊」についての原稿を書いたこともある。

その「なないろ文庫ふしぎ堂」の映像は、出久根《でくね》達郎の仕事を特集している番組に登場した。田中さんは大いに感じ入り、これがきっかけで大原美術館の近くの古民家を借り、かなり「好きずくめ」の古本屋に仕立てていった。ネコもカメもしっかり同居した。そんな古本屋づくりの決意と苦労の一部始終は『わたしの小さな古本屋』（洋泉社→ちくま文庫）に書いてある。あまり儲《もう》かっていないようだけれど、「意地をもって維持する」というつもりでやっているらしい。

ちなみに出久根達郎は直木賞作家でもあるが、杉並の古本屋「芳雅堂」の店主として名高い。中卒の集団就職で上京して月島の古書店に勤めたのが病み付きになって、その後は古本に関する含蓄と洒落《しやれ》に富んだ著作を次々に綴っていった。『古本綺譚《きたん》』『古書彷徨』『古書法楽』（いずれも中公文庫）をはじめ、『本のお口よごしですが』『佃島ふたり書房』（いずれも講談社文庫）など、出久根本を一度読んだらどうしても古本屋をやりたくなるようなエッセイだ。きっと女性たちには『本があって猫がいる』（晶文社）や『半分コ』（三月書房）など、とてもじっとしていられまい。

ぼくはまだ「蟲文庫」を覗いていない。この十年、倉敷に行く機会は何度かあったのだが、うまく立ち寄れなかった。けれどもウェブや写真で見るかぎり店の雰囲気はたいへん好もしい。編工研の小西静恵は訪れていた。

倉敷市役所に勤めてイシス編集学校の師範代をやってくれている香西克久クンの話では、いまや倉敷では知る人ぞ知るお店で、友部正人・あがた森魚《もりお》・杉本拓らのミニライブも粛々とやってきたようだ。そういう店主のそこはかとないセンスに女性読者や若いファンが誘《いざな》われているのだという。だったらこの店の片隅にデレク・ジャーマンの本があるのは当然だろうし、コケボンにイギリス苔の写真が紛れ込むのも当然だった。

慌てて訂正しておくが、この人は妖しい本ばかりを綴ったり売ったりしているのではない。さっきも書いたように田中のもともとのネイチャーは「本＝ネコ＝カメ＝コケ」なのだから、『亀のひみつ』（WAVE出版）という愛《いと》おしい著書もある。ネコとカメとホンとコケ。この四つ揃えセットで暮らしを営んできた。こういう人のコケボンだから、ぼくも千夜千冊に摘《つ》まみたくなったのだ。

なぜだかは知らないが、最近になって急にコケに関する本がふえてきた。いい兆候である。ぼくのセーショーネン期は、せいぜい保育社の文庫サイズのカラーブックスとちょっと大きな厳《いかめ》しい植物図鑑くらいしかなかった。文庫サイズは長田武正の『こけの世界』（保育社）で、カラーブックスには同じ著者の『人里の植物』ⅠⅡなども入っていた。あとは植物図鑑の蘚苔類《せんたいるい》のページを時計職人のように凝視するしかなかったものだ。あのころの図鑑というと、岩月善之助・水谷正美コンビの『原色日本蘚苔類図鑑』（保育社）

とか井上浩の『日本産苔類図鑑』『続・日本産苔類図鑑』（築地書館）とかだ。盛口満さんの『シダの扉』を千夜千冊したときに書いておいたように、ぼくは元来の「シダ派コケ党」だ。二十代半ばまではどこかの林や森に入ると、たいていシダかコケかを引っこ抜き新聞紙に包《くる》んで持って帰ってきた。でも、詳しく苔調べをするようなことはしなかった。

そのうち気がつくと、新しいコケボンが目に付くようになってきた。定番となった井上浩の『フィールド図鑑・コケ』（東海大学出版会）や秋山弘之の『コケの手帳』（研成社）が出回って便利になってきたからだろう。とりわけ二〇〇四年に秋山さんの『苔の話』（中公新書）が登場したときは、これで地べたが好きなコケミン（コケ派の市民）がだんだん出てくるだろうなと思わせた。超マジメに蘚苔植物学を案内した本なのだが、新書になっているのが新しい。

かくて、この数年はコケボンが目立ってふえてきた。樋口正信の『コケのふしぎ』（SBクリエイティブ）、このは編集部の『コケに誘われコケ入門』（文一総合出版）、モコモコ・うるうる感覚でコケ浸りを誘う大石善隆の『苔三昧《ざんまい》』（岩波書店）、はては戸津健治・佐々木浩之の『苔ボトル』（電波社）なんていう卓上に苔を飾るための案内書などなどが、書店に並んだ。苔もついにアイドルになったのである。

田中さんも『苔とあるく』の次に『ときめくコケ図鑑』(山と溪谷社)を上梓した。「ときめくシリーズ」の中の一冊で、この人にしてはとてもオーソドックスな一冊だったけれど、やはりのこと伊沢正名のすばらしい写真がふんだんに載っていた。

さて、苔はどこがカッコいいかというと、これは議論の余地なんかない。「やたらに小さい」「万事万端、水っぽい」「みんなで暮らしている」「光を取るくせに光を避ける」「地球史を知っている」。

苔のしくみもかなりユニークである。まずは根がない。かりそめの「仮根」が控えめにあるだけだ。だからすぐに土から抜ける。根だけでなく維管束もクチクラ層もない。一般的な植物とはそこが違っている。仮根は水分や栄養分を吸うためではなく、土やコンクリートにへばりつくためのものなのだ。こんな根っこのない植物なんて、めったにない。独創的だ。

そもそも陸上植物は、海中のシアノバクテリアに始まった藻類が古生代シルル紀で陸上化してシダ植物になっていったのが、すべての発端だった。このシダ植物時代のどこかから、地面にへばりつくような蘚苔類が分岐した。シダとコケがなかったら陸上植物はなかった。そういうふうに登場してきたコケだから、育ち方も妙である。一個の胞子が水と光で発芽すると糸状の原糸体を伸ばし、これが何度も分枝をくりかえして地面に広がっていく。この原糸体のところどころに芽がはえて小さな茎になる。

茎が成熟してくると生殖器官ができて、造卵器には一個の卵が、造精器には多数の精子が用意される。精子は鞭毛《べんもう》をもって水の中をちよちよ泳いでいく。のちに発達する種子植物ならば花粉が精子の役割を担って空気中を飛んで交配が進むのだが、コケの精子は水中をちよちよ泳ぐだけ。コケが水分のある地面を這《は》うようにしか繁茂しないのは、このせいだった。

受精した卵は細胞分裂しながら胚《はい》になる。胚は成長して胞子体になり、その先端をふくらませて「蒴《さく》」となって胞子嚢をつくり、そこで育った胞子たちが原糸体をつくり、そこからまたコケの芽が出てくる……。こういう循環のくりかえし。

こうしたプロセスの中で、いったい蘚苔類はどうやって栄養をとっているのかが気になるが、どうやら水以外の養分には無頓着《むとんちゃく》なのだ。田中美穂は「霞《かすみ》を食っている」と言いあらわしていた。なるほど、それならコケ仙人だ。たしかに根がないところも、霞を食うところも仙人じみている。こんなふうに考えていると、老壮思想こそコケにふさわしい。

わが家はときどき法然院（京都・東山）で法事や句会をしていた。冬なら椿の落ちているのが目を奪ったが、ふだんは緑の苔が美しい。母が「スギゴケとかオキナゴケと言うんよ」と教えてくれた。スギゴケは感じが摑《つか》めたがオキナがわからなかったのでキナコのようなものかなと思っていたのだが、のちに「翁」のことだと知った。正式にはホソバオキナゴケという。

オキナゴケ（翁苔）めいたものは苔寺こと西芳寺にもびっしりうねっていた。こんなに美しく波打つ植物群はほかにはないことを初めて知った。京都にいた頃はちゃんと見ていなかったので、大学時代に銀閣や青蓮院《しょうれんいん》や詩仙堂のコケなどとともにとっくり眺めた。尾崎翠ではないが「恋情」が一斉に地面に降りてきた。

虚子はそんな苔寺で「禅寺の苔をついばむ小鳥かな」と詠んだけれど、たいした句ではなかった。句にならなかったのではないか。虚子ならまだしも「水打てば沈むが如し苔の花」か。実際には苔には花はないが、「苔の花」だと季語になる。蒴が「苔の花」に見えたりするのだ。

苔寺のような「苔庭」に棲息しているのは大半が蘚類《せんるい》である。そのなかでもスギゴケが多い。今日、新たに苔庭をつくろうとする作庭師たちもほとんどの場合、オオスギゴケかウマスギゴケを使う。

コケは植物分類上は蘚苔類に属して、菌類・藻類・地衣類と区別される。キノコやカビの菌類は「菌糸」という糸状の細胞からできているが、光合成はしないから従属栄養体だ。シダやコケは独立栄養体なのである。藻類は見かけがシダやコケに似ているようでも、大半が単細胞で、多細胞で胚をもっているコケとはちがう。同じく胞子で繁殖するコケとシダは、シダが維管束をもっているところが大きな違いなのである。

　蘚苔類は蘚類と苔類《たいるい》とツノゴケ類に分かれる。蘚類にはスギゴケやオキナゴケやハマキゴケや、町の中でもよく見るハイゴケなどがある。苔類を代表するのはゼニゴケやウロコゴケやジャゴケや、ちょっとファンタジックなコマチゴケなどだ。ゼニゴケはこびりつくような印象なので評判が悪く、母も庭のゼニゴケには警戒していた。

　ツノゴケ類はあまり名前が知られていないが、ひゅるひゅるっとマッチ棒のようなツノ（胞子体）が出ているのですぐわかる。よく見ると、ツノは成長してくるとねじれて、そこから胞子が外出する準備をする。蘚類は胞子体のちがいによって、苔類は体制のちがいによって特徴分類されてきた。一つの胞子から複数の茎葉体《けいようたい》が仕上がっていくのが蘚類で、「弾糸」がなくて「帽《ぼう》」がある。そこにちょっと立ち上がっていくタイプと、匍《ほ》匐《ふく》していくタイプとができた。苔類は弾糸があって葉緑体がない。分類には茎葉体と葉状体の形のちがいが決め手になってきた。

　日本にはざっと一七〇〇種ほどのコケが生息する。世界にはこの一〇倍の二万種が分布する。とくに亜熱帯から熱帯にかけてはモッシー・フォレスト（蘚苔林）が繁茂して、ネジクチスギゴケをはじめ巨《おお》きなコケが波打つ。日本なら屋久島だろう。

いま、ぼくが住んでいるのはマンションの一階の角で、北と東に面したL字の幅庭がある。白梅、サルスベリ、カエデ、椎《しい》の木、モチの木などが植えられている。とくに苔むしているわけではないが、それでも調べてみるとギンゴケ、ホソウリゴケ、北側にはタチゴケやウロコゼニゴケなどが着々と生きている。なぜか三匹の猫たちは、この苔のところにはほとんど立ち寄らない。ネコ派の苔ガールの田中さんは、この苔が苦手のネコたちをどう見るのだろうか。


ところで、やや異色な本ではあるが、ぼくがこれまで読んだ苔本のなかで最も瑞々《みずみず》しい体験をさせてくれたのは、ロビン・ウォール・キマラーの『コケの自然誌』（築地書館）だった。この著者はニューヨーク州立大学の環境森林科学のセンセイで、学生たちに植物学を教えている。ポタワトミ族の出身でもあって、アメリカ中の都市生活に混じっているネイティブ・インディアンの末裔《まつえい》たちの習慣や生態と交流しつづけてきた。だからどんな植物にもどんな野生の自然にも強いのだが、そのキマラーが一番ぞっこんなのがコケなのである。

キマラーの苔学はたいへん興味深い。なかでも二つの観察態度を貫徹するところがとびぬけている。ひとつは「苔は看《み》るのではなく聴くものだ」という態度、もうひとつは

「岩から入って苔に至る」という視点だ。日本ふうに言うのなら「岩清水の苔学」ともいうべきフィーリングだろうが、キマラーはこの見方に徹した苔学者なのである。しかも文章がやたらにうまい。『コケの自然誌』は一九章になっているけれど、いずれもが珠玉の短編小説のようなノンフィクションなのだ。

アメリカにはヘンリー・ソローやラルフ・エマソンこのかた、「ネイチャーライティング」(nature writing)という確固たる文芸分野がある。これは自然観察文学ともいうべきもので、長らくトランセンデンタルでロマンチックな文芸としての伝統をもってきた。この分野に関するトーマス・ライアンの『この比類なき土地—アメリカン・ネイチャーライティング小史』(英宝社)という案内本もある。日本では『たのしく読めるネイチャーライティング—作品ガイド120』(ミネルヴァ書房)などがカバーする。

名だたる文学賞もある。有名なところではアメリカ自然史博物館が一九二六年以来、ジョン・バロウズ賞を贈ってきた。最近の受賞作ではソーア・ハンソンの『羽』(白揚社)やマイケル・ウェランドの『砂』(築地書館)などがよかった。存分に知と心をゆさぶってくれた。キマラーの『コケの自然誌』も二〇〇五年度のジョン・バロウズ賞の受賞作だった。

ついでながら『沈黙の春』のレイチェル・カーソンは『われらをめぐる海』(ハヤカワ文

庫）などの、『本を書く』のアニー・ディラードは『ティンカー・クリークのほとりで』（めるくまーる社）などの、アメリカン・ネイチャーライティングの代表者の一人だった。環境哲学は、やはりシダやらコケから始まったほうがいい。

第一六一四夜　二〇一六年七月二十日

参照千夜

四二四夜：尾崎翠『尾崎翠全集』　一〇五一夜：長谷川時雨『近代美人伝』　六三八夜：樋口一葉『たけくらべ』　一七七夜：デレク・ジャーマン『ラスト・オブ・イングランド』　一四七六夜：盛口満『シダの扉』　一五九七夜：高浜虚子『虚子五句集』　五九三夜：レイチェル・カーソン『センス・オブ・ワンダー』　七一七夜：アニー・ディラード『本を書く』

第三章

虫の惑星・ゾウの耳

本川達雄『生物学的文明論』
リチャード・フォーティ『三葉虫の謎』
奥谷喬司ほか『貝のミラクル』
坂田明『クラゲの正体』
トニー・D・ウィリアムズほか『ペンギン大百科』
岩松鷹司『メダカと日本人』
ハワード・E・エヴァンズ『虫の惑星』
日浦勇『海をわたる蝶』
ジェームズ・ローレンス・パウエル『白亜紀に夜がくる』
クリス・ミード『フクロウの不思議な生活』
佐々木洋『カラスは偉い』
クリス・レイヴァーズ『ゾウの耳はなぜ大きい?』
日高敏隆『ネコはどうしてわがままか』
子母澤寛『愛猿記』
江藤淳『犬と私』

サンゴとナマコと歌
生態系をめぐるとても大事な話

本川達雄

生物学的文明論

新潮新書　二〇一一

本書の著者は長いあいだ沖縄の瀬底島《せそこじま》に住んで、サンゴ礁やナマコの研究に従事してきた。本書もサンゴの話から始まっている。

著者は二十年くらい前に『ゾウの時間 ネズミの時間』(中公新書)がベストセラーになって爆発的に知られた生物学者なので、ぼくはこの人は「サイズの生物学」ないしは「エネルギー消費の生態学」のユニークな解説者だと思っていた。ようするに「アロメトリー」(あとで説明する)の専門家だと思っていた。だからゾウとネズミにまつわる時間研究がデビュー作だと思っていた。

そうではなかった。その七年前に『サンゴ礁の生物たち』(中公新書)という本を書いていて、こちらがデビュー作だった。その後は『ヒトデ学』『ウニ学』(東海大学出版会)という著書も発表した。この人は海の風変りな生物たちを好んできた研究者なのだ。『世界平和はナマコとともに』（CCCメディアハウス）という鶴見良行が歓《よろこ》びそうなナマコ宣言も出した。つまりは、やたらに水っぽくて海っぽい学者さんなのだ。だからこの人の見方を紹介するにはナマコやウニを例にしたほうがいいのだが、ここではサンゴの話を例に案内しておきたい。

その前にかんたんに要約しておくが、『ゾウの時間 ネズミの時間』は次のようなことをあきらかにした。

生物にはいろいろな時間（体内時計など）がひそんでいる。その時間によって生物たちは生きている。哺乳《ほにゅう》動物にかぎっても、たとえばヒトは心臓をドキンと一回打つ心周期はおよそ一秒だが、ハツカネズミは〇・一秒、ふつうのネズミは〇・二秒、ネコが〇・三秒、ウマでは二秒、ゾウでは三秒になる。体の大きさに比例して心周期が異なっているわけだ。

ところが、これらの動物が一生のあいだに打つ心拍数は総じて二〇億回に平均されている。どんな動物もそこで寿命が尽きるのである。体重当たりの総エネルギー使用量もほぼ同じになっている。このことから著者は、生物というものは何かもっと大きなしくみの中で、何か重要なことがらを分け合ってきたのだろうと推理した。

その「何かもっと大きなしくみ」とは生物多様性を呑《の》み込んだ生態系というもので、「何か重要なことがら」というのが生物文明や生物経済から見て測れるかもしれないバイオコストというものだった。

だいたいはこういう話だが、たいへん話題になった。ぼくはこの本の読中体験で、細胞のサイズが核の情報の生産能力と拡散速度の関係によって決まっただろうとか、植物の細胞が動物の細胞よりずっと大きいのは原形質流動のせいだろうといった仮説に、次々に酔っていた。でも、あれからもう二十年たったのか。

ついでながら、この人は仙台に生まれて、ぼくよりやや年下で、父上は生理学の本川弘一である。日本で最初期の脳波研究にとりくんだ。東北大学の学長にもなった。北杜夫が教え子だ。息子のほうは東大で動物学を修めたのち、棘皮《きょくひ》動物やアロメトリーを専門として研究を重ね、琉球大学や東工大で教えてきた。

アロメトリー（allometry）というのは、生物の体の大きさの違いにかかわらず、二つの指標、たとえば身長と体重のあいだに、両対数的な線形関係があることをいう。部分と全体の関係で相対成長が異なる現象が生じていることを考える学問だ。なかなかおもしろい。最近ではジョン・ホイットフィールドの『生き物たちは3／4が好き』（化学同人）という本が翻訳されて話題になった。

さて、サンゴである。

サンゴは海の樹木のように見えるけれど、むろんれっきとした動物だ。分類上はイソギンチャクの仲間に入る。石の家を造って、その中にグンタイをなして住んでいる。グンタイといっても群体だ。この石の家はサンゴが死んでも残り、それがサンゴ礁という樹木状の岩礁を形成する。サンゴはじっとしているようだが、この岩礁として生きたシステムをいろいろ工夫してきた。その工夫がけっこう感動的に複雑なのである。

サンゴ礁の海は透明で、美しい魚や生物が密集している。餌が豊富にあるからだろうとか、餌が豊富にあるのは光合成をする植物が繁茂しているからだろうと予想される。そう、考えたくなる。光合成する海の植物は二つある。藻類と植物プランクトンだ。それなら、サンゴ礁にはそれらがいっぱい繁殖しているだろうと考えたくなる。

ところが、そうではない。北の海ならコンブやホンダワラの密林があるのに、南の海のサンゴ礁には藻類も植物プランクトンも見当たらない。逆にいえば、プランクトンがいないから海が濁らずに透明なのである。しかし、これでは海水に栄養分が少ないということになる。

そう、まさにそうなのだ。熱帯や亜熱帯の海は「貧栄養」なのである。それなのにサンゴ礁には生物がいっぱい棲息《せいそく》している。なぜなのか。

謎を解いたのは日本の生物学者で、サンゴ礁の研究で世界的に知られる川口四郎だった。サンゴの体の中に顕微鏡で見なければわからないような小さな褐色の球がたくさん含まれていた。これを取り出して飼育したところ、たちまち形を変え、殻を分泌して身にまとい、鞭毛《べんもう》を二本はやして泳ぎだしたのだ。ぼくが生まれる前の一九四二年の発見である。

これは渦鞭毛藻《うずべんもうそう》という植物プランクトンの一種だった。「褐虫藻《かっちゅうそう》」という名が付けられた。サンゴ礁のまわりの海中にはプランクトンが少ないのに、すでにサンゴの体の中に植物プランクトン褐虫藻がちゃっかり入っていた。いわば「サンゴの林」自体が「褐虫藻の林」だったのだ。つまりは、サンゴと褐虫藻は共生していたわけだ。

サンゴは褐虫藻と共生しあうことでかなりの恩恵を受けている。その逆も成立する。われわれの主食は米や麦の炭水化物だが、サンゴのばあいはこれにあたるものを褐虫藻が光合成をしてつくりだしている。主食だけではなく副食の必須アミノ酸の面倒もみてくれる。

サンゴは動物だから排泄物も出る。そのはずだ。だったらサンゴ礁の海はサンゴのウンコだらけになりそうだが、そうならない。こちらも褐虫藻がもらい受け、その場でどんどん処理しているからだ。動物としてのサンゴは呼吸もする。けれども肺胞も肺もない。褐虫藻の光合成で生じる酸素をもらい、吐き出した炭酸ガスを吸収してもらっているからだ。

他方、褐虫藻のほうはサンゴの体の中にいるのだから、外敵からはカンペキに安全である。動物プランクトンにも魚にも食われる心配がない。のみならず、サンゴは木の枝や葉のような形をつくって日光が集まりやすくし（これが樹木状になっている理由だ）、褐虫藻の光合成をやりやすくする。さらには群体を建て増ししながら日当たりのよいほうに少しずつ成長もする。

ほとんどの生物にとって紫外線は有害なのだが、サンゴはこれをフィルター（マイコスポリン様アミノ酸）で防ぐ。褐虫藻は紫外線をカットした日光だけを享受できるのだ。

紫外線だけでなく可視光も、あまり強すぎると光合成に悪影響が出る。われわれのばあいは皮膚がおかしくなる。そこである種のサンゴは強い可視光をカットする蛍光タンパク質をつかって、光を波長の長いものに変換する。逆に光が弱すぎるときも、この蛍光タンパク質の部位をたくみに褐虫藻の下側にまわして光を照り返すということをやってのける（二〇〇八年にノーベル化学賞をとった下村脩《おさむ》がクラゲの中に発見したGFPはこの蛍光タンパク質の仲間だった）。

まことにみごとなフィルタリング・エディットだ。両者は持ちつ持たれつなのである。

当然、栄養補給も持ちつ持たれつだ。サンゴのほうは動物プランクトンをつかまえて食べ、リンや窒素を採りこんでいる。植物が生きるための三大栄養素は窒素・リン・カリウムだけれど、カリウムは海水中にいくらでもあるので、サンゴが供給するリンと窒素さえあれば、褐虫藻のほうもいくらでも生きられるわけなのだ。

サンゴのつくりだす生態系はすばらしい。共生的である。サンゴと褐虫藻だけが共生しているのではない。サンゴ礁の全体が共生的生態系をつくっている。その鍵を握っているものがある。粘液だ。

そもそもサンゴは粘液を分泌して、体の表面をすっぽり覆うという特殊な技をもっている。この粘液はラッピングフィルムみたいなもので、付けたり剝《は》がしたりできる。じっとしているサンゴには体の表面にたえず海中のゴミがこびりつくのだが、このゴミを粘液フィルムにくっつけて、汚れがひどくなったら削《そ》ぎ落とし、新しいフィルムに貼り替えるということをする。ハマサンゴは満月ごとに、せっせとこの粘液フィルムの貼り替えをしているらしい。この神秘的な光景については、ぼくはずっと以前に『ルナティックス』（中公文庫）で紹介した。

粘液には保水能力があるので、サンゴの体が乾かない役目もはたす。また剝がれた粘液は海水に溶けて、その栄養によってバクテリアが増殖し、それを動物プランクトンが食べ、それを好んで魚介類が集まってくるというふうにもなる。サンゴは褐虫藻からもらう栄養の半分を自分の生活に、残りの半分を粘液をつくるコストにあてているようなのだ。

ことほどさように、サンゴ礁は「海の共生オアシス」であり、それゆえ「生物の文明圏」の代表例なのである。

サンゴ礁はすぐれた共生オアシスをつくるのだが、世界の海に広がっているわけではない。熱帯・亜熱帯の海に発達するサンゴ礁は世界の海のわずか〇・一パーセントしか占めていない。オーストラリアのグレートバリアリーフのように、月面から見えるほどの巨大領域を占めることもあるけれど、これはいまでは超めずらしい。

それにもかかわらず、世界の海水魚の三分の一がサンゴ礁に集まり、世界の漁獲高の一〇パーセントがサンゴ礁の魚介類によって占められる。サンゴ礁は地球生態系のなかでも生物多様性がとびきり高いのだ。たいへんな生物文明集中圏である。ところが、ところがだ。いまやそのサンゴ礁が危機に瀕している。健全なものは四分の一の割合まで落ちた。残りの四分の三はかなり危険な状態なのである。

これにはいろいろな原因がある。サンゴ礁近辺の人口がふえ、生活排水や工場排水や農薬が海に流れ出すようになったことも大きい。サンゴ礁の海水には養分がなかったのにさまざまな排水によって事態が変わり、あれこれ雑多な養分が広がったため、各種のプランクトンが発生して藻類が繁茂し、こうなるとついにはサンゴが藻類に負けてしまうからだ。

二酸化炭素の大量の排出が地球温暖化と海洋の酸性化をもたらしたことも大きいはずだ。これによってサンゴの体から共生褐虫藻が抜け出てしまい、「サンゴの白化」がおこる。それでも気候が安定してくれば褐虫藻も短期で戻ってくるのだが、一九九八年の大規模なエルニーニョのときのように、海水温が高い状態が続くと、そうとうやばい。世界のサンゴ礁の約一六パーセントほどがダメージを受けた。ということは、サンゴ礁の共生圏はまことに微妙なバランスで成立しているということなのだ。真の文明とはそういうものなのだろう。

今日の地球で最も多様な生物多様性を現前させているのは、陸ならば熱帯雨林、海ならサンゴ礁である。しかし、これらは制御的であれ非制御的であれ、そこに人為を加えつづければたちまちバランスを壊すようなものだった。それくらい、絶妙な共生的相互作用によって成り立ってきた微妙なシステムなのである。

本書が、そのタイトルを「生物学的文明論」という大がかりなタイトルにしているのは、この絶妙な共生的相互作用こそ「文明」の根底にあるものだということを強調したかったからだった。ぼくならば共生編集的相互作用とも呼びたいところだ。

現在、地球にはざっと一五〇〇万から一八〇〇万種ほどの生物が棲息している。けれども毎日、平均して一〇〇種くらいの生物が絶滅するか、その危機に瀕している。このままではまずいというので、一九九二年にリオデジャネイロの地球サミット（環境サミット）で「生物多様性条約」が調印された。

これは生物と文明の関係を問いなおすきっかけになった。生物多様性は主に「種の多様性」「遺伝子の多様性」「生態系の多様性」の三つにまたがっているのだが、なかでも生態系が文明にどんな多様性をもたらしてきたか、そのことが重視されるようになったのだ。

それなら、いったい何が文明と生態的多様性とを関係づけてきたのかというと、著者の用語でいえば、生態系が四つのサービスを無償でもたらしてきたからだった。「供給サービス」「基盤サービス」「調整サービス」「文化的サービス」の四つだ。

「供給サービス」とは生態系が人間生活にもたらしていることすべてをさしている。朝食のメザシ・ごはん・卵から夜の焼肉・コーヒー・セーター・蒲団《ふとん》まで、われわれは生態系からさまざまなものをむしりとって生きてきた。生活文化とはそういうものだ。これは言うまでもないだろう。

「基盤サービス」とは大気と土とが文明のインフラのインフラを用意してくれてきたということだ。言うまでもないけれど、その主役は植物だ。植物が光合成をして酸素を放出し、これで大気が組成され多様な生物とわれわれを育てた。植物は雨水を蓄えて葉っぱから水蒸気を蒸散して、文明にまんべんない湿度ももたらした。さらに植物は落葉と土壌菌によって土をつくり、そこにありとあらゆる成育を成り立たせてきた。その根は土壌が崩れたり流れたりしないことを保証した。ここには炭素と窒素の循環サイクルの継続も加わった。

三つ目の「調整サービス」を担ってきたのは森である。森は背後の山とあいまって川を生じてさまざまな運搬を助け、天然のダムとして洪水を防ぎ、農業用水から上水まで成長と循環のための水を提供してきた。その一方で、熱帯雨林ほどではないにしても、どんな森もそれなりの生物多様性をもっているので、文明を襲う災害や攪乱《こうらん》を和らげてきた。異様な害虫の発生や山火事も、森がその懐深い生物多様性をもって凌《しの》いできたわけである。

「文化的サービス」は生態系が文明の歴史に与えてきた森羅万象と景観をいう。レクリエーションの大半は生態系の文化的サービスの恩恵なのだ。それだけではなく、本書では言及してはいないけれど、神話や伝説のすべてがもともとは生態系の不思議から出てきたと言っていい。そのほか、ぼくも『山水思想』（ちくま学芸文庫）に書いておいたのだが、古今東西の芸術の大半も生態系の模写から始まった。

生態系が文明にもたらした四つのサービスは、これからも環境社会の根幹をなしていくだろう。環境社会だけではない。経済社会にも影響を与えるにちがいない。われわれは生物資源なくしては生きていけないからである。

著者は生態系がもたらした経済規模にも関心を寄せている。そこでサンゴ礁を例に、どのくらいの経済力がそこから生まれているのかを試算した。

十年ほど前のデータのようだけれど、漁業としては年間一〇〇億円を、レクリエーションとして二四〇〇億円を、防波堤の役割として八〇億から八〇〇億円の効果を算出しているらしい。

地球生態系のすべてがもたらしている経済力についてのシンクタンクのラフな試算もあって、これによると生態的経済力はおよそ年間一六兆ドルから五四兆ドルになると見積もられている。これだけで世界のＧＤＰに匹敵する。このような生態的な経済力を支えているのは、一言でいえば「かけがえのなさ」である。

一方、貨幣経済や市場経済は交換可能なものをつくりだす方向に向かってしゃにむに発達してきた。商品というものはノートと消しゴムの質の違いを重視はしない。ほんとうはノートは消しゴムにならず、消しゴムはノートにならないのだから、そこには「かけがえのない質」の違いがあるはずなのだが、資本主義はこれらを交換可能な「お金」に換算できるようにして、貨幣経済と市場経済を発達させてきた。

生態系ではそんなことをしない。生物たちがそれぞれの「かけがえのなさ」をつくりつつも、互いに関係をもちあい、複雑に絡みあってきた。共生経済なのである。それゆえ生物多様性が質の違いの多様性として維持されてきた。その質の違いを維持するためにバッタやイワシやネズミは大量の子孫候補を輩出し、土壌菌や根粒バクテリアが「あいだ」をつないできた。

生物の世界は単純な足し算や引き算では成り立たない。四種の生物がいたとして、その一種が欠けても「4－1＝2」になることもあれば、サンゴと褐虫藻だけで「1＋1＝35」ということもおこりうる。

そんな生物たちも環境に適応していかなければ生きてはいけない。殖《ふ》えすぎれば生存維持のための食料は足りなくなっていく。それを見越して生態的経済システムは機能してきたわけなのだ。

生物はご当地主義である。グローバルな資本主義経済はそのご当地主義を次々に奪ってきた。なんとか各国の中央銀行が金利操作をしたり、地域通貨などでご当地の社会経済的復活を試みている例もあるが、たいていはグローバルマーケットの中に埋没しながら競争をする。

生物のほうは競争をするとしてもご当地本位だ。苔《こけ》とイワシが戦うことはなく、ワシとサンゴが戦うということはない。生態系はそこをちゃんと仕切ってきた。しかし、その生態系を文明が便利に活用するとなると、とんでもない組み合わせの比率や不均衡が生じていく。どこかの家庭でサンマ一匹を食べるのに、どれほどの労力と流通過程と地元経済が巻きこまれていくか。想像もつかない不均衡がおこるのだ。

いまのところ、このような「生態系から見た経済」の実態を計算する方法は、まったく開発されていない。そういう経済学がない。

そこでやむなく、これらの不均衡を生物が最も身近な伴侶《はんりょ》としてきた「水」によって試し算してみると、たとえば米を一キロつくるには三・六トンの水が必要だということがわかる。ここにはなんと一：三六〇〇という比率が導入されるのだ。たいへんな不均衡である。ごはん一膳《ぜん》なら風呂《ふろ》水二・五杯になる。

その三六〇〇倍の水には、生物多様性から計算すれば何億もの生命体が出入りする。出入りするのだが、資本主義経済はこれらの何億もの生命の出入りを切り捨てて、発泡スチロール一パックのトマトパスタにしてコンビニに並べるわけである。

では、もともとの水と生命体たちはどうなったのか。このことは、いずれは「水の生物経済学」ともいうべき見方を通して考えてみるべきことだろう。そもそも生命の基本である細胞が水を媒介にして誕生していたのだから、その細胞がその後は水溶性という環境を自身の周囲につくりながら、どのように「生きる経済学」を生態系の全体に及ぼしてきたのか、その収支決算はどうなっていたのか、いずれはそこを考える必要があるはずなのである。本書が「生物学的文明論」を提唱したのも、この点に読者の関心を導くためだった。

ところで、この著者はかなり変な生物学者である。棘皮《きょくひ》動物やアロメトリー（生物の体の大きさに関する両対数線形関係）に関心を向けたのは変ではないけれど、あるときから臆面《おくめん》もなくシンガーソングライターを自称する〝歌う生物学者〟になったのだ。シントーソングライターを自称する鎌田東二に、追いつけ追い越せなのだ。

琉大時代は《瀬底音頭》《千原音頭》を学内披露したのを皮切りに、先輩が退官するたびに《いけいけ池原》（池原貞雄の退官時）、《原一スピリット》（原田一太郎の退官時）などを、頼まれもしないのに自作自演し、さらには講義内容をまとめた《サンゴのタンゴ》《微小管はすべる》などを発表すると、これを日本動物学会の全国大会で歌詞カード付きテープにして配ったようだ。

眉《まゆ》をひそめた同業者も少なくなかったはずなのに、本人のほうはこれで意気揚々となったようで、その後は勇躍『歌う生物学』（講談社）、『歌う生物学・必修編』（阪急コミュニケーションズ）を次々に連打すると、「爆笑問題のニッポンの教養」の番組中で《ナマコ天国》を、TBS系「あらびき団」では《生きものは円柱形》を朗々と歌い上げた。

いったいどんな歌かと言われても困る。お察しの通り、妙に声楽調で歌うのだ。まことにハタ迷惑である。

この人は、心ならずも〝生物学者の生態系〟を壊している人なのだ。念のため《勇気りんりんアドレナリン》の歌詞を以下に掲げておくので、この著者の文明論的熱情と歌謡センスのバランスを考査されるといい。ぼくは責任をとりかねる。

1

勇気りんりんアドレナリン　瞳《ひとみ》ぎんぎんアドレナリン
心臓どきどきアドレナリン　鳥肌ぞくぞく手には汗
血糖上がるぞアドレナリン　交感神経アドレナリン
副腎《ふくじん》髄質アドレナリン　勇気りんりん湧いている

2

チロチロチロチロチロ　チロキシン　甲状腺《せん》からチロキシン
ちろちろちろちろ火がもえる　体の中で火がもえる
代謝が上がるぞ熱が出る　ヨウ素が四つだチロキシン
分化の促進チロキシン　チロチロチロチロ　チロキシン

グルグルグルグル　グルカゴン　ぐるぐるぐるぐる血がめぐる
グルグルグルグル　グルカゴン　グリコーゲンは減少し
ごんごん上がるぞ血糖値　ランゲルハンスのA細胞
そこから来るかグルカゴン　グルグルグルグル　グルカゴン

3

気をとりなおして、ひとつ加えたいことがある。『ゾウの時間 ネズミの時間』にも書いてあったことなのだが、古生物学には「島の規則」というものがあるらしい。島に住んでいる動物と大陸に住んでいる動物とは、サイズに違いがあるという法則だ。

島に隔離されたゾウは世代を重ねるうちにどんどん小型化してしまう。島の面積も小さく植物量も少ないからだ。それなら島に来たすべての動物がそうなっていくのかというと、話はかんたんではない。ネズミやウサギのような動物は捕食動物が少ないので、逆に島では大きくなっていく。すなわち島では、サイズの大きな動物は小さくなり、サイズの小さな動物は大きくなる。これがクヌート・シュミット＝ニールセンが発見した「島の規則」なのである。

著者はこのことから、島国の社会で生きてきた日本人にも「島の規則」があてはまっているような気がしていると言う。島国では図抜けたスケールの大きな人物が出にくいかわりに、動きやすいスケールの庶民たちの力は大きくなっていく。とくに島国と鎖国が重なった徳川社会など、そうなっているのではないかと言うのだ。

このこと、二十年前に『ゾウの時間 ネズミの時間』を読んだときに妙に感心したことだった。いくら英会話に堪能《たんのう》で、グローバル会計が得意になったとしても、日本人には日本人の「氏」と「育ち」の生態系がビルトインされているのである。

一四八七夜　二〇一二年十月十五日

参照千夜

五二四夜：長田弘・高畠通敏・鶴見俊輔『日本人の世界地図』　六五夜：鎌田東二『神道とは何か』

カンブリア紀からペルム紀まで
沈黙を守りつづけた「海の王者」がいた

リチャード・フォーティ

三葉虫の謎

Richard Fortey: Trilobite! — Eyewitness to Evolution 2000

垂水雄二訳　早川書房　二〇〇二

ついに出ました三葉虫。学名はトリロバイト（Trilobite）。カンブリア紀に登場して古生代ラストのペルム紀で絶滅した異様な姿の節足動物だ。この四億年前のタイムカプセルを動き出させたのがリチャード・フォーティだ。大英自然史博物館のとびきりの古生物学者である。

われわれはずっと以前から、ロンドンのリチャード・フォーティとボストンのスティーヴン・ジェイ・グールドを「東の横綱・西の横綱」というふうに並び称してきた。第二〇九夜の『パンダの親指』にも書いたように、グールドはボストンのハーバード大とスミソニアン自然史博物館にかかわる古生物学者。片やロンドンのフォーティはつねにボストンのグールドを意識して、あえて言うならたえず挑戦的な言辞を投げかけて、グールド仮説にいちゃもんをつけてきた。

しかし米のグールドと英のフォーティを分けているのは、グールドが古生物を基盤としながらも多様な生物のキュートな解読者であるのに対して、フォーティはなんといっても三葉虫一本槍《いっぽんやり》といっていいほどのハードコアな三葉虫中心主義者であるということだ。フォーティ自身が「もし一目惚《ぼ》れというものがあるのなら、私は十四歳のときに三葉虫と恋に落ちたのだ。以来、私の世界観は三葉虫中心主義的世界観である」と言っている。

三葉虫と恋に落ちるなんて、女性諸姉にはいささか不気味なことだろう。たしかに本書に収められている数々の三葉虫の化石や再現図やその細部のどアップを見れば、この古生代全体をゆうゆう三億年にわたって生き抜いた生物の姿と形は、かつてハンス・ルーディ・ギーガーに始まったエイリアン型宇宙異様生物の原型としか思えないほどに、見れば見るほどグロテスクで醜悪だ。その後のハリウッド映画のエイリアンのすべての造形は、三葉虫のギーガー版をモデルとしてあれこれ膨らませてきたにすぎなかったといえるほどである。

そんな三葉虫に恋ができるのだから、古生物学者というのはそうとうに不気味な連中なのだ。しかし、ハリウッド・エイリアンでさえちょっとカメラがゆっくり表情を捉《とら》えると、なんだかかわいいところもあったのだ。ましてそいつがアップのままにこちらをじっと見つめているなんぞ、なるほど世の中には爬虫類や蛇をペットにして偏愛する連中がいてもおかしくないと思えるほどに、愛嬌もある。

かくいうぼくも、実はエルラシア・キンギの化石をいまでも大事に小箱にしまって持っている。地球の破片のようにも、進化時間の模型のようにも見える。街のミネラル・ショップで手に入る一番ありふれた三葉虫の化石のことだ。

本書は三葉虫の理科誌をまとめたものではない。フォーティがどのように恋人の三葉虫に魅せられていったのかを、事細かに書いている告白なのである。どちらかといえば研究ドキュメントに近い。だから一冊を通して三葉虫学者が次から次へと数十人あらわれて、いろいろな探検冒険失敗をやらかしては消えていく。

そのため研究者の名前を追っているだけで少々混乱させられるのだけれど、これこそが古生物学では「バージェス・ボーイズ」とよばれているところの、バージェス頁岩《けつがん》に五億年の夢を託した連中の素顔なのである。人名の多さはともかくも、そこからはバージェス・ボーイズこそが地球生物の最初の謎に最も真剣に、最も陽気にとりくんでいる軍団だったことがまことに生き生きと伝わってくる。

カンブリア紀の幕開けとともに、劇的な進化の大爆発がおこったのである。今日の生物多様性の大半がここで用意されたといっていいほどの大激変だった。けれどもその記録はどこにも書き残されてはいなかった。初期の物語のいっさいが消滅してしまったのだ。それ以外の物語は〝進化の船〟に乗って、すっかり姿と形を変えてしまった。ただバージェス頁岩だけがその初期記録のいっさいを残したのだ。この記録の解読にひたすら向かっているのがバージェス・ボーイズたちだ。

本書はそうした記述のなかから、全貌がわからなかった三葉虫の正体とその細部が不気味に浮かび上がってくる。これがかなりパンクでグラムな連中なのだ。

五億三五〇〇万年前のカンブリア紀初期のこと、最初にオレネルスが登場した。フォーティたちにとってはモーセの出現に匹敵するほどの神々しい出来事だ。続いて巨大なパラドキシデスがあらわれて、これで三葉虫の歴史が確固たるものになった。パラドキシデスが『申命記』となったのだ。

そのあとに身を翻すように出現したミニチュア三葉虫めくアグノストゥスによって、三葉虫は精緻《せいち》なデザインをくりひろげることになった。これはいわば士師と預言の時代だった。生物言語と生物文法が細部にわたったと見ていいだろう。

こうして八つの胸節によるほぼ完璧なファセット構造をもったイソテルスが君臨し、

ここに三葉虫ダビデと三葉虫ソロモンによる王国が築かれた。ついではロデリック・マーチソン卿《きょう》が記念すべきウェールズ横断で発見したトリヌクレウスが続き、そのあとを襲ったのがバカでかいヘッドライトがあるために単眼巨人キクロプスに擬せられたキクロピゲだった。キクロピゲの眼球は方解石と同じ成分でできている精巧なクリスタル・レンズのようなものだった。

ここから三葉虫の歴史は新約時代に突入する。イラエヌスは体を凸状にし、頭鞍《とうあん》と胸節をくっつけた。カリメネは子供がこれを見ると「ああ、これこそが三葉虫だ」とおもうような設計をつくりあげた。

フォーティは「ふっくらとして紛れもない根元的な魅力をもっている」などと、まるでできたての神戸屋のパンのような書きっぷりである。けれども写真の撮り方によっては、けっこう奇怪なものにもなるし、ブローチのようなこの世のものとは思えぬほどの美しいものにも成り代わる。

デボン紀の三葉虫を代表するのはファコプスだ。まさにカメラ・オブスクラに匹敵する眼球レンズの持ち主で、あるバージェス・ボーイがこの眼球をカメラにして風景写真を撮ったほどである。一八二〇年にドイツで発見された。この親戚たちはどこか両生類じみていて、ときにカエルの起源がここにあったのかと想像させる。このほか、刺を尖《とが》らせ、尾っぽに爪がついているかのようなクロタロケファルス、カジキマグロのような一本の背鰭《せびれ》が目立つダルマニテス、カレイのように偏平なスクテルムなんて奴もいる。こうしてしんがりに登場してきたのがフィリップシアやグリフィチデスとなる。

カンブリアン・パレードの最後に登場した三葉虫たちは、ペルム紀まで生き残る（二億六〇〇〇万年前）。けれども、そのあと突如として絶滅した。三億年にわたった大パレードはここでぷっつり途切れてしまうのだ。あとはバージェス頁岩の化石ばかりが残される。

フォーティは三葉虫の〝再現〟や〝再生〟を神の力を借りてでもやりたいと計画しているようだ。そのためホックス遺伝子の研究にも着手する。ジュラシック・パークなど、子供だましで許せない。ソラシック・パークの実現こそがフォーティの夢なのだ。

この夢は、しかしながらとうてい可能性があるとは思えない。三葉虫からは一個の遺伝子も取り出せなくなっているからだ。三葉虫は感情と言葉を失った怪物なのである。なぜそんなふうになってしまったのかということが、またフォーティを駆り立てる。

それなら、三葉虫を使って生物学の根源を読みとる〝三葉虫エスペラント語〟を作りたい。何もＤＮＡばかりが生物を読み解く記号である必要はないじゃないか、三葉虫から作り上げた梵字《ぼんじ》やルーン文字のような新言語によって、古生物たちの真相が新たな物語になってもいいじゃないかということだ。フォーティは三葉虫フランケンシュタイン博士になりたいようなのだ。

ともかくフォーティの愛情はべらぼうである。新しく見つかった三葉虫に命名するときも、最初はパラピレキア・ジャックエリナエと名付けた。奥さんの名前からとったのだ。きっと古生物学者だって奥さんにおべっかをつかって勝手な日々を送っている者もいるだろうから、これはまだ理解のうちだとしても、次に発見したぴちぴちした三葉虫に対してはどうしたか。そのくねくねとした肢体のエロティックな三葉虫嬢に、なんと「モンロエアエ」と名付けてしまったのだ。これは〝マリリン三葉モンロー虫〟という意味だった。三葉虫こそ幸せものである。

いささか三葉虫フリークの話をしすぎたので、カンブリア紀（Cambrian period）のことを少し補っておきたい。約五億四〇〇〇万年前から五五〇〇万年ほど続いた古生代前期がカンブリア紀である。その前の先カンブリア紀に形成された海洋が、ほぼ地球全体に及んでいた時期だ。

カンブリア紀という名は、この時代の地層から最初の化石が出たウェールズ地方のラテン語名から採った。アダム・セジウィックの命名だ。一八二〇年代にイギリス地質学協会の会長だった。

カンブリア紀には藻類が発達し、腕足類や節足動物が海の中を動きまわった。節足動物には外骨格を工夫したものたちがいた。体の外側を硬い殻や甲羅などで覆ってしまおうというボディプラン（体制）をもったものたちだ。この代表が三葉虫である。甲羅がタテ割りになっていて、中央部の軸部（axis）とそれを左右対称に挟む肋部（pleura）でできている。この葉っぱ状のタテ割り三区分が「三・葉・虫」の名になった。

三葉虫だけでなく、カンブリア紀には多くの生物のボディプランが一挙にふえた。なかでもサンゴ類、腕足類の出現がめざましい。それらは先カンブリア紀のエディアカラ動物群（硬い骨格をもたない、ぐにゃぐにゃしたパンケーキのような動物群）とはまったく異なっていたため、遺伝子変異か環境変化によっておこった爆発的現象だろうということになり、スティーヴン・グールドらによって「カンブリア爆発」（Cambrian Explosion）と名付けられた。

なぜそんな爆発的な進化がおこったのか。グールドはこの一斉進化は自然選択では説明できないとした。この時期に「異質性」が一挙に噴き出て、その後はこれに匹敵する異質力はだんだん減少しているからだ。

そこで何かの環境変化があったのだろうと推測され、たとえば地球のスノーボールアース現象（地球がまるごと雪状化した現象）が終結したからではないかという説も出たのだが、スノーボールアース終結からカンブリア爆発までは少なくとも三二〇〇万年ほどたっているので、主因から外された。また、アンドリュー・パーカーはカンブリア爆発の原因は海中生物たちに「眼」が誕生したからだと仮説したが、まだ爆発の主因が何であったのかはわかっていない。かくして、だからこそ、三葉虫からの新たな告白が必要になっているのである。

第七八〇夜　二〇〇三年五月二三日

参照千夜

二〇九夜：スティーヴン・ジェイ・グールド『パンダの親指』一六一五夜：丸山茂徳・磯崎行雄『生命と地球の歴史』一六三七夜：ウォード＆カーシュヴィンク『生物はなぜ誕生したのか』一六二二夜：ポール・フォーコウスキー『微生物が地球をつくった』七七〇夜：石原勝敏『背に腹はかえられるか』

背中にいつもマイホーム
バイオミネラリゼーションの謎

奥谷喬司ほか

貝のミラクル

東海大学出版会　一九九七

五、六年前、『貝のミラクル』という本が恵比寿《えびす》アトレの有隣堂の棚にあった。自信に満ちた背の表情をもっていた。うっとりする題名なので入手して、自宅の〝生物の棚〟に積み（自宅では棚が不足しているので、多くの本が横向きになっている）、おりにつけ手にとっていた。海洋学部を誇る東海大学の出版会の本だった。

一八人のマラコロジストが一八の貝のミラクルを、磯《いそ》の貝の帯状分布のように分担執筆した。マラコロジストは軟体動物学者のことだ。マラコロジー（malacology）が軟体動物学だ。貝殻を研究するほうはコンコロジー（conchology）という。そのマラコロ一八人が「時差出勤のミラクル」「牡蠣は黙って進化する」「海底を這わない貝」「産卵誘発のミラクル」「地球の割れ目にすむ貝」「鉱物をつくるミラクル」「太陽を食べる貝」などの、どれも見出しを見るだけでも魅力的な話題を提供した。

学術専門書をのぞいて、こういう本はかつて一冊もなかった。そもそも〝貝学〟は日本には本格的な教科書がないほどで、十年ほど前だったか、『軟体動物学概説』上下巻がサイエンティスト社から発刊されたのがほとんど唯一のものだった。

だいたい貝屋さんは、私は巻貝、僕は腹足類、我輩はイガイというふうに専門が貝ごとにきっちり分化していて、たとえば阿部襄の『貝の科学』(牧書店)はパラオや浅虫における巻貝だけが主人公だったし、湊宏の『せなかにマイホーム』(誠文堂新光社)はなかなかすばらしいメッセージを伝えているのだが、これは陸貝類、すなわちカタツムリだけの話なのだ。貝屋さんは貝の仁義を守りすぎてきたのだ。

だからこの本は、本自体がミラクルなのである。編著者の奥谷喬司は日本貝類学会の会長で、いまは日本大学の生物資源科学部だが、長らく東京水産大学にいた。『イカはしゃべるし、空も飛ぶ』(講談社)とか、『泳ぐ貝、タコの愛』(晶文社)などの愉快なタイトルの著書もある。この人が日本のマラコロジーのリーダーとなって貝屋さんたちが交りあい、やっと貝まわりの話が賑《にぎ》やかになってきたわけである。

ぼくにも貝まわりのことが気になる理由がある。めっぽうな貝好きなのだ。そもそも寿司《すし》屋で何を一番よく食べているかというに、イカと貝なのだ。

最初はたいてい中トロだが（その寿司屋のレベルを測るため）、次はその日のネタのホタテか赤貝か鳥貝か小柱を、二つ、三つ続けて食べる。酒は呑まないので、すべてが握り。それから〝やおらのイカ〟で、これがそこそこおいしいと、もうひとつ頼む。ここでいったん白身やコハダや海苔《のり》巻《まき》系に移るが、また必ずや青柳や貝柱などの貝に戻って、最後にアナゴか玉《ぎょく》で上がり。

この貝好きは汁ものにも及ぶ。味噌汁やおすましにシジミかアサリかハマグリが入っていると、その日はいつまでも機嫌がいい。シジミの味噌汁など毎日でも飽きないし、夜中にはサッポロ一番の塩ラーメンに、さっとアサリを炒めたものを入れる。これがとんでもなく旨《うま》い。アサリのワイン蒸しも三日おきならずうっと続けたい。旅先でもこの方針はゆるがない。アメリカでどこかに入ると必ず頼むのもクラムチャウダーだ。ただしこれは絶品から劣等品まで、あまりに当たり外れがある。

パリでは街頭で即売している牡蠣《かき》を食べすぎて、半日苦しんだ。それでもニューオリンズでは牡蠣にホースラディッシュをたっぷりつけて、食べまくった。ぼくの人生は「貝殻付き人生」なのだ。カタツムリにも惹《ひ》かれる。背中がそろそろ巻貝化しているのではあるまいか。もっともカタツムリ（蝸牛）やデンデンムシは生物学用語ではない。多くの陸貝にまたがっている。

ついでながらぼくが日本の民謡でベスト3を選べば、必ず鳥取の《貝殻節》が入ってくる。それなのに〝貝知〟にはまったく無頓着だった。マラコロジーを齧《かじ》ってこなかった。それで気になるのである。

本書を読んで、マラコロジーがまことに複雑で高級きわまりない学問だということがよくわかった。またそのわりに、研究途上のことが多く、まだ説明のつかないことだらけなのだということも知った。

貝の科学への一般人の関心は、巻貝が右巻きか左巻きかというあたりから始まる。しかし、これがすでにして意外な難問なのだ。巻貝は腹足類に属する貝で、十万種ほどの種族繁栄をしつづけている。右巻きと左巻きのどちらが多いかというだけなら、九割が右巻きなのだが、その理由がはっきりしない。

生物に対称性があるばあいは、その大半が回転対称型か左右対称型に分かれる。それが線対称か面対称になっている。ところが巻貝は線対称にも面対称にもならない螺旋《らせん》でできている。ひたすら非対称ずくめなのだ。巻貝は生物界でもめずらしい「鏡像進化」をしつづけた生物なのだ。

けれどもなぜこんなふうになったのか、まだわかっていない。陸貝類にあたるカタツムリも多くが右巻きである。ちなみに何をもって左巻きとか右巻きと決めるのかというと、螺旋自身になって端を見たとき、伸長方向が時計まわりならば右巻きで、反時計まわりなら左巻きというそうだ。

本書のあとに同じシリーズの第二弾として、本書冒頭で時差出勤をする笠貝《かさがい》について書いた岩崎敬二が『貝のパラダイス』（東海大学出版会）という本を出した。これも大半の叙述が未知の贈りものだった。

貝は動きがとれない環境にいることが多いので、雌雄同体へ移行するものが多い。しかもなんらかの戦略のために擬似的な雌雄同体もよくつくる。そのためしょっちゅう産卵障害にかかっている。ふつうの生物の交配原則からすると、かなりの驚異だ。こういう話がいろいろ出てくるのだが、しかし、まだマラコロジーは発展途上だ。

なぜ貝が貝殻をつけたのかも、ちゃんとは説明できていない。岩や石との共生関係が強調されて入れ子状態になったのだが、それにしてもマイホームを運びながら生活するようになったのは妙である。こうした貝殻づくりは、広くは「バイオミネラリゼーション」とよばれていて、われわれが骨や歯や爪をつくってきた作用とほぼ同一現象になる。つまりは石灰質をつくる生物現象だ。

しかし歯には模様もないのに、貝殻は美しい。とんでもないデザイン能力をもっている。最近は女性の爪もネイルアートなどといって美しい模様をつけるようになったけれど、とうてい貝殻のバイオミネラリゼーションの多様性には及ばない。けれども、どうしてそんなことができるのか、まだわかっていないのだ。

牡蠣の殻はコレクターの関心にものぼらないほど汚くゴテゴテしているものの、そのかわりまことに軽く、しかもなんと方解石の結晶でできているのだ。貝は鉱物をつくる生物なのだ。ようするに貝はその大半がマジシャンのようなことをしているわけなのである。

地球は「虫の惑星」であって、かつまた巨大な「貝の惑星」だったのである。なぜ「貝の惑星」になったのか、少々説明しておいたほうがいいかもしれない。

生物の年代記は地質年代であらわすことになっている。地質年代は冥王《めいおう》代・始生代・原生代・古生代・中生代・新生代というふうに大きく区分されるのだが、始生代では酸素が乏しいので、古細菌や真正細菌くらいしかいなかった。原生代から海底でシアノバクテリアが光合成を始めたので、しだいに酸素地球が用意され、これを背景に多細胞生物が次々に登場した。ここまでをまとめて先カンブリア紀ともいう。

ついで古生代に入るとカンブリア大爆発がおこって、一斉に無脊椎動物が進化する。古生代はカンブリア紀に続いて、オルドビス紀・シルル紀・デボン紀・石炭紀・ペルム紀というふうになるのだが、貝が一挙に出現するのはオルドビス紀なのである。とくにオウム貝が進化した。貝が進化してきたということは軟体動物があらわれているということなのだが、ここにはイカもタコもウミウシもナメクジも入ってくる。けれども、貝はこうしたぐにゃぐにゃ系とはどう見ても違っている。貝は貝殻を着用した。

ここで、進化生物学上の大問題が出てきた。なぜ軟体動物に貝殻型とそうでないものがいるのかという問題だ。大問題だが、答えはわかっている。

貝とイカ・タコには共通の祖型がある。その祖型生物は、①内骨格も外骨格もなく、体は伸縮自在だった。②体は頭部と足と内臓塊に分かれる（イカ・タコはそのうちの頭足類）。③外套膜《がいとう》が体の背中のほうを覆う。④呼吸または換水のための櫛《くし》状のエラをもつ。⑤頭部の神経環から二対の神経が伸びている。

だいたいこれらが貝とイカ・タコの共通点だ。それなら、どこで貝殻着用と非着用が分かれるのかというと、③の外套膜がどうなったのかというところに分岐があった。外套膜からは炭酸カルシウムが分泌され、それが殻の形成にまで至ったのが貝だったのだ。

おそらくイカ・タコの先祖も似たような殻に近いものをもっていたはずなのだが、どこかでこれを退化させた。殻を脱いだのではなく、作らないシナリオに向かったのだった。貝のほうは貝殻をどこかから借りて着用したのではなく、自分で作りだすことにしたわけである。

ではそれで、その後の貝はどうしたのか。足を退化させるシナリオに向かっていったのだ。そうなのだ、足を引っ込めたのだ。そしてひとつずつが、自室をもつことになったのである。貝は貝自体が「貝の惑星」なのである。

第七四四夜　二〇〇三年四月一日

参照千夜

五四八夜：ラマルク『動物哲学』　一六三七夜：ウォード&カーシュヴィンク『生物はなぜ誕生したのか』

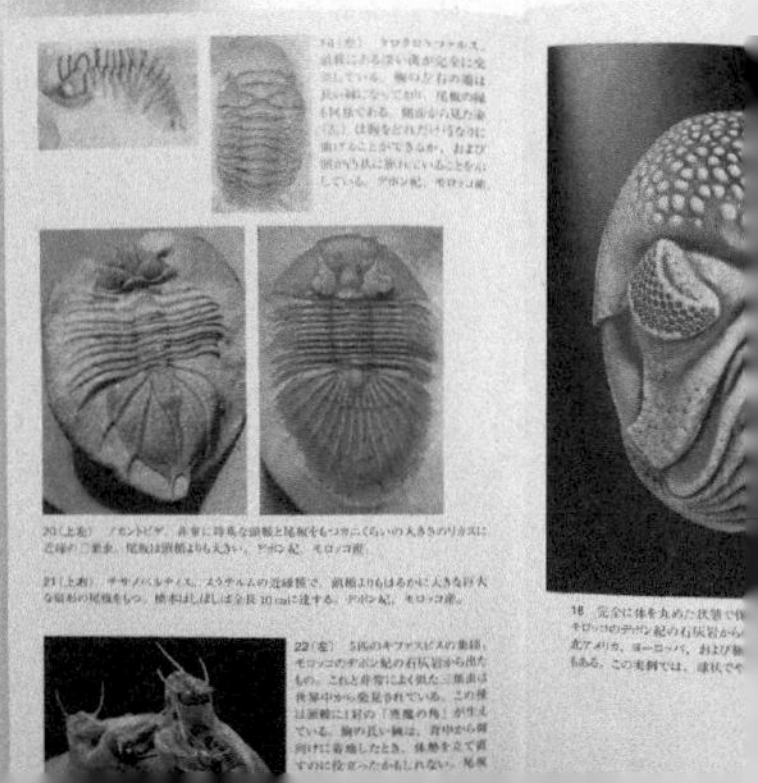

三葉虫と貝とクラゲ。いずれも正体不明で謎めき、ミラクルだ。この三冊、いずれも口絵の写真が怪しいほどに充実し、本文中の挿画も微に入り細を穿っている。理科する心は、ほとんど恋心と同じなのである。

ミジンコとクラゲ
なぜこの二つがサックスに似合うのか

坂田明

クラゲの正体

晶文社　一九九四

坂田さんとは一度だけ共演したことがある。音楽ではない。新潟県長岡の縄文シンポジウムでのことだ。縄文学の小林達雄さんと一緒に参加した。そのあとサックスで泣かされた。ステージで日本の童謡を吹いてみせたのだ。これはずるい。ぼくは童謡にいちばん弱いのだ。

なんとか童謡で泣いた顔を隠せたとおもったら、終わって今度はみんなで長岡一番の料亭で食事ということになった。主催者の招待だが、しばらくするといちいち食べるものに解説がつく。ぼくはこの解説にまた弱い。坂田さんは淡々と食べたいらしいのだが、まわりの連中がその土地の産物らしきものが出るたびに、体《てい》をなさない質問をする。体をなさないのが魂胆で、これにひっかかって坂田さんはウンチクを披露する。これはいけない。なにしろ広島大学水畜産学部水産学科の出身なのだ。

　これで坂田さんは箸《はし》をとめて、乗ってくる。何を食べていても、その生息環境の話になるか、その生物《なまもの》が何を餌にしているかという話になる。生息環境なんて泥の中だったり岩の隅だったりするし、餌などとんでもないものばかりだから、いくら長岡一の料亭の料理だって、おいしくは見えてこない。あげくに結局はミジンコの話になってしまった。その料亭ではミジンコなどは出なかったのに。

　ぼくはクラゲの大ファンである。それから坂田明の大ファンでもある。案の定、本書『クラゲの正体』には身がよじれた。

　この前に出た『ミジンコの都合』(晶文社)はまだよかった。坂田さんの対話の相手は日高敏隆さんで、この人はごく最近まで滋賀県立大学の学長なんぞをしていたが、三十年前は日本の大学教授で初めてパンタロンを穿《は》いたといって笑われ(尊敬され)、日本一の動物行動学者なのに奥さんからネコの扱いがヘタだといって笑われた(馬鹿にされた)人である。実際にも、だから『ミジンコの都合』は、笑いころげながらも安心して読めた。それに坂田明はミジンコの大研究者である。ミジンコの話をしても誰も文句は言わない。ミジンコが「微塵子」であることから、ミジンコが水と生命の本質的な代表性をもっていることまで、すべてちゃんと話せる人なのである。

しかし、クラゲは多少ぼくの領分にも入る。ぼくが海外に行ったのはフランスが最初なのだが、そのとき以来、海外の町で何がたのしみかというと、鉱物とクラゲの本を買うことだったのだ。ぼくの誕生日にスタッフがその日まで内緒にしてわざわざ連れていってくれたのも、築地の即興クラゲ・ミュージアムだった。だから、クラゲで笑うわけにはいかない。一応、真面目にとりくみたい。そのクラゲについて、なぜ坂田明が話すのか。なぜ坂田明はクラゲにまで手を出したのか。そこがよじれる原因なのである。

ところが困ったことに、こんなおもしろい本はなかった。いくら海外でクラゲの本を買ってきても、これほど深くて、タメになる本はなかった。ぼくが旅行鞄にいっぱいの鉱物動物本をつめこんで税関を通ってきたのはまったくムダだったのだ。

第一にイントロがいい。これは坂田さんの音楽の演奏でもそうなのだが、なんというのか、だんだんじらすのだ。じらしながらだんだん始まるのではなく、だんだんじらして、じらしているうちに突然に本質の粉末が撒《ま》かれる。これにしびれる。そのイントロ「ことのはじまり」が本書でも存分に効いている。

第二に、本題にすべっていく例題がいい。本書は「種《しゅ》の都合」を枕にしているのだが、これを男の発情で解題する。それがいつのまにかタナゴの生殖事情になっている。タナゴの次はサンショウウオで、その次はもうクラゲだ。このように運ばれると、坂田さんがクラゲの素人でも、クラゲがちゃんと受けいれる。

第三に、ゲストとして迎えられたクラゲ博士の柿沼好子さんの説明を誘導する手口が、いやらしいほどうまい。だいたい女のクラゲ博士など、どのように探してどのように口説いたのだろう。クラゲの細部に入っていくのにぴったりである。

第四に、途中に挿入される図説・解説・ノートに説得力がある。ジャズのアドリブにもモジュールがあるように、前後の辻褄《つじつま》を見てノートが入る。つまりはブルーノートなのである。

第五に、二人目のゲストに江ノ島水族館の館長だった廣崎芳次さんを迎えたのが、いよいよ坂田さんの全面展開を加速して、たのしい。水族館の裏を探検するというのも、読んでいるとちょうどそういう場面に臨みたくなるタイミングだった。

ざっとこういうぐあいで、『クラゲの正体』は有隣堂で買ったその足で入った喫茶店であっというまに読んでしまった。おおいに称賛したいのは、クラゲの本でありながら、坂田明の本だったということだ。初めてあかすが、本というものはえこひいきするべきものなのである。

生物学上のクラゲについては何もふれなかったけれど、クラゲの進化の実態はまだ明らかになっていないのではないかと思う。最初の化石はカンブリア紀にあるのだが、これは殻の中に入っていたか、骨をもっていたのではないかと推定されている。だとすると、これは前クラゲなのである。

今日、クラゲと呼ばれているのは刺胞動物門に属しているもので、体がゼラチン状で淡水や海水で浮遊生活をしているものをいう。だから漢字では水母とも水月とも海月とも綴る。触手をもって捕食する。刺胞動物だからクラゲはサンゴやイソギンチャクの仲間であって、自分に不利なものは刺す。だからカツオノエボシやハブクラゲのように毒をもつものもいる。

サンゴやイソギンチャクとちがうのは固着生活をしないということだ。ふわふわと漂う。遊泳力があるかといえば、そんなにない。その点からみるとプランクトンと同じなのだ。クラゲが目標点に向かってすうっと進むという姿は見たことがない。ただ、ぼうっとしていると沈んでしまうので、ときにパラシュートを上下させて浮き上がる。

プランクトンっぽいという点では、プランクトンそのものである。ミジンコとの相同性が気になるが、ミジンコは微小な甲殻類（体長一〜三ミリ）であるので、似ているとはいえない。だいたいミジンコには複眼がある。

日本人はクラゲのことを昔から話題にしてきた。『枕草子』には、中納言隆家《たかいえ》がめずらしい扇を手にして自慢するので、清少納言が「だって、それってクラゲの骨じゃん」とひやかす場面がある。めずらしすぎることを「クラゲの骨」と喩《たと》えたのである。クラゲには骨がないのに、骨のあるクラゲを珍重しているのはおかしいという揶揄だ。

が、それよりなにより日本そのものがクラゲかもしれない。『古事記』には日本列島の誕生を「久羅下《くらげ》なすただよへる国」と形容した。この真意は地学的な意味なのか、形をなす以前のものの形容なのか、まだよくわかっていないのだが、ひょっとすると越前クラゲや水クラゲが近海に大量発生していた光景が古代にもあったのかもしれない。もし浮き沈みのある国だというつもりだったのなら、この予想はその後の「浮世《うきよ》」にもつながって、ただならない炯眼《けいがん》だったということになる。

第一二四夜　二〇〇〇年九月六日

参照千夜

一二八三夜：小林達雄『縄文人の文化力』　四八四夜：日高敏隆『ネコはどうしてわがままか』　四一九夜：清少納言『枕草子』　四九夜：マイルス・デイビス＆クインシー・トループ『マイルス・デイビス自叙伝』

起毛ちゃん、保温ちゃん、絶食平気ちゃんは
氷上の一夫一妻主義者である

トニー・D・ウィリアムズほか

ペンギン大百科

ペンギン会議訳　平凡社　一九九九
Tony D. Williams: The Penguins 1995

子供のころにペンギンを知ったとたんにペンギン歩きをした。それが何歳くらいのことだったかはわからないけれど、同じころ、キリン、ライオン、カメ、フクロウ、オランウータンが好きになった。妹と遊ぶときは、よくこの手の動物の真似をした。いまとなってはこういう動物を好んで選んだ理由はまったく推理しようもないが、ペンギンがなかでもお気にいりだったことはよく憶《おぼ》えている。サンスターだったかのラジオ・コマーシャルでペンギンの歌があったことも影響していた。

そのペンギンを邪険に扱うことは子供心にも許せなかった。いまから十数年前のことだが、そのときはもはや子供心ではないのに、エルトン・ジョンがペンギンの恰好《かっこう》をし

てピアノの前に坐《すわ》って歌い出したときにかなりムッとした。その直後、そんな反応をしている自分に驚いた。えっ、俺はペンギンの何なんだ、身元保証人なのかよ。もっと滑稽《こっけい》なのは、《バットマン・リターンズ》にペンギン男が出てきたときで、これは映画館ですっくと立ち上がってプロテスト・ポーズをしたくなっていた。

こんなことだから、ここから先はたんなるペンギン自慢の親バカちゃんりんのようなもの、みんなにペンギンを褒めてほしくて綴るだけのことである。

地球上に鳥は九〇〇〇種いる。ペンギンはそのうちの六属一八種ないしは一九種を数える。そのすべてが空を飛べない。なのに海鳥なのである。

ペンギンは、どこがおもしろいかといえば、この鳥としての特異性がいい。空を飛ばないのにあんなに愛嬌があるなんて(飛ばないから愛嬌があるのだろうか)、西側社会に共通するイカロス伝説すら通用しないということなのだ。

その二〇種ほどのペンギンのほとんどがほぼ似たような黒と白のツートンカラーであることは、たとえばキノコがだいたいキノコ形であることに似て、いかにもペンギンをペンギンらしくしている。たとえばサルは、サルらしくないものまでがサルである。サルとネズミの区別がつかないものもいる。その点、ペンギンはほぼすべてがペンギンらしいのだ。

ペンギンのディスプレーには他の動物と同様に各種のものがあるのだが、その中心に「おじぎ」があることが、これまたペンギンをペンギンにさせている。むろん礼儀を心得ているわけではないが、すべてのペンギン種において「おじぎ」は絆《きずな》を強化する機能をもっていて、そうだとすれば「おじぎ」はやはりペンギンのメインマナーなのである（何度もおじぎをするのにペコペコしていないのがよろしい）。

ペンギンは絶食ができる。一二〇日間にわたっての絶食が記録されたこともある。偉大な忍耐力の持ち主なのだ。節食・節力型なのである（絶食できるのに痩せないのも変でいい）。こういうふうに見てくると、泳ぐと自分のまわりに乱流をつくるなんていうこともペンギンを誇り高い動物にしているということになる（これはイルカも同じだ）。加えて長期にわたって一夫一妻制を守っていることは、ぼくには解せないことであるけれど、これも誠実な生物だということで大目に見ることにする。

ペンギンは中生代白亜紀の一億四〇〇〇万年前から六五〇〇万年前に出現した。中生代は三畳紀・ジュラ紀・白亜紀というふうに進むのだが、その中生代最後に南半球のどこかで発現進化した。ルーツはおそらくウミツバメかウといった海鳥のたぐいだろうと見られている。とすると、ペンギンはようするに越冬ツバメなのである。

その生きものとしての形態は南大洋の水温の寒冷変化と関係がある。たとえば羽毛は見た目よりもずっと硬く、先がとがった槍のようになっているが、その根元には細かい綿毛がびっしりついていて、そのため保温機能がはたらく。こういう羽毛を陸と海中でつかうので、陸ではフリッパー（翼）の羽毛が一本一本自在に起きて寒気を調整し、交尾や産卵などのときには羽毛がかぎりなく寝かせられるようになった（ようするに起毛装置がついている）。

一方、海中では羽毛をかぎりなく圧縮させ、皮膚が濡れるのを防げるようにした。そのためにはフリッパーを入念に羽繕いすることによって羽毛に油脂をまんべんなくつけられるようになった。大量のペンギンたちがコロニーとなって愛らしい姿を見せているのは、たいていはこの油脂供給の羽繕いのための光景だ。

つまりはペンギンは体のすべてが保温器であって放熱器であり、温度交流機構なのだ。ペンギンは生きている自律サーモスタットなのである。

ペンギンはイルカ泳ぎもできる。アデリーペンギンやマカロニペンギンがドルフィンキックさながらに次々に波間を飛んでいくときは、秒速三メートルになる。このスピードで餌をとる。

それでも餌が見当たらなければ潜水泳法に切り替える。このときは水面で反射する光を立体視する。眼球の中に水様液があって、これがステレオグラフのためのレンズになるので、反射光を入れる必要があるからだ。そのためペンギンが海中深く潜るということはない。あくまで水平移動が専門だ。そこで、イルカなどとはちがった流体力学がそこにおこっているだろうということになる（ペンギンは空から戻ってきたイルカなのだ）。最近はペンギンをモデルにしてモーターボートなどの船舶設計をする連中もあらわれた。海洋生物ロボットとしてのペンギンだ。

　ペンギンは共同保育所をもっている。これはクレイシとよばれているもので、ヒナを集める。もともとペンギンは巣の中で育つのであるが、ヒナはすぐによちよちと歩き出す。このとき敵に襲われることがある。そこでヒナたちばかりが集まって、保育係のペンギンおばさんに見守られて遊ぶ。インキュベーションだ。保育園である。親たちはそのあいだは安心して海に餌をとりにいく。そういうクレイシができている。どうやらペンギンにはワーキングシェアの知恵がそうとうにはたらいているようなのだ。

　これほど人気のあるペンギンなのに、その研究はあまり進んでいない。南極をはじめ研究する環境が厳しいのと、研究者がこぞって観察保護する条件が成り立ちがたいからだ。なにしろすべては氷の上だ。だいたい南大洋で発現進化したといいながら、南極には皇帝ペンギンとアデリーペンギンの二種しかいない理由がわかっていない。

　鳥は陸上にいるときは胴体を前後に倒して首を起こすのに、ペンギンが胴体を垂直に立てている理由もわからない。そのせいで翼が退化してフリッパー化したのだろうが、ところがこの翼は水中では遊泳力の武器になっている。

気の毒に「脚が短い」とか言われているのは、体内の皮下脂肪の内側で脚が屈折しているからなのだが、その関節は固定されたままなので、脚が伸ばせなくなった。どうしてこんなことになったのかも、まだ説明できていない。

まあ、ああだこうだと議論がされて、一九七五年にイギリスのバーナード・ストーンハウスが『ペンギンの生物学』を編集したのをきっかけに、やっと一九八八年にニュージーランドのダニーデンで第一回国際ペンギン会議が開かれたのである。これをもってペンギン研究元年とするくらいだから、まだペンギン知はよちよち歩きなのだ。

本書は、このダニーデンのペンギン会議で初めて顔をあわせた研究者たちが協力して編集した〝ペンギン尽くし〟で、日本で手に入る唯一の本格的なペンギン生物学の本となった。ペンギンまみれになるにはこの本に溺《おぼ》れることだ。

第一九五夜　二〇〇〇年十二月二十日

なぜ向井千秋さんはメダカを宇宙に運んだのだろうか

岩松鷹司

メダカと日本人

青弓社　二〇〇二

メダカの学校は川の中ではない。水面にある。そっと覗《のぞ》くと、お遊戯はしていない。毎朝三時に産卵をする。メダカの兄弟は大きくなったら何になる? 大きくなったらコイにはならない。一年半のあいだに、数千匹の子供を世に託す。

メダカはアジアの魚である。ニホンメダカは日本の象徴である。ぼくはそのことを本書を読むまでずっと知らなかった。

最近、ちょっと気になるニュースがある。空からオタマジャクシがバラバラと降ってきたのだ。数匹ではない。なんとまとまってバラバラ降ってくる。一ヵ所ではない。各地に降ってくる。ナマで降ってくるのか(まさか)、干からびて降ってくるのか、それすらわからない。二〇〇九年前半期の最も不思議なニュースだった。

他のニュースは自民・民主がどうなろうと、知事が何をしようと、経済指標がどう動こうと、いろいろの悪さがあろうと、GMが頓死《とんし》して再生しようとキリンとサントリーが組もうと、アタマを使わないですむ。ところが空からやってくるオタマジャクシには考えさせられる。竜巻なのか。それならオタマジャクシ以外も降ってくるはずだ。鳥たちがいっせいに落としているのか。それならもっと定期的にこのようなことがおこっているべきだ。誰かがオカルト遊びをしているのだろうか。

ぼくの想像力ではとうてい追いつかないので、いまもって気になっている。一説では中国か北朝鮮が風船爆弾のように降らしているというのだが（まさか）、それにしてはそもそもなぜオタマジャクシなのか。

オタマジャクシはどこにでもいる。とくに田圃《たんぼ》に多い。田圃に多いのはオタマジャクシだけではなく、メダカもいる。ただしメダカはまだ空から降ってきていない。けれどもメダカは宇宙には飛んだ。一九九四年に東京大学アイソトープ総合センターの井尻憲一が選びに選び抜いたオス・メス二匹ずつのヒメダカ（緋メダカ）の代表四匹がちっぽけな水槽に入って、向井千秋とともにスペースシャトルに乗って宇宙に飛んでいった。堂々十五日間の宇宙旅行をして、脊椎動物では初めて宇宙産卵をしてみせた。

なぜメダカが宇宙旅行の代表に選ばれたのか。どこにでもいる生物だからか、とても丈夫だからか、繁殖がはやいからか、カワイイからか。日本の宇宙飛行士によってメダカが選ばれたのは、なぜなのか。評判がたつからか。いずれでもない。では、どうしてか。これについては、オタマジャクシが空から降ってきた理由よりもずっと明快だ。本書を読めば、全部書いてある。なぜメダカが日本人によって宇宙を飛ぶことになったのか、その理由がわかる。

著者の岩松鷹司はメダカ研究の第一人者で、リーダー格でもある。多くの研究成果に目を配ることで、メダカ学の確立者になった。『メダカ学』（サイエンティスト社）や『メダカ学全書』（大学教育出版）もある。日本めだかトラスト協会の会長さんでもある。

あまり知られていないことだが、メダカの生息地はアジア大陸東部と東南アジアだけに限られている。メダカはアジアン・フィッシュなのだ。日本にはそのうちのニホンメダカがいる。宇宙を飛んだヒメダカはニホンメダカだった。そのニホンメダカには北限があって、日本列島ではブラキストン線を越えることがない。津軽海峡の向こう側にはメダカはいない。

ニホンメダカを発見したのは（生物学的に同定したのは）、シーボルトだった。一八二三年のことだ。その後、いろいろのことがわかってきた。ニホンメダカは北日本集団と南日本集団に分かれること、その分布の境界は岩手県北部から丹後半島にかけての奥羽山脈によっていること、それが朝鮮半島にも及んでいること、中国北部にも似たようなメダカがいること。

いまでは、セレベスメダカ、海南《ハイナン》メダカ、ジャワメダカ、ニホンメダカ、フィリピンメダカ、インドメダカ、タイメダカ、チモールメダカなどがいることがはっきりしている。いずれもアジアに棲息《せいそく》していて、しかも淡水魚である。田圃や小川に多い。こういうふうにアジアの村落だけにメダカがいることから、いっときメダカが稲の生育や組成に関係しているのではないかという推理も成立した。当時は俊英の平田賢治と著者の岩松氏が一九七九年からその研究を始めた。

いろいろ調べていくと、稲作以前からなかなかイミシンなことがおこっていた。メダカのルーツは海産魚なのである。それが氷河期のキャテーシア大陸の沈没によってアジアの島々に残ったらしい。

メダカには、イワシやトビウオに似た位置にヒレがある。サヨリのように下顎《したあご》が出ていて、卵膜にサンマやサヨリのように毛がはえている。卵には海水魚の多くに見られる油滴があるし、なによりメダカの体には耐塩性がある。こういうことが証拠となって、どうもメダカの先祖は海産魚から汽水域の淡水魚として一地域で分化出現して、そこからアジア大陸の沿岸沿いに生息地を広げていったのではないかと考えられるようになったのだ。

実は水鳥の足にメダカの卵がくっついて各地に運ばれていったのではないか、ばらまかれたのではないかという仮説もあって、そうなるとメダカも空から降ってきたことになる。柳田国男の『江湖雑談』などのフォークロア集成にもそうした昔話が言及されている。

水田とメダカが縁深くなったのは、以上のようなメダカの生物としての変化に、アジアの天水農業による環境がぴったりだったからであろう。稲とは直接関係があるわけではないが、お米の文化とメダカの文化は同じ宿縁と道程をもってきたのだった。


メダカはオタマジャクシ同様、どこにでもいるようだが、最近はメダカをちゃんと見つけられる人が少なくなっているらしい。本書の著者が「メダカがいたら教えてください」と方々に頼んでおいて、その返事を待っていると、返ってきたのは「まだ見つからない」が多く、「見つかりました」のすべてが野生化したグッピーだったというのだから、案外知られていないか、つかまりにくいのだ。

メダカの見分け方は水面を泳いでいるかどうかによる。他の小魚や稚魚はだいたい水中を泳ぐ。水面に上がってきてもすぐに下へいく。メダカはほとんど水面近くだけをスイスイ泳ぐ。だから「メダカの学校」は「川の中」ではないわけだ。

もうひとつの見分け方は、メダカは危険を感じないときはゆっくり泳いでいるということだ。方向もあまり変えない。グッピーなどの他の小魚や稚魚たちはたえず機敏に方向を変えて泳ぐ。急ターンする。メダカはそんなことをしない。環境が穏やかならば、ひねもすゆっくりなのだ。メダカが「メダカの学校」の生徒たちに見えるのは、このようにたくさんが同じ方向を向いて、しかも忙しそうにはしないで、何かに一心に向かっているように見えるからだった。

メダカの形はどういうものか。ガラスコップに入れてみると、よくわかる。とくにヒレに特徴がある。背ビレ・胸ビレ・腹ビレは他の小魚に近いのだが、尻ビレや尾ビレに特徴がある。

そういうことがわかれば、水質がよくて、ある程度流れが澄んでいればメダカを見つけるのは容易なはずなのだが、それが最近、なぜ見つけにくくなっているかといえば、われわれの自然観察力が低劣になっているせいでもあるけれど、それとはべつに、おそらくは水の淀《よど》むところにはカダヤシやグッピーなどの外来種が、大きい池や湖にはブルーギルやブラックバスなどの外来種が猛然と繁殖して、メダカはそれらのエサになっているせいだろうと推測されている。

ということはセイタカアワダチソウなどの外来植物の繁茂と同様に、動物的グローバルスタンダードの波及によってニホンメダカがしだいに追いこまれているということなのである。ニホンメダカを見つけられるかどうか、それは自然環境においても「日本という方法」がどのように発揮できるかということにかかっていたわけだ。

本書を読んでみて、メダカからわかることがかなりいっぱいあって、しかも重要なことばかりであることを知った。

メダカは頭部・胴部・尾部をもったレッキとした脊椎動物で、脳神経、循環器、心臓、胸腺《きょうせん》、甲状腺、膵臓《すいぞう》、胆嚢《たんのう》、脾臓《ひぞう》など、みんなある。そのいずれもが少しずつヒトと似ている。たとえばメダカには肺がないので、動脈球からすぐ前にあるエラを通って全身に血液を循環させている。ヒトは血液を肺から心臓に戻るようにしたため二心房二心室になっているのだが、メダカはそうではないけれど、脊椎骨からそうしたしくみをつくってきたという脈絡では、ヒトもメダカも昔は同じ器官をもっていたという気にさせられる。

しょっちゅう風邪にかかるという点でもヒトとメダカは似ている。そもそも水生動物と陸生動物とは何がちがうかというと、水の中にいる生物のほうがずっと細菌感染をおこしやすいということだ。一般の水はかなりの細菌に満ちている。今日の多くの陸生動物は、その感染力から逃れるために〝上陸〟を企てたといっていいほどだ。

こうして多くの動物が上陸をしていったのだが、このときついつい川をさかのぼった連中も多くいた。これがのちの淡水動物になるのだが、この連中は水質の不安定さ、寄生虫の多さ、カビ類との共生を迫られた。そのためにウロコが損傷してしまえば、すぐに病気にかかるようになった。死亡率もとんでもなく高い。

だからこそ厖大《ぼうだい》な数の産卵によってこの損失を補うわけで、逆に陸生動物がタラコのような数を産卵しないですむのは、この死亡率に要因がある。それでも感染して風邪にかかることには変わりない。

淡水動物がどのように進化してきたかということは、進化のドラマを見るときにも興味深い。塩水にいた連中がしだいに淡水化するのだから、そこには塩分を体外に捨てるはたらきが必要だったはずである。われわれも塩分がないと生きていけないが、塩分のとりすぎも危険なものになる。メダカもそうで、体内の浸透圧を利用して水だけを吸収して塩分を捨てる機能をエラや腎臓《じんぞう》の細胞がたくみに担うようになった。

だから、メダカも急に海水に入れれば死んでしまうけれど、少しずつ塩分をふやして飼育すると海水でも生きていける。これはかつての「海水から淡水へ」という生物モードに、リバースモードがまだ残響していたということなのだ。サケ・マス・アユたちも塩水・真水を頻繁にリバースできるようになっている。産卵のために塩水と真水を行き来してきたからだ。ちなみにぼくは、塩分とりすぎメダカに近い生物である。

話を戻すと、ニホンメダカが宇宙旅行に選ばれたのには、いろいろ理由があった。表向きの理由は明快だ。体が小さいので宇宙船の中で飼育しやすく、また観察がしやすい。ケアも簡便で、そのわりにすぐに風邪を引いたり、心身症にかかったりしてくれる。重力との関係を調べるにはもってこいなのだ。

しかし、それ以上の理由は日本の科学研究の歴史にあった。日本の動物実験にとってメダカはずっと立役者であったのだ。スターだったのだ。

明治の中期、東京帝国大学で箕作佳吉《みつくりかきち》と飯島魁《いさお》の功績によって日本の動物学が誕生した。ここに渡瀬庄三郎が加わって本格的な研究が始まったとき、日本の実験動物学を開拓した谷津《やつ》直秀が「メダカを最もすぐれた学術的研究対象にする」という判断をしていたのだった。昭和に入ってこれを発展させた岡田要《よう》がメダカの性に関する研究にとりくんだのも大きく、その後、日本の動物実験はメダカ大明神にその多くを負ってきた。

メンデルの法則が伝わったときも、外山亀太郎や石川千代松はメダカをもって遺伝研究にとりくんだ。現在では、メダカを使ったゲノム分析は日本のおハコにすらなっている。

そこに加えて、ニホンメダカはなんといっても日本の象徴なのだ。大きくは一〇ほどの地域型があるらしいが（それらが二〇一二年に「キタノメダカ」と「ミナミメダカ」の二つの種に分けられた）、そのディテールまでがそうとう詳しくわかっている。常陸宮（正仁親王）はメダカの腫瘍《しゅよう》研究では斯界《しかい》の第一人者でもあらせられる。こんな事情があったから、スペースシャトルの向井千秋は、迷うことなくニホンメダカを観察することにしたのだ。

メダカは「目高」と江戸時代から記されてきたように、目が大きい。角膜が頭部の体表面に出っぱっているので、目が高いともいえる。だから「目高」になったのだが、ただしこの特徴は野生化したグッピーとも近いので、目の大きさだけではまちがうことがある。

けれどもグッピーなどの動物的グローバルスタンダードが日本を侵していない時代には、目が大きい小魚といえばすべてメダカだったのだ。貝原益軒や小野蘭山の大和本草《やまとほんぞう》ものには、必ずメダカが記されている。目高、丁斑魚、番代魚、撮千魚、姿魚などと綴られた。

メダッコ、タカメ（高目）、メザコ（目雑魚）、メタバリ、メバヤ、メッコ、メジンコ、メメゴ、メッポ、メンパイ、メンパチ、メメタコ、メンタイコ、メンメンなど、たくさんの方言もある。「コ」をつけるのは宮城・福島から関東一円と静岡・長野・新潟で、「ッコ」となるのは福島・茨城・栃木だけである。

水面を泳ぐところから、浮魚ともみなされたので、ウキイヲ、ウキヨ、ウケス（浮子）、ウキノコ、ウギンコ、ウキンショ、ウケンボ、アワフキなどとも親しまれた。われわれの地域文化はメダカによって仕切られているのだ。辛川十歩と柴田武の『メダカの方言』（未央社）という立派な本もある。五〇〇〇種のメダカ方言が記載されている。

ニホンメダカには耐寒性もあって、氷の下で冬越しをする。日本の四季はメダカこそが体現しているわけだ。メダカは空から降ってはこないが、日本の生物種の進化分化の歴史を正統に背負って各地に棲息している最も小さなメッセンジャーなのだ。

かつてぼくは「極める」というテレビ長寿番組で、鈴木春信をポートランド美術館に追う企画をしたことがあるが、その目玉のひとつは《めだかすくい》や《魚と遊ぶ童》だった。この二枚の浮世絵こそニホンメダカがウキヨとも呼ばれていたことを一心に物語る。

一三〇七夜　二〇〇九年七月十四日

「水の惑星」から「緑の惑星」へ
「花の惑星」から「虫の惑星」へ

ハワード・E・エヴァンズ

虫の惑星

日高敏隆訳　早川書房　一九七二　ハヤカワ文庫NF　全二巻　一九九四
Howard Ensign Evans: Life on a Little-known Planet 1968

虫はどこにもいっぱいだった。友人や妹と遊ぶ夏休みは、五回に一回が虫捕りだ。一人で遊ぶときは京都御所に夜明けから出かけて地虫《じむし》（幼虫）を集める。帰ってきて蚊帳《かや》の中に地虫をつかまらせ、背中が割れて羽化をおこすセミに夢中になる。

友人たちとは虫競べをする。カブトムシは生きたままで、種類いろいろのときは虫籠《むしかご》ごとに、学校へは菓子箱に虫ピンで留めた速成昆虫標本を持っていく。男の子はみんな虫を追い、虫を集め、虫を自慢したものだ。少女にも虫派はいる。『堤中納言物語』には有名な「虫めづる姫君」がいた。彼女には虫たちが思慮深く感じられ、何よりも「おくゆかしい」と思えた。召使いの男童たちにさえ「けらを」「ひきまろ」「いなかたち」などと虫の名を付けた。

古代中国には蠱術《こじゅつ》(蛊術)があった。『隋書』地理志などには、五月五日に百虫を集めてこれを争わせ、勝ち残った虫から蠱毒《こどく》を採取して、さまざまな呪能《じゅのう》に使ったとある。そういう虫遣いを巫蠱《ふこ》といった。そもそも魑魅魍魎《ちみもうりょう》にして虫っぽく、魅力というのも虫の力と関係していた。

虫派はどこにもいるし、とんでもない奴もいる。ぼくと同い歳の奥本大三郎はボードレールやランボーを専門とするフランス文学者だが、大の昆虫フェチである。ウンチクもダテじゃない。『虫の宇宙誌』(青土社)で読売文学賞を、『ジュニア版ファーブル昆虫記』(集英社)で産経児童出版文化賞をもらった。昆虫写真家たちのフェチぶりも尋常ではない。栗林慧や海野和男は目も手も脳も虫である。養老孟司には『私の脳はなぜ虫が好きか?』(日経BP社)がある。

みんな虫好き、虫派、虫フェチなのだ。なぜそうなのかといえば、生態系のなかで昆虫が一番の種類を誇っているからだ。ずっと昔からだ。地球は「水の惑星」から「花と緑の惑星」へ、その直後から「虫の惑星」になったのである。

古生代がカンブリア紀、オルドビス紀と進むと、地球をオゾン層がとりかこみ、地上は充分な酸素に満たされた。それを合図とするかのように、シルル紀の四億三〇〇〇万年ほど前からは、海中に顎や鱗《うろこ》をもった魚が登場し、サンゴが大いに繁栄した。それとともに海中植物が上陸を企てるようになった。

原始的な昆虫が登場してくるのは、この陸上植物が地上にはびこるようになってからである。四億年前あたりのことだ。シルル紀に続いてデボン紀になると、植物のほうでは種子植物が生まれ、地上には最初の森があらわれた。最古の昆虫化石もこのデボン紀中期のものが発見されている。スコットランドで見つかったリニエラというトビムシの化石だ。

やがて石炭紀がやってきて、地上を巨大シダが覆うようになると、あちらこちらに巨大昆虫が飛び交い、動き回るようになる。七〇センチのトンボ、五〇センチのサソリ、三センチのノミなどだ。けれども昆虫が昆虫として自立するには、変態が確立すること、外骨格が完成すること、群生ができること、植物との共存共栄がはかれることなど、まだまだ試みることがあった。

こうして中生代（三畳紀・ジュラ紀・白亜紀）に入ってからの昆虫は、比類のない多様性を獲得していった。とくにスモールサイズに徹しつつ、飛ぶこと、蜜を吸うこと、蛹《さなぎ》になれること、地中を塒《ねぐら》にできること、季節に応じること、眼と触角を発達させたこと、植物になじむこと、フェロモンによるコミュニケーションをつくりあげたこと、そのほか特異な機能を分有させてきた。

その種類は八〇万種を超えている。今日の地球の生物種の半分以上は昆虫なのだ。地球は「虫の惑星」になったのである。

本書は夏の日のベランダから観察が始まる。一茶の句ではないが、ハエが一匹、手摺《てす》りの上を動いている。そしてぶんぶんと小さな旋回を始める。そこへもう一匹が飛んでくる。

ハエといってもオドリバエだけでも数百種がいるし、そのオドリバエの求愛行動にもいくつものディスプレーがある。フウセンバエならオスが風船をつくることがメスを刺激する。なぜこんなにもハエに種類がいて、それぞれのライフスタイルを守っているのか。そのことは地球にとってどんな意味をもっているのか。

そんなことを思いめぐらしているうちにヘンリー・デイヴィッド・ソローの『ウォールデン　森の生活』が思い出され、そこから、この地球という星がいったいどういう星なのかという清新な思索が動き出す。こうして、地球が「虫の惑星」であったこと、そう見れば人間はあまりに巨大すぎるのではないかということに、ハワード・エヴァンズの感覚が包まれていく。

この著者はアメリカ屈指の昆虫学者で、本書を書いた当時はハーバード大学の比較動物学博物館のチーフキュレイターでもあった。いろいろな雑誌に執筆しているが、文章がうまい。文章だけでなく、昆虫生態の詳細に入っていくにあたっての場面づくりもうまい。処女作の『スズメバチ農場』（一九六二）はその文章力と場面力でニューヨーク・タイムズに激賞された。

　この本ほど読ませる昆虫本は、それ以前はあまりなかったように思う。昆虫に関する本は数かぎりなくあるものの、とくにフィールドワークものや写真集はそれぞれ魅了するに足る傑作がいろいろあるのだが、ほんとうに読ませる本は、昆虫史の劈頭《へきとう》を飾ったファーブルの『昆虫記』やメーテルリンクの『蜜蜂の生活』『蟻の生活』などを嚆矢《こうし》としても、そんなに多くない。

　本書はその読ませる本の一冊であり、かつこの本のあとに昆虫書ブームとでもいうものがあったことをおもうと（海外でも日本でも）、パイオニア的な一冊だった。一九六八年の刊行である。スタンリー・キューブリックの《2001年宇宙の旅》の公開と一緒だった。ぼくは本書に出会う前もいくつかの昆虫博物学とでもいうべき本をちょいちょい摘《つま》んではいたけれど、この本で初めて「虫から地球を見る」という視点を教わった。そうか、虫から世の中を考えるということがありうるんだという確信がもてた。

　必ずしも〝虫愛〟によって綴られているわけではない。そういう飾りはない。これみよがしの研究力を誇示しているのでもない。よけいなことは何も書いていない。それなのに次から次へと観察と思索が飛んでいく。正確で大量な情報を駆使しつつ、虫を見る人間の呼吸とでもいうものが「地球という星の意味」をあかしていく。そういう眼で綴られている。

いまでもおぼえているのは、第五章の「詩人コオロギと拳闘家コオロギ」や第六章の「魔術師ホタル」の章である。

コオロギが両手ききではなく、ヤスリのような右翅を左翅の上にのせる右ききであること、その音をコオロギ自身も聞いているのだが、その〝耳〟はコオロギの前肢にあること、詩人のジョン・キーツが『大地の詩は死なず』でコオロギを謳《うた》っていること、フィラデルフィアで開かれたアメリカ科学振興協会の最初の会合でルイ・アガシーがぶった演説はコオロギの発声（チャープ＝さえずり音）についてであったこと、などなどが次々に話題になっていく。

世界中のコオロギ音楽の文献も紹介されていた。のちに角田《つのだ》忠信さんが『日本人の脳』で、秋の虫に音楽を感じているのは日本人だけだという説を出したとき、これはおかしいかもしれないと感じたのは本書を読んでいたせいであった。

ホタルについても詳しい。ホタルはぼくが少年時代にいちばんびっくりした虫である。京都に生まれながら小学校二年までを東京日本橋に送ったぼくは、小学三年の七月に京都に戻るのだが、このとき嵐山で初めて夕闇のホタルに出会って、とても驚いた。薄い光にものすごく感動した。母が言うには「そのときのセイゴオったら、なかったえ。泣き出しそうやった」なのである。

本書には六種のホタルがそれぞれの高さで別々の点滅をしている黒ベタ白ヌキの発光図版が載っていて、似たものは「ライフ」のネイチャー・シリーズなどで見てはいたものの、その発光ニッチのちがいの解説には本書で初めてかじりついたものだった。

昆虫についてはずいぶんいろいろのことが研究されてきた。学名は"Insecta"で「節足動物門汎甲殻類六脚亜門昆虫綱」に属する。

外骨格で、頭部・胸部・腹部の三つの体節でできていて、胸部から二対の翅と六本の脚が出る。呼吸器として気管をもっていて、簡便な神経節があり、頭部に複眼一対と少数の単眼をもつ。おそらく視覚は紫外線を感知していると考えられている。

昆虫の生態はすこぶる多様であるが、多くが卵生で、幼虫から蛹《さなぎ》へ、蛹から成虫へ変態(metamorphosis)をする。ただ不完全変態も少なくない。食性はさまざまで、草食・肉食・雑食をこなし、植物の種ごとに発達した昆虫も多い。変温である昆虫が多いけれど、なかには恒温昆虫もいる。だいたいは摂氏三度以上の環境がないと成長できない。このばあいは冬眠か死を選ぶことになる。

バッタ、イナゴ、蝶、蜂などの血糖はトレハロースである。体内で分解酵素トレハラーゼを作用させてグルコース（ブドウ糖）に変えている。トレハロースは微生物ももっているが、そこから転用されていったのだろう。

そのほか、昆虫からはリリーサーフェロモンやプライマーフェロモンなどの誘発フェロモン、触発フェロモン、性フェロモンにあたる化学物質が検出されてきたが、その実態はよくわかっていない。

わかっていないことは多い。右のような特徴はたいへん大ざっぱなもので、実際の昆虫にいちいち接した者たちには、こんな説明などなんの役にもたたない。そして、このような昆虫の一般化をしようとしないことが、本書の著者の戒めだったのである。

ハワード・エヴァンズの意見は、生物というもの、少なくとも昆虫というものは、どんな種もそれぞれ全部が異なっていて、そのひとつひとつをある程度研究しないかぎりは、どんなことも一般化はできないということである。それとともに、そうした異なるライフスタイルの生物たちがそうとうに狭い領域で〝同居〟していることから何かを学びたいということである。

何を学ぶかは、そんなに簡単ではない。たとえばレイチェル・カーソンの『沈黙の春』（新潮文庫）に共鳴して環境の保護を主張するのもそのひとつの学習であるが、エヴァンズはむしろ「賑やかな春」を見るという学び方を提唱している。人間がどんなに悪辣《あくらつ》にふるまったとしても、とうてい昆虫を撲滅することなど不可能だという学習だ。ぼくはどちらかというと、こちらの学びのほうが好きだった。

一エーカーというのは四〇〇〇平米ほどにあたるが、この一エーカーの土の中にはなんと一兆をゆうに超える昆虫(正確には節足動物)がいる。百万ではない、一億ではない、一兆である。地球は「水の惑星」であり「貝の惑星」であって、「土の惑星」であって「花の惑星」で、そして「虫の惑星」なのである。

第二七七夜　二〇〇一年四月二四日

参照千夜

七六七夜：一茶『一茶俳句集』　六八夜：メーテルリンク『青い鳥』　一五九一夜：ジョン・キーツ『エンディミオン』　五九三夜：レイチェル・カーソン『センス・オブ・ワンダー』

イチモンジセセリの奇跡
キャベツが好きなモンシロチョウ

日浦勇

海をわたる蝶

蒼樹書房　一九七三　講談社学術文庫　二〇〇五

この名著を読まないでは、蝶も文化も語れない。

東京は朝から蒸し暑かった。仕事場に向かうため、西麻布の高速道路下の大通りに出たとたん、ぼくの体の右上からひらひらと二匹の蝶がまわりこみ、そのまま渋谷に流れていく数台の自動車の上を極小の曲芸師のように飛んでいった。白地にストライプが見えたからスジグロチョウだったろうか。ふいに、横光利一に「蝶二つ飛び立つさまの光かな」の句があったことを思い出した。横光にはめずらしい句だ。

蝶の句は多い。俳人の蝶好きも少なくない。山口誓子《せいし》の「天よりもかがやくものは蝶の翅」なんて、そうとうに贔屓目《ひいきめ》だ。蝶のような速い動きを写生するのがうまい川端茅《ぼう》舎《しゃ》は、さすがに「蝶の空七堂伽《が》藍《らん》さかしまに」だった。

今日は六月六日で、都会の真ん中でも蝶が目立つ季節である。蝶の季語では「初蝶」を詠む者が多く、石田波郷の「初蝶や吾が三十の袖袂《そでたもと》」を知らないのはモグリだというほど有名な句もあるが、いまの季節は初蝶ではない。夏蝶である。ちなみに初蝶は早春、たんに蝶といえば晩春になる。

そこで、イチモンジセセリという蝶の話からしてみようとおもう。

南方系のパルナラ属の昆虫である。集団で移動する。昭和二七年に神奈川県の松田で観察された記録では、なんと一八億匹の蝶が町のど真ん中を移動した。一瞬にして「蝶の町」が出現したのだ。

その行動の謎はこのあとすぐにあかすけれど、なぜ今夜、移動する蝶であるイチモンジセセリの話をするかということを、一言、説明しておく。

今夜から「千夜千冊」を少し趣向を変えて書き継ぐことにした。名付けて「遊蕩篇《ゆうとう》」とすることにした。それまでの「放埒篇《ほうらつ》」は、第一一四四夜を柳田国男の『海上の道』にしたのをもって打ち止めた。

これは求龍堂刊行の「松岡正剛・千夜千冊」全七巻（特別巻一＝年譜・読書術）に収録する本を、ついにそこまでとしたためで、それを『海上の道』にしたのは、日本列島が海のまにまに見え隠れしているという風情で、足掛け六年にわたった千夜全巻の行方を暗示したかったからだ。

組み立てた全集は厖大なものになった。第七巻は一五〇〇ページをこえた。東京中のあらゆる製本所のどの製函《せいかん》機械にもかからない厚さになってしまい（『広辞苑』より厚くなったのだ）、印刷所の精興社を驚かせた（求龍堂の鎌田恵理子さんはもっと驚いた）。やむなく本文用紙のキロ数を落とすことにした。むろん全巻である。

こんな羽目になったのは、一巻ずつの構成をぼくが文脈に凝って並べ替えたからである。そのため、七巻それぞれの流れを試案してみては、「これが入らないと部立《ぶだて》にならない」「あの本がここにないと流れが淀む」という判断が随所に出てきてしまい、一〇〇〇夜以降も新たな本を次々に一四四冊も加えていくことになった。ページ数など、おかまいなしに書いた。その報いによる。バチが当たったのである。


が、それでもというのか、おかげでというのか、そこそこ満足のいく構成ができた。文章にもずいぶん手を入れた。いまウェブ千夜のバックナンバーで見てもらっているものからはかなり変貌したと思ってもらったほうがいいだろう。ほとんど書き替えたといっていいものも少なくない（これは全集で読んでもらうしかありません。ウェブでは見せません）。ということで、ともかくも「千夜千冊」全集化の推敲と編集作業はあらかた終わったのである。かくて、「千夜千冊」ともついにこれでさらばかなという気になっていたのだが（野球やサッカーの選手たちの現役引退のような気分といえばいいだろうか）、ところがどっこい、ぼくの隠遁《いんとん》の気配を察知したのか、みなさんが本気でウェブサイトに愛着をもっていただいているのか、春先あたりから（まるで蝶々が生まれ出ずるように）、どんどこどんどこ、「やめるな」の声が襲ってきた。それどころかスタッフからも「継続嘆願状」が差し出された。千夜千冊撤退のお許しは内からも外からも出なかったのだ。なぜか、アクセス数も去年暮れの七〇万アクセスから一二〇万アクセスに膨れ上がっていて、ここで打ち切るとは何事かというお叱りさえうけた。

では、どうするか。ともかく早々に再開しなさいということだ。再開したとしたら、いつまで続けるか。さすがにしばらくぐずぐずしていたのだが、先日、ついに踏み切ることにした。こうして今夜なのである。

再開するにあたっては、どんなスタイルで何を劈頭《へきとう》にもってくるか迷った。読書日記のようにしようかと思ったが、それはやめた。スタイルはあいかわらず勝手気儘《きまま》に進めたい。好きな書物を選ぶということも踏襲したい。ただし毎晩書くというのは勘弁してもらう。少しだけ間をもらって好きなときに書くことにした。

それで選本をあれこれ迷ったのだが、結局、柳田国男の海上はるかな眺望の行方に呼応して『海をわたる蝶』を選んでみた。日浦勇さんの最初の著書だ。斯界では名著の誉れ高い一冊である。中身は平気で海を渡る蝶たちがいるという話になっている。蝶ならば、荘子の「胡蝶《こちょう》の夢」ということもある。ぼくが夢で蝶を見たのか、蝶がぼくの夢を見たのか、そこは主客曖昧《あいまい》になる。よしよし、蝶についての本なら、これでいいぞとぼくは確信した。加藤楸邨《しゅうそん》には「回想のうちそと蝶が舞ひはじめ」もあった。

本書は、日浦さんが奈良の葛城山《かつらぎさん》でナチュラル・ヒストリーの合宿をしている夏の朝のこと、イチモンジセセリの何匹かが葛城山頂に向かって飛んでいったのを目撃するところから始まる。午後には一分間に三〇匹ほどが飛んでいった。どうやら葛城山をこえて大阪側に飛んでいるらしい。一九六九年八月末のことだった。

翌朝、合宿メンバーが「先生、イチモンジセセリの数がすごくふえています」と興奮して駆けつけてきた。見ると、そこいらじゅうで桁《けた》違いの数になっている。一分間に五〇〇匹が可視範囲を横切った。それが午後には三〇〇〇匹か四〇〇〇匹の群舞になった。さっそく推定計算してみると、この二日で三六万匹が移動していることがわかった。葛城山の蝶の大量移動だなんて、まるで役行者《えんのぎょうじゃ》の飛行か、五木寛之が飛ばした『風の王国』のケンシたちである。

ただちに蝶の移動をめぐる報告をせよという通達が全国の仲間に告げられた。いろいろの報告が返ってきた。知多半島では毎年同じ季節にイチモンジセセリの移動があった。

東の海風が吹いた日にボートで沖に出てみると、十分間に一匹ずつ蝶がひらひらと海を渡っている。それがしだいに数がふえ、一分間に一匹になっていく。三河《みかわ》湾を伊勢湾に向かって渡っているらしい。琵琶湖を集団となって渡る蝶も報告された。大阪湾や紀伊水道を悠々と渡る蝶もいた。すべてイチモンジセセリだった。

海を渡る蝶はイチモンジセセリだけではない。ヨーロッパではヒメアカタテハ、北米ではオオカバマダラ、中南米ではワタリオオキチョウが有名だ。が、日本ではイチモンジセセリがやたらに多い。なぜなのか。

イチモンジセセリの幼虫はイネツトムシ（稲苞虫）とかハマクリムシ（葉捲虫）などと呼ばれる。イネの葉の先のほうをタテに折り曲げて筒巣をつくる。昼間はこの巣に隠れていて、夜間や雨の日に外に出て葉を食い荒らす。イネがすっかりやられることもある。

それでも多くの幼虫が死ぬ。運よく冬を越し、成虫になった蝶はまたまた田植え後のイネの葉に卵を産み、それが七月末くらいに第一世代の、八月末には第二世代の成蝶になっていく。イチモンジセセリの大群移動がおこるのは、この第二世代の成虫期にあたっている。

その後、研究が進んでいくつかのことがわかってきた。移動中の個体のすべては新鮮である（翅も破れていないし、鱗粉も取れていない）、定着個体と移動個体は生体構造がちがう成虫である、長距離の移動を同一群がするのではなく、リレー式に大移動をしている、等々だ。決定的なのは移動する蝶は「相変異」を体験していた。

昆虫には、幼虫が育っていくときの密度によって、成虫になってからの生理や形態や行動に差が生じることがある。バッタもウンカもアブラムシも蝶々も、とくに翅（羽）の変化がよく目立つ。低密度で育った昆虫は羽化すると翅（羽）が短く、体の脂肪も少ない。高密度で育った虫は翅が長く、脂肪が多く、集合性が高い。そういう成虫たちは翅（羽）の色も濃い。おまけに低密度型が湿潤を好むのに対して、高密度型はある程度の乾燥でも平ちゃらなのだ。

これが相変異である。イチモンジセセリはこの相変異によって春から夏にかけて高密度発生をくりかえして、一挙に移動力に富んだ成虫となったと推理されるのだ。体力抜群の連中なのだ。こうして山を越え、海を渡る蝶が出現した。では、そのようなイチモンジセセリがどうして日本に多いのか。

モンシロチョウはキャベツを食べまくる害虫である。キャベツがあるところ、必ずモンシロチョウがいる。アメリカはキャベツ大国のひとつだが、農園ではモンシロチョウの駆除が長らくテーマになっている。

しかしアメリカのモンシロチョウは、南北戦争以前には一匹もいなかった。一八六〇年にセントローレンス湾に面したケベックで数匹採集されたというのが、北米大陸での最初のモンシロチョウの記録なのである。ということは、モンシロチョウはどこかからはるばる海を渡ってやってきたということになる。チャールズ・エルトンの『侵略の生態学』(思索社)によると、ケベックはフランス人の多い町なので、ヨーロッパの故国からキャベツとともにやってきたのではないかと推定されている。

それからのモンシロチョウの北米制覇のスピードは驚くほど速かった。一八六五年にメイン州に入り、三年後にニューヨーク州へ、その十二年後にはカンザス州、さらにコロラド州デンバーに達し、一八九〇年にはついに太平洋岸のカリフォルニアにまで及んだのだ。一説には大陸横断鉄道の線路がのび、貨車がキャベツを運ぶのとともに広がったという。

ついでながらハワイでモンシロチョウが見つかったのは一八九八年なのだが、これはアメリカがハワイを合併した年にあたる。モンシロチョウは政治をすら反映するのだ。沖縄では一九二五年に最初の一匹が採集され、日本が戦争に侵されるにつれ、しだいに広まっていった。

モンシロチョウはキャベツばかり食べるわけではない。ダイコンもアブラナも、カブラも白菜もコマツナも食べる。つまり蔬菜《そさい》（アブラナ科）好きなのだ。蔬菜ベジタリアンなのだ。そういう蝶はいくらもいる。なかでモンシロチョウはキャベツが最も大好物で、他の蝶はちょっとずつ好みが違う。蓼《たで》食う虫も好き好きである。

このことは、その土地の蔬菜の歴史と蝶の歴史が重なっていることを示す。日本の植物文化は佐々木高明の照葉樹林論であきらかになったように、西南日本の照葉樹林帯に焼畑農耕が発達したとき、劇的な変化をおこした。一言でいえば、東北日本の落葉広葉樹林帯（ナラ林文化）の植物の繁茂とは別の様相を呈するようになった。

一方、日本には自生するアブラナ科の蔬菜はワサビを除いてひとつもない。すべてが地中海沿岸に自生して、そういう蔬菜が中国ルートとシベリアルートをへて、日本にやってきた。それが日本に焼畑が生まれたのち、定着した。

こうしてダイコン、カブラ、タカナが西南地方で広がり、そこへアジア大陸から蝶が移動することを促したのだった。ちなみにワサビは日本固有の自生種であるが、そのワサビを好む蝶もいた。ぼくが今朝、西麻布で見たスジグロチョウである。こういうことがいろいろくみあわさって、アブラナ科の蔬菜とともに日本にもモンシロチョウが平均化するようになったのである。

それにしてもきわめて新しい蝶なのだ。だいたい「紋白蝶」という名前からして明治以降のネーミングであって、徳川時代ではたんに「粉蝶」（シロテフ）だった。まだ紋がなかったのである。これは円山応挙の絵にもあるし、常磐津《ときわず》や清元にも入っている。

蝶の話は興味が尽きない。ぼくが最初に蝶の研究で脱帽したのは本書『海をわたる蝶』だったのだが、そのあとフリードリヒ・シュナックの『蝶の生活』(岩波文庫)などの海外ものをあれこれ読んでいるうち、あるとき日高敏隆さんの『チョウはなぜ飛ぶか』(岩波書店)に出会って参った。蝶と日高さんの人生がほぼぴったり重なっていた。

どんな動物の話も昆虫の話も、おもしろいものはおもしろいし、動物と飼主や研究者の人生が重なっていることもめずらしくはないのだが、けれども日高さんの蝶との合体は、徹底的に迷蝶的なのである。あのひらひらと舞う飛びかたに似て、研究もひらひらする。そこがすばらしかった。それからというもの、どうも蝶々の話には心が躍るのだ。

その一方で、考えさせられることも多い。とくに日浦さんの著書に最初の洗礼をうけたのが大きかったのか、蝶の生態や「蝶の道」(蝶道＝バタフライ・ロードという)を知れば知るほど、そこに人間の社会や文化が「華麗や可憐《かれん》の奥のアンダーストーリー」のように読めてきて、ひときわ考えさせられてきた。

たとえば日本の蝶で害虫にあたるのは、イネを食べるイチモンジセセリ、キャベツなどの蔬菜を食べるモンシロチョウ、マメ科を食べるウラナミシジミの三種であり、現状ではこの三種しかいないのだが、この三種だけで日本の社会文化のずいぶん多くのことが語れてしまうのだ。

われわれの祖先の縄文人は、西南の低地の照葉樹林地域の「まさきのかずらしげれる森」で、石器を改良した斧《おの》や鉈《なた》で森林を拓《ひら》いて、焼畑農業を始めた。ついで定畑《じょうばた》や水田をつくった。

そうすると、森林はモザイク状になっていき、地理学上の植物被覆のタイプでいえば「草原」と定義できる面積が広がっていく。そこにイチモンジセセリが登場する。田植とともにイチモンジセセリは羽化を頻繁にくりかえした。ついでそこに食用のマメ科の植物があらわれると、これを人間とともにウラナミシジミも食べるようになった。

他方、森林のほうはしだいに二次林になり、鳥類がそこにかたまって棲息して、そこから人間と蝶のいる草原を往復しはじめた。やがて鳥は蝶を襲い、カラスは人を襲い、森の塒《ねぐら》に帰っていく。そのうち「町」が生まれ、「都市」が発達すると、植物被覆の面積は固められた土やアスファルトやコンクリートに変わって、蝶がだんだん来なくなっていった。

そうなると蔬菜は田舎で食べるものではなくなって、鉄道やトラックで都市に運ばれるようになる。そこで蝶々が高密度の相変異をおこす。昭和二七年に神奈川県松田の「町」を一八億匹のイチモンジセセリが通過したのは、このような相変異の結果なのである。このように害蝶の話をちょっと始めただけで、日本文明文化史が蘇《よみがえ》るわけなのだ。

本書にはイチモンジセセリやモンシロチョウの話のほかに、「ゼフィルス」の名で親しまれているミドリシジミのことやタテハモドキの冒険のこと、数々の迷蝶のことなども書いてある。

なかで最終章で第三紀の蝶と第四紀の蝶をくらべているところが、意味深い。第三紀とは日本列島に落葉樹を中心とした森林的植生が広がった時期である。そこには中国大陸とほぼ同じ蝶たちが棲息していた。それが第四紀の半ばになって（すなわちヒトが日本列島に住む氷河最新世になって）、北方の蝶がやってきて、そこから間氷期になるたび南北に移動する蝶の種類がふえてきた。

移動する蝶は体力をつけた。それでも気候が激しく変動すれば、行く先で絶える蝶も多い。それを生き抜けば、ナガサキアゲハなどがそうなのだが、その地域に独特の蝶となって歴史を貫いていく。しかし、日本人が蔬菜を好むようになるにしたがって、イチモンジセセリやウラナミシジミやモンシロチョウが大量発生していったのである。そのくせ大地は人工素材で覆い隠されていったのだ。

蝶々たちは「蝶の収支」のぎりぎりを懸けて、生き抜いてきた。われわれはそういう第四紀最後の蝶たちとともにいるヒト族なのである。われわれはときに「蝶の収支」をこそ感じているべきだった。昨日、村上ファンドの村上世彰が〝御用〟になったようだが、村上収支なんぞで日本が語られてはやりきれない。

一一四五夜　二〇〇六年六月六日

参照千夜

一〇〇三夜：石田波郷『鶴の眼』　一一四四夜：柳田国男『海上の道』　七二六夜：荘子『荘子』　八〇一夜：五木寛之『風の王国』　四八四夜：日高敏隆『ネコはどうしてわがままか』

KT境界で恐竜が絶滅した
その本当の理由をめぐった親子の闘い

ジェームズ・ローレンス・パウエル

白亜紀に夜がくる

寺嶋英志・瀬戸口烈司訳　青土社　二〇〇一
James Lawrence Powell: Night Comes to the Cretaceous 1998

シーザー（カエサル）は「ブルータス、おまえもか」と言う前に、「ブルータスよ、誤りはわれわれの星にはない。われわれ自身にある」と言った、とシェイクスピアは書いた。この本の主人公のアルヴァレス父子は「誤りは恐竜にはなく、星にあったのだ」と言っている。

そうなのである。本書は父子二代にわたる話を扱っている。父のルイス・アルヴァレスはとんでもない経歴をもったノーベル賞受賞の物理学者だ。エノラ・ゲイ号が広島に原子爆弾を落とすときに、その横の観測機から原子爆弾の破壊効果を一都市の熔融《ようゆう》消滅とともに測定していた。ケネディが暗殺されたときは記録フィルムを詳細に検証して、弾丸がケネディの後方から入った衝撃によってケネディの頭がガクッと後ろに傾くことはありうると証言して、それまでの弾丸前方発射説を覆した。ノーベル賞をとったのは大型液体水素泡箱の開発によるもので、アルヴァレスの技術の才能を示していた。そのほかずいぶんいろいろの発明をしていて、たとえば地上誘導着陸方式の発明では、旅客機が視界のきかない豪雨のなかでも安全に着陸できるシステムを世界にばらまいた。

一方、息子のウォルター・アルヴァレスは地質学者で、この業界では有名な北イタリアのグビオでイリジウムの含有調査とイリジウム時計の異常値仮説で名をあげている。この名うての父子二人が、なんと恐竜絶滅仮説に挑んだのである。本書はその挑戦のドキュメントになっている。

本書の著者は何者なのかというと、やはり地質学者である。ロスアンジェルスの自然史博物館の館長をしている。これではテーマもテーマだし著者も著者だから、そうとうに堅いか、きっと変に偏った本になりそうだし、実際にも恐竜の話はほとんどなくて、かの偉大なスター、ティラノサウルスすらちょっとしか顔を見せないのだから、退屈な本になりそうなのだが、とんでもない。たいへんに稠密《ちゅうみつ》で、しかもスリルに富み、かつ科学者のありかたを考えさせて深い読後感をつくっている。

ひとつにはぼくが地質や鉱物のドラマが好きだということもあったろう。また、恐竜絶滅を隕石《いんせき》の衝突で片付ける仮説には、いまどきは誰だって関心をもつということもあるだろう。加えて、アルヴァレス父子の話は身近かでは松井孝典《たかふみ》からも丸山茂徳からも聞いていたし、ぼくも監修者として参加した高校理科基礎の教科書づくりの親分だった上田誠也《せいや》先生からも、アルヴァレスとアタマの堅い地質学者や古生物学者との闘いを聞いていたということもある。上田先生は日本におけるプレートテクトニクス理論の最高の権威者だ。

そういうこともあって、たしかに本書には面倒な物理学と地質学の細部がくまなくはりめぐらされているわりには、ぼくはあっというまに読めたのだが、実際にはこの著者に説得力があり、表層と中層と低層を上下しつつ展開する話の回しかたがまことにうまかったせいで楽しめたのだとおもう。

翻訳もよかった。練れていた。一字一句をまるで化石に棲《す》む有孔虫類のように生きた日本語にしていた。小説やエッセイはもちろんのことだが、科学書の翻訳は出来のよしあしにかなりの落差がある。困ったことだが、日本語としてどうも変だと感じたら、読まないほうがいいだろう。本書はその点でも一級品である。

地球の歴史には中生代とよばれる時間がある。古いのが三畳紀、次にジュラ紀で、ここが恐竜が栄えたジュラシック・ステージにあたる。おっちょこちょいのマイクル・クライトンの原作『ジュラシック・パーク』とスティーヴン・スピルバーグの映画以来、いま、この時期のDNAをさがすのが新たなブームになっている。

ところがその次の白亜紀で、恐竜はすっかり絶滅してしまったのだ。恐竜だけが絶滅したのではなく、地球上のすべての生物種の約七〇パーセントが絶滅してしまった。このことはあらゆる古生物学者が認めてきたことである。白亜紀に何かがおこったのか。何が原因だったのか。

白亜紀の次は第三紀で、ここから新生代が始まる。そして第四紀になって、やっと人類の祖先たちが出現する。そういうことになったのは、もともとは恐竜が絶滅したからだ。それなら今日の人類の原罪を語るうえでも、恐竜絶滅がどんな原因によっていたかを知る必要がある。注目すべきは白亜紀か、その終末にある。

白亜紀(K)と第三紀(T)の境界を地質学ではKT境界という。アルヴァレス父子はこのKT境界で劇的で大規模な地磁気の逆転がおきたのではないかと仮説した。本書のタイトル『白亜紀に夜がくる』は、白亜紀に地球にとっても生物にとっても長くて暗い夜がやってきたことを示している。

ある日、ルイス・アルヴァレスは息子がイタリア・ペルージャのグビオから持ち帰った岩石とその調査資料を見て、どうも何かがひらめいたようだ。「ここで地球に異変がおきたにちがいない」と。

こうしてアルヴァレス仮説がスタートを切るのだが、これを科学者たちに認めさせるのが大変だった。本書はほとんどがその摩擦と乖離《かいり》と毀誉《きよ》褒貶《ほうへん》を描いていて、そこが読ませるのだが、ここでは結論だけをいうと、仮説はおおむねこういう順で、こういうことを証明しようとしたものだった。

第一に、六五〇〇万年前にけっこう大きな隕石が地球のどこかに衝突した。第二に、この衝突によってKT境界に異常がおきた。第三に、その異常は必ずや岩石中のイリジウム異常値に示されるはずである。それならきっと第四に、このイリジウム異常値は隕石によってもたらされたものなのではないか。第五に、もしそうだとしたら、このイリジウム異常値はかつての地球に衝突した隕石クレーターの跡からこそ検出されるのではあるまいか。それゆえ第六に、隕石衝突クレーターの跡からはイリジウム・スパイク（釘のようにとびぬけて高い数値）だけではなく、コーサイト、スティショバイト、テクタイトに似たスフェルールなどの〝衝突マーカー〟が境界粘土層に見いだせるはずである。第七に、このような衝突の後遺症は案外数百年ないしは数千年にわたってつづくのではないか。

かくして第八に、恐竜たちはこの時期、すなわちKT境界の影響が地球上に吹きすさんでいるあいだに、死に絶えていったのであろう。

この見解が発表されたとたん、何人もの大立者《おおだてもの》から新人の研究者にいたるまで、アルヴァレス仮説に反論が巻きおこる。その一方で、そこを本書は克明に書いているのだが、地質学にまったく新たな研究課題が一挙に噴き出てきて、それに従事する研究者や研究センターが次々に生まれていった。つまりは大騒動になったのだ。

ただし、最大の難点があった。いったいそうした隕石が衝突したのだとしたら、それは巨大隕石のはずで、それなら地球のどこかにそうした巨大な衝突跡があるはずなのに見つからないではないか。もし小さくても大量の隕石がいっせいに襲ってきたのだというのなら、その跡がなさすぎるではないかというものである。

このような難点があったにもかかわらず、一九八〇年に突然に発表されたアルヴァレス仮説は、地質学を変えてしまったのだ。仮説が衝撃的だったというよりも、そこに提示された研究調査の多様性が地質学の本質にことごとくぴったりしていたからだった。トマス・クーンの言葉でいえば、まさにパラダイム・シフトがおこるようにアルヴァレス仮説はできていたのだった。

こうして、各地で各大学で各研究所で、一斉に新たな地質学パラダイムのための調査や研究が連打されることになる。

たとえば衝撃力をどのようなインディケーターで見るかとか、強大な衝撃によって石英などが変成をうけたとすると、その変成作用を何で認知するかとか、KT境界時代にはほかに何がおこったと仮説できるかとか、たとえばインドでおこった巨大な火山連続活動から何を報告すべきなのかとか、ジルコンという物質が注目を浴びてきたのだが、そのジルコンと地球の歴史にはどんな因縁があったのかとか、ともかく信じがたいほどの数と質のおつりが生まれていった。

そのうち、ついに決定的な符牒《ふちょう》があがってきたのである。それは、最初こそ巨大隕石が落ちたのは北米アメリカだろうという程度のものだったのだが、それが多くの研究者の報告が多重交差することによって、たちまちにしてその巨大隕石の衝突現場がユカタン半島に絞られ、さらにはチチュルブであろうということになってきたのだった。

いま、巨大クレーターがチチュルブにはないと見る研究者はほとんどいない。アルヴァレス仮説はついに最後の〝現場〟にまでその仮説を運んできたのだった。ぼくがアルヴァレス仮説の話を聞いたのは、天文学者や地質学者や古生物学者がやっとチチュルブに注目しはじめたころだった。

隕石衝突説は科学の檜舞台《ひのき》に躍り出た。では、それまではどういう仮説がこの独自の見解を押しのけていたのかというと、それを恐竜絶滅原因説で分類すると、次のようになる。すこぶる興味深い。みんながみんな、勝手な推理力を駆使して恐竜絶滅の謎に挑んでいたのだ。

（1）恐竜は椎間板《ついかんばん》のすべりなどの身体上の大きな障害、あるいは流行性の疾患によって絶滅したのだろう。
（2）恐竜は老化性の過剰特殊化によって進化的浮動に突入したにちがいない。
（3）恐竜は他の動物、とりわけ哺乳類との競争に敗れた。
（4）きっと恐竜にとって不適切な植物相が繁茂したのであろう。
（5）いや、恐竜はあまりに急激な気候変動についていけなかったのだ。
（6）恐竜は気候変動には驚かなかったけれど、酸素の濃度の急上昇か二酸化炭素の濃度の急低下に対応できなかったのである。
（7）白亜紀に海洋が後退したことはわかっているのだから、北極海から大量の冷淡水が大西洋に流れこみ、旱魃《かんばつ》を引きおこしたために恐竜は耐えきれなかった。
（8）火山活動が激しくて、噴出した煤《すす》や火山灰が恐竜を致死に追いこんだ。
（9）もし、以上の原因のいずれもが妥当ではないとしたら、もはや原因は地球外の超新星爆発や彗星《すいせい》接近に求められることになる。

みんながキリング・ストレス（殺戮圧）をいろいろ想定し、みんなが隕石衝突説ほどには多様な研究課題を突きつけられなかったのである。

最近では、アルヴァレス仮説で説くところが「白亜紀に夜がやってきた理由」のすべてではないこともわかりつつある。その後、またまた一ダース以上の仮説が出され、ぼくはなんとも判定しがたいが、そのいずれもがなかなか魅力に富んでいる。炭酸ガス飽和水説、台地玄武岩噴出説、地球深層メタン説、フルテキサイト細菌説、どれもがぞくぞくするような殺し文句をもっている。

また、いままでは白亜紀と第三紀のあいだのKT境界期だけではなく、少なくとも五回にわたる大絶滅事件が地球上の生命を襲ったことがわかっていて、そのいずれに対しても仮説が提出されるにおよんでいる。仮説は目白押しなのだ。

太陽系が銀河面を通過する周期と恐竜絶滅が関係しているという仮説も知られるようになった。しかしながら、と本書はトマス・クーンの有名な言葉を引きながら結ぶ。学問や科学が新しいパラダイムを迎えるのは、若い世代が仮説を提出しつづけるか、旧知の領域から新たな分野に参入した者による仮説が凱歌《がいか》をあげるかの、二つに一つなのである、というふうに。

広島に落ちつつある原子爆弾を観測していた父と、岩石狂いの息子の二人によって地質学がすっかり変わったと思いたくはないのだが、本書はそのようにしてしか科学は革新されないのではないかということを告げていた。

第六一六夜　二〇〇二年九月十日

参照千夜

三六五夜：カエサル『ガリア戦記』　六〇〇夜：シェイクスピア『リア王』　一六一五夜：丸山茂徳・磯崎行雄『生命と地球の歴史』

五郎助ホーホー・フルック亡魂
「ミネルヴァの梟」は何者?

クリス・ミード

フクロウの不思議な生活

斎藤慎一郎訳　ワイルドライフ・ブックス(晶文社)　二〇〇一
Chris Mead: Owls 1987

山下菊二という画家がいた。河原温《かわらおん》・中村宏・赤瀬川原平らとともに戦後の日本美術に新風を送りこんだ画家だが、戦争画についても一見識をもっていた。
その山下菊二の家に行ったことがある。うすうす噂には聞いていたものの、ほんとうに腰を抜かした。小さな家に(部屋といったほうがふさわしいが)、フクロウが十羽ほど放し飼いにされている。話をしていても、ときどきバタバタ、バタッバタッとこちらの家具からあちらの棚に飛んでいく。翼はとてつもなく大きい。それが室内なのだ。飛ぶたびに得体のしれぬ怪物が武装した翼を切ってわがもの顔に滑降しているようなもので、こちらの首がすくむ。

当然に部屋中が糞《ふん》だらけで、奥さんが化粧をする小さな鏡もそのまわりも、フクロウの毛と糞にまみれている。さすがに呆気《あっけ》にとられた。動物と暮らしている人々にぼくはたいていは強い共感をおぼえてきたのだけれど、都会の真ン中で自分たちの生活をほとんど犠牲にしてまでも室内でたくさんのフクロウと共棲《きょうせい》している夫婦というのは、よほどめずらしい。

なぜ山下菊二はフクロウを選んだのだろうか。そうした愚問を何度か発してみたのだが、山下さんはニコリともしないで「あのね、飼ってごらんよ。たまらなくかわいいから」と言うばかりなのだ。それからである。フクロウは格別な珍獣としてぼくの脳裏を去らなくなった。

山下菊二がフクロウに執着した理由は、あとでわかった。福本和夫に『史的唯物論者のみた梟《ふくろう》』という異様な一冊があるのだが、これを読んだらしい。いまは『フクロウ――私の探梟記《たんきょうき》』（法政大学出版局）に入っている。以来、山下菊二はフクロウを革命家とみなしてきたのだ。ミネルヴァの革命家なのである。

フクロウは猛禽類《もうきん》である。それも白昼のワシやタカに対するに、夜陰の猛禽類にあたる。たしかに嘴《くちばし》は近くで見ると恐ろしいほど鋭く曲がっているし、足も頑丈で爪がヤスリで磨いたように尖っている。

なにより巨大な目がものすごい。室内でフクロウがこちらをじっと睨《にら》んでくるのを見ていると、みるみるその目が大きくなっていくような、ちょっと騙《だま》されたような名状しがたい驚嘆をおぼえる。本書によると、体の大きさと目の比率では魚類・昆虫・トカゲ類をべつにすれば、フクロウは動物界随一であるらしい。この目、この爪、この嘴で、獲物を捉《つか》まえ、滑降して獲物を攫《さら》う。夜を支配する空飛ぶ猛禽類なのだ。

全体の印象はぷくぷくしていて、柔らかい。その大きな目は何かを見つめているようで、やたらに評判がいい。ケルト神話でもグリム童話でも森のフクロウは定番であり、夕方にミネルヴァの梟が飛ぶといえば、女神アテナが変身して賢者の知恵を告げるときの比喩にさえなっている。どこで知恵の使者となったかはさだかではないが、どうやら小アジアに棲息するコキンメフクロウがちょっと太った人間の姿に似ていて、その吸いこまれるような黄色の目が神話に語られるにふさわしかったせいらしい。フクロウが直立して枝にとまる鳥類であることが、人間との類比をおもいおこさせたのである。

だいたい古代人はどんな対象をも擬人化することから物語と哲学の基礎を開始したわけで、その点からいっても、地中海におけるフクロウと南海におけるインコの直立性は、擬人化するに最もふさわしい鳥となる条件だった。

フクロウには耳が左右対称になっていないものが少なくない。左右で別々の周波数をキャッチするからだ。夜行性なのでむろん耳は発達しているのだが、その発達のしかたが格別なのだ。あのホーホーという鳴き声もいろいろ工夫したうえでの鳴き声らしく、強風がなければ二キロ四方に届くという。

そこで、ちょっと疑問がわく。耳がよく声がよく通るのなら、なぜあんな大きな目をもつ必要があるのか。何かを騙しているのだろうか。

実はこれは収束進化なのである。いろいろ環境適応の条件を揃えているうちに、同じテリトリーを共有する他の動物たちの機能に匹敵するための進化が極まっていくことを収束進化というのだが、フクロウの目もそのひとつだった。他の夜行性の動物たちと競っているうちに大きな目になった。大きいから機能が図抜けているのではなく、気がついたらバカでかくなっていた。そういう説明なのだが、ぼくはまだ納得していない。

一方、本書にも詳しい生態が記録されているが、フクロウの生活ぶりは夜行性のわりにはかなりわかっている。これはフクロウがペレットを巧みに吐き出す能力に長《た》けているからだ。ペレットというのは猛禽類などが消化できないものを吐き出した残留物のことをいう。そのためペレットの分析によって世界中のフクロウの棲息分布や食事生活の全貌がわかるようになった。逆にいえば、フクロウは自分の食餌《しょくじ》をきちんと限定できず、ともかくやたらに食べてしまうので、消化できないものをペレットとして吐き出すという、まあ横着なところがあるせいだった。

ぼくは経験がないのでまったく見当がつかないのだが、ペレットの収集研究をやりはじめると、たいていの鳥類ファンは魔にとりつかれたようにペレットを見て一年をおくるようになると聞く。

フクロウの起源は白亜紀あたりにおこった夜行性の鳥の祖先にある。この祖先はヨタカたちの起源でもあって、ぼくもアメリカの自然史博物館で何種類かのヨタカの化石を見た。ここからモリフクロウ、メンフクロウ、ミミズク、アオバズク、コノハズクなどに分化した。

日本にいるのはウラルフクロウ、アオバズク、コノハズク、ミミズク、シマフクロウなどで、里でホーホーと鳴いているのはアオバズクである。言語学で「聞きなし」の文化とよばれているものがある。動物の鳴き声を地域や国語のちがいによってどのような擬声語にしているかということで、これを「聞きなし」という。

フクロウの鳴き声もホーホーとはかぎらない。ウーフー、ケューケュー、キーウィック、シューシュー、トゥイット・トゥフー、ポーポーブなど、いろいろに聞きなしがされる。日本にもかなり愉快な聞きなしがあって、「五郎助ホーホー」はともかくも、国粋主義者が聞き分けたのかとおぼしい「フルツク亡魂」、いささか儒教っぽい気もする「ぼろ着て奉公」、家事のかたわら主婦たちが聞き分けたらしい「糊《のり》つけて干せ」など、それを知るたびに「音はふるまいである」という文化を考えさせてくれる。

ことにティークやシュレーゲル兄弟やホフマンらのドイツ・ロマン派の連中は、フクロウの鳴き声に詩情をおぼえたのみならず、フクロウのごとく夜陰に思索することをフクロウに託して重視した。

ことほどさようにフクロウが興味尽きない「夜の鳥」であることは、ぼくもあれこれ重々承知したのだが、さて禽獣屋や動物園でフクロウに近づくと、ふと山下菊二宅の壮絶な光景があらわれて、それ以上フクロウに近づくことが憚《はばか》られるのだった。

第五三三夜　二〇〇二年五月九日

参照千夜

一〇三七夜：菅原教夫『日本の現代美術』　一〇三六夜：中村義一『日本の前衛絵画』　一二五三夜：アル・セッケル『錯視芸術の巨匠たち』

待ったカラスも、すりガラスも
「烏合の衆」なんかじゃありません

佐々木洋

カラスは偉い

知恵の森文庫（光文社）二〇〇一

友人から「一人、娘を預かってほしいというのがいるんやけど」と電話があった。電話をかけてきた友人は京都の呉服屋の旦那《だんな》で、小学校時代の同級生である。娘を預けたいと言っているのも呉服屋（悉皆屋《しつかいや》）だった。その父親からも挨拶があった。

やがて武蔵野美大を卒業したばかりの元気のいい娘が仕事場にやってきた。何をやってたのと聞くと、彫刻をやってましたと言う。親友と親父さんからの依頼なのでしばらく面倒をみることにしたが、さて彫刻をしたい娘がぼくの仕事場にあうのかどうかわからない。そこで「作品を見たいな」と言ったら、数日後に作品のアルバムをもってきた。アルバムの写真には相撲取りを膨らませたような奇妙な彫塑が写っていて、才能があるのかどうか、摑《つか》みにくい。作品をもってきてもらった。

実物の作品のほうは鉄でつくった真っ黒なカラスであった。ほぼ等身大で、黒光りしている羽がそそけて、眼光も鋭く、不気味な出来栄えだ。嘴《くちばし》が鋭かったのでハシボソガラスだろうか。「ふうん、カラスねえ」。いささか呆気《あっけ》にとられてぼくは呟《つぶや》いた。「ええ、カラスが好きなんです」と彼女は京訛《なま》りで言った。すでに東京のカラスが問題になっていたころだったが、彼女は「いいえ、カラスはすごいんです」と多くを語らない。

その後、彼女の実家の呉服屋は不渡り手形をいくつかつかまされて、ある日、倒産した。彼女は両親とともに家の仕事を建て直すために戻っていった。結婚したとも聞いた。ぼくの仕事場の片隅に黒いカラスだけが残った。

カラスが烏合《うごう》の衆であるかどうかはずっと議論の対象になってきた。しかしコンラート・ローレンツがコクマルガラスをわが子のように育てた記録を愛読してきたぼくには、カラスはとうてい烏合の衆ではない。つまりカラスは「烏《からす》の真似をする鳥」ではないはずなのだ。

ところがテレビや新聞で報道されるカラスはどうにも分が悪い。悪さばかりをしているように、不吉な黒鳥集団のように、喧伝されている。そこへもってきて石原都知事のカラス発言である。この都知事は文学的にも政治的にもB級なのだからべつだん気にしなくてもいいのだが、ただ煽動《せんどう》の勢いがあって、そのせいでカラスの旗色がそうとうに悪くなっている。そこで時折、カラスの応援のための本を啄《ついば》んでいたのだが、詳しすぎたり感覚的すぎたりして、いまひとつカラスの強力な援軍になってくれない。

これではカラスへの信頼がいまひとつ確立しきれない。おまけに夜明けに赤坂稲荷坂を帰路につくころ、電線の上にズラリと並んでバサバサと翼で威嚇している下を通るときなど、さすがに不気味なものもあって、心からカラスの諸君を迎えてはいない自分に気がつかされもする。

そんなところで手にしたのが、この『カラスは偉い』という一冊だった。タイトルも立派だが、中身も立派、ともかく一途《いちず》にカラス諸君の肩をもっている。著者はカラスの専門家ではない。日本自然保護協会の自然観察指導員で、都市動物研究会の理事長をしている。都会に棲む小動物たちすべてに味方する王様というべきで（一九六〇年生まれだから王子様か）、ともかく都会の自然をいきいきと見つける才能に富んでいる。

カラスにかけてはひとかたならぬ愛着がある。自分で「カラス博物館」というものを新小岩につくった。だから本書がカラスに捧げた評価には、ものすごいものがある。曰《いわ》く「カラスは不敗神話をもった鳥類最強の戦士である」、曰く「カラスの体は完璧なバランスをもっている」、曰く「カラスはリサイクル運動の実践者である」、曰く「カラスは優雅な貴金属コレクターである」、曰く「カラスは芸術的なセンスにあふれた優秀な建

フクロウとカラス。ともに夜や闇の象徴だ。その肉食性ゆえに残忍さが強調されながら、ともに鳥類最強の知恵者ともみなされた。神や賢者の使いとも目された。魅力は甲乙つけがたい。

築家である」。

カラスの体が完璧だというのは、一突きでネコを殺せる嘴で、弁当の蝶結びの紐《ひも》を解《ほど》いてしまう器用さをかねそなえているところに象徴されている。とくにハシブトガラスの嘴は殺害兵器なみらしい。いや、兵器ではなくトゥールダルジャンのフォークナイフほど鋭くて美しい。何でも呑みこめる砂嚢《さのう》(砂肝)もすごい。たいていのものは砂嚢で砕く。あんな体で体内にコンクリートミキサーが回っているのだ。

著者は、そうしたカラスのスーパースター十傑を選んでいる。これが傑作で、石神井《しゃくじい》公園に出没する「待ったカラス」は公園で将棋をしているおじさんに向かって「待った、待った」と鳴くらしい。葛飾の水元公園にはベンチで休む人間どものポケットから次々にモノを盗む掏摸《すり》のカラスがいて、こちらは「すりガラス」と名付けられた。

渋谷のハチ公前にはときどきホームレスのおじさんに飼われているカラスがあらわれ、木製のドラムスティックでおじさんと綱引きするパフォーマンスを見せているという。船橋の海浜公園では砂浜のシジミをさっと咥《くわ》えて、一〇メートルほどの高さから落として割り、それを見失わずに滑降して身を食べるという曲芸師のようなカラスがいる。京成電鉄の小岩駅では、ラッシュ時だけに飛び降りてきて混雑するホームを縫うように歩き回る「助役さん」とよばれているカラスに人気が集まっている。

こういうスーパースターたちの報告を聞いていると、感心はするものの、やはりカラスは悪達者《わるだっしゃ》だとも感じる。

しかし著者は、その悪達者こそが人間の子供とぴったり合致する知恵の発生だとみなしているのである。反論したい読者に向かって著者が最後に提言するのは、なんならカラスとことん闘ってみたらどうかというものだ。そんなにカラスが憎いなら、闘ってみなさい。とうてい勝てっこないはずだというのだ。

この提言はなまじの環境保護議論よりおもしろい。おもしろいだけではなく、なるほど人間というものは古来、この闘いをやってきて動物好きになっていったのだという気もしてくる。マタギの熊やメルヴィルの白鯨がそうであるけれど、たしかに人間というもの、自然とは一度は闘うものなのだというふうに得心できるものがある。いまはあまりにも闘い知らずの保護主義ばかりが拡散しているのである。

では、いかにわれわれ日本人がカラスのお世話になっているかというお試し問題を出しておく。次の熟語の読みかたと意味を答えなさい。よろしいか。「烏雲。烏帽子。烏瓜。烏賊。烏柵。烏羽玉。烏輪。烏滸。烏金。烏龍茶。烏将軍」。

以下が解答です。

ウウン（烏のように集まり雲のように散ること）。エボシ（被り物。絹製または紙製で漆を塗った）。ウカ

（まくわうりの一種、つまりカラス瓜）。イカ（イカは水に浮いて死んだふりをして鳥をおびきよせるという俗説から）。カラスダナ（違い棚が二組になったもの）。ウバタマ（ひおうぎの実）。ウリン（太陽のこと、あるいは金烏）。ウコ（漢代の未開部族のこと。つまり南方の戎《えびす》）あるいはオコ（おかしいの意味）。ウキン（鉄の異名）。ウーロンチャ（烏も好きなウーロン茶）。ウショウグン（イノシシのこと）。如何《いかが》でした？　カラスはやっぱり偉いようだ。

第六四〇夜　二〇〇二年十月十七日

参照千夜

一七二夜：ローレンツ『鏡の背面』　五四二夜：遠藤ケイ『熊を殺すと雨が降る』　三〇〇夜：メルヴィル『白鯨』

代謝エンジンのせいか
発現プログラムのせいなのか

クリス・レイヴァーズ
ゾウの耳はなぜ大きい？

斉藤隆央訳　早川書房　二〇〇二

Chris Lavers: Why Elephants Have Big Ears 2000

ゾウは鼻が長い。ミミズは雨が好きだ。これは国語の問題だ。どうして「〜は〜が」というふうにゾウと鼻の二つの主語が並ぶのか。こんな日本語って変ですねという問題になる。この手の問題については大野晋さんが登場すべき領分で、『日本語練習帳』（岩波新書）などを読むほうがいい。

ゾウは耳がなぜ大きいのか？　ゾウは鼻がなぜ長いのか？　なぜミミズは雨が好きなのか？　あいかわらず主語は二つあるけれど、こちらは生物の問題になる。動物に「なぜ」がつくだけで、問題は科学の領分に移る。ただし生物学のどの領分の問題なのかは、いろいろ異なってくる。答えも異なる。遺伝子で決定されていることもあれば、環境条件で変化したものもある。

たとえば、なぜミミズは雨が好きなのかという問題はミミズとゴカイのニッチの分かれ目の問題になるが、ネズミの大きさとゾウの大きさの違いは頭化係数などで比較する以外は、生物学的には比較しても何の意味もない。進化の問題に戻って考えることになる。ところが、ネズミもゾウも体温を三八度に保とうとしているのはなぜかという問題になると、ネズミとゾウの大きさなど問題にならない。そのかわり、ネズミの耳とゾウの耳の相対的な大きさや形の比較に意味が出てくる。

生物にはキリないほどに謎が多い。それでもどんな領分の謎にもこれまでそれなりの研究成果が寄せられていて、まだ未解決の部分のほうが多いとはいえ、疑問の地図の半分くらいは多色に塗りつぶされてきた。なかで、ほとんど回答が寄せられていないか、とんちんかんな推測しかなかった領分がかたまりのようにある。

そのかたまりのひとつに、生物はどうしてあれほど多様なデザインになっているのか、何が生物のデザインを決める遺伝子なのか、どこに生物のデザインを決める設計図や色彩計画表があるのかという問題をかかえた領分がある。

むろん仮説がまったくないわけではない。第七三五夜の『生物から見た世界』(思索社)で触れたユクスキュルやダーシー・トムソンの仮説などは早期の提案だったし、最近のロボティクスやバイオメカニクスの研究者たちも生物のデザインに強い関心を向けている。ところが遺伝子解析のほうはこの分野が苦手なのか、生物学者たちの多くが生物デザイン論には尻込《しりご》みしたままなのだ。

フリッシュやローレンツの出現によって、勇敢で周到な仮説を作り出す幅広い研究層を用意してくれた動物行動学《エソロジー》だけは、こうした生物の「形」に関心をもってきたが、これも形態の謎をとくためではなくて生態の観察が中心になっている研究分野なので、とくに形の決め手をあきらかにすることが目的にはなっていない。

生物の「形」を決めているのは、機能の問題なのかデザインの問題なのかということもある。デザインではなく情報処理の問題とか情報編集の問題と考えたほうがよいのかもしれない。

もともとデザインは「機能」と「装飾」という、二つの矛盾しあった問題をかかえているわけで、椅子や破風《はふ》や箪笥《たんす》のように機能が先行して装飾がそれに付随する外観ならデザイン問題であらかたカタがつくのだが、「サバンナで草食する動物」という機能だけで、キリンの首の長さのプロポーションやシマウマの縞《しま》のパターンを一緒に議論するわけにはいかないのだ。

さらに困るのは蝶の鱗粉《りんぷん》模様や鳥の羽の色彩を相手にしたときのことで、これらは蝶が蝶であるための条件や鳥が鳥であるための条件を成立させていることと、ほとんど関係がない。気まぐれにオシャレをしているとは言わないものの、保護色・警戒色そのほかいろいろそれらしい理由をあげてみても、なかなか説明にはならない。

というわけで、生物とデザインが絡みあう問題はいまのところまったく整理がついていない領分だということになって、だったらこれをどこで議論していけばいいかという課題が残る。


すでにホワイトの『形の冒険』(工作舎)をとりあげたときに書いておいたように、いま、「過去の伝統」と「現在の経験」と「生産的行動」の三つがバラバラにとりくまれたまま放置されている。そこには統合的な視点が失われたままになっている。

このバラバラは、察する通りの今日の社会経済文化的な大問題でもあるが、生物学的にもまったく情けない体たらくであって、これらをつないで貫くためには、どこかで「形に対する思考」を回復するか、あらたに再構築しなければならないというのがホワイトの思想であった。

それなら「形に対する思考」はどこを新たな出発点にするべきなのかというと、フォーマティブ(形成的)な視点とモーフィック(造形的)な視点を重ねるところに打開の糸口を見つけたい。多くのデザイナーもこの思想を欠いているが、この思想がいちばん欠けているのが生物学者たちなのである。

本書はそのような意味で、なんとか「形に対する思考」を取り戻そうと試みたもので、著者のクリス・レイヴァーズが動物生態学と生物地理学の両方を修めてきたことがバネになって、なぜゾウは耳が大きいのかというテーマに挑んでいた。ただし紹介しておいてすぐにケチをつけるのも失礼なことだが、本書では「形の設計図」がどこにあるかはまだわからない。

レイヴァーズが本書を通して用意した答えは、生物の形を決めている手がかりのひとつが「代謝エンジン」にあるのではないかというものだ。これは、体温や換気や放熱のシステムが体の基本設計に大きく関与しているという発想から組み立てられている。この仮説自体には説得力がある。

動物には大別すると、爬虫類のような冷血動物と哺乳類のような温血動物とがある。環境適応のちがいによって、その熱代謝のしくみが変化して、いろいろなところに工夫をもたらしている。ゾウの耳が大きいのは耳がラジエーター（放熱器）の役割の大半を受け持ったからで、なぜそうなったかといえば、ゾウの体の部分構造の相互関係においてバランスをとったという説明だ。

これはどちらかというと生物工学っぽい解釈なので、次のような例を思い浮かべるといい。水道の蛇口につけたホースを庭に放り出して水を出すと、ホースがその勢いによっていろいろ動く。たくさん水を送り出すとホースは暴れ、弱くするとホースはじっとしている。ホースの出口をしだいに高くすると、同じ水量でもホースから出てくる水の勢いが変わる。もっと高くするとチョロチョロとしか出てこない。生物もこういう調整をしている。そんな視点からレイヴァーズは生物の形にアプローチしようとしたわけなのだ。

水とホースの関係に置き換えて、水を熱とか呼吸とか排出ガスとみなし、ホースの形を太ったものとか蛇腹のものとか、くびれがあるものに変えてみる。そうすると、このシステム全体が「形をもった代謝エンジン」に見えてくる。夜店で風船をふくらませてそれをいろいろな動物の形にして嬢ちゃん坊ちゃんに提供していることがあるが、あの動物風船の形が代謝エンジンを抱えたシステムだとみなすのである。

動物風船は均質なビニール素材だが、本物の動物は皮や鱗や羽毛がついている。その基本素材によって代謝効率がちがうから、どの素材で環境に初期適応したかで第一次デザインがおおざっぱに決まる。

それでも環境変化やニッチの変化や餌の増減が激しくおこるので、そこで体のくびれを変えたり、耳を大きくしたり、嘴《くちばし》を尖らせる。これが第二次デザインだ。

それをもって代謝効率が維持できればそれでいいが、うまくいかなければ、もっと耳を大きくしたり、逆に皮膚に生えている毛を工夫したりする。ホッキョクグマは毛を中空にして光ファイバーの役目をもたせ、短い波長の光熱を皮膚の奥まで届くようにした。こんなふうなことをくりかえしているうちに、ゾウの耳はあんなに大きくなったのではないかというのが、レイヴァーズの推理だったのである。ふーん、なるほどそうなのか。

ゾウの耳が大きくなったのはいいとして、鼻はなぜ長くなったのか。これについては、体を巨大にし、その体重を支えるために短足の太い足をつくってみたら、口が地面や餌に届かなくなっていたのでついに鼻を長くせざるをえなかったというのだが、これはないだろう。どうも説明がバラバラだ。

本書に文句をつけるつもりはない。まあまあおもしろかったのだが、如何《いかん》せん、生物の「形の問題」は生物学者が想像しているよりずっと大きな問題なのである。ゾウの耳のデザインが熱代謝で決まったからといって、その耳に縞々の模様をつけなかった理由の説明にはならないのだ。

ゾウは耳が大きくて、色がなく、また皮が薄くなっている。けれどもサイは耳が小さくて鼻は顔の突起になっている。そのぶん皮も強化されている。このゾウとサイのとんでもない相違点はまだ説明がない。生物の説明には国語よりももっとたくさんの同時主語、が必要なのである。

進化発生学（Evolutionary Developmental Biology）という最近注目されている分野がある。略して「エボデボ」という。異なる生物たちの発生と分化のプロセスを比較して、そこに系統関係を探っていく。

モデルとする生物の遺伝制御メカニズムを研究し、発生のプログラムに着目して、生物どうしの相同性や差異をあきらかにしていこうというもので、ぼくはこの路線の前途には期待をもっている。ヘッケルからグールドに及ぶ見方を踏襲するものにもなる。クリス・レイヴァーズには「エボデボ」がなさすぎた。

第八〇二夜　二〇〇三年六月二四日

参照千夜

七七五夜：大野晋・浜西正人『角川類語新辞典』　七三五夜：ユクスキュル『生物から見た世界』　一七二夜：ローレンツ『鏡の背面』　三〇八夜：ランスロット・ロウ・ホワイト『形の冒険』　二〇九夜：スティーヴン・ジェイ・グールド『パンダの親指』

日本を代表するエソロジストの
パンタロンとジーンズの噂

日高敏隆

ネコはどうしてわがままか

法研　二〇〇一

日高敏隆さんが日本のエソロジー（動物行動学）の母胎づくりに与えた影響は途方もなく大きい。すぐれた啓蒙家でもあったし、またエソロジーの成果を日本のリベラルアーツの底辺に打ちこんだ恩人でもある。翻訳力が群を抜いていたのでコンラート・ローレンツからリチャード・ドーキンスまで、厖大な海外のエソロジーの名著を紹介してくれた。しかもその大半が生物界をめぐる科学者たちの「思索」や「意図」に関係するもので、たんにエソロジーの業績を誇るものではなかった。

そのうえでいうのだが、日高さんはかなり変な人なのである。東大理学部の動物学科を出て、東京農工大から京大に移り、さらに最近は滋賀県立大の学長を勤めあげた人を変な人というのは申し訳ないが、そうとうに変な人なのだ。

だいたい大学教授として最初にパンタロンを穿《は》いて大学に行った。これは村上龍がアルマーニを着つづけていることくらい、変である。次に、噂によれば最初にジーンズで教壇に立った教授でもあるらしい。ぼくはジーンズよりもパンタロンを最初に穿いたことがエソロジストらしい大胆な選択だったと思うけれど、これが突然変異か環境適応かニッチの発見かはわからないが、二度も奇を衒《てら》うというのは、エソロジストが孔雀《くじゃく》をめざしてしまったようにも思われた。

次に、あれほど数々の名著の翻訳書を世に送ったのに、その連中の思想の肩をもたない。応援団長にならない。つまり誰の贔屓《ひいき》もしないところがすばらしい。むろん研究者たちに非難がましいわけでもない。文句たらたらだったら翻訳もしなかったろう。世界のエライ先生は先生であって、自分は自分でいいんだというところがある。

これはローレンツからドーキンスにいたる訳書の「あとがき」にもあらわれていて、日高さんはろくな解説をしないのだ。ふつうは得々として原著のよさを必要以上に強調し、原著者といかに親しくオックスフォードの研究室でコーヒーを飲み、そのときの片言隻句にも原著者のオリジナルな思想が躍っていたというような、ハーバードのファカルティ・クラブで声をかけられて「君の見解にはキラリと光るものがあるね」と言われたというようなことを書くのに、そういうことをしない。

当初、ぼくは、この人には「あとがき」解説能力がないのかと思ったほどだ。いつも「あとがき」がとても短いのだ。ここを読みなさいとか、著者の思想はここにあるとかも書いていない。ただ語学の能力に長けているだけかと思いたくなる。が、そうではなかったのだ。自分の言葉で生物を語ることに徹しているだけなのである。すばらしい料理人が他人のレシピには口を挟まないといったような、そんな印象なのだ。

ぼくは日高さんが京都に越してから親しくなった。親しくなったのはエソロジーのせいではなくて、ネコのせいである。日高家にはネコが多かった。多すぎた。しかもそのネコの世話をするのは先生ではなくて奥さんである。そこでぼくが日高夫妻と北山通りの喫茶店でお茶でも飲もうものなら、奥さんは先生がいかにネコを理解していないか、それはそれは国際会議で宿敵を破るような雄弁をふるう場面に居合わせることになる。ところが、先生はこれにまったく反論ができない。

これは変である。先生は動物行動学者《エソロジスト》で、ローレンツの『動物行動学』や『ソロモンの指環《ゆびわ》』を訳した人なのである。しかもネコどころか、『チョウはなぜ飛ぶか』（岩波書店）といったもっと説明しにくいことを説明できる人なのだ（この本は最高に出来がいい）。それが自宅のネコのことくらいで奥さんとの国際会議の議論に負けるはずがない。それが完敗なのだ。からっきしなのである。

むろんネコの問題に入る前に、人間のオスとメスの関係のむずかしさを人前などでは議論しないという先生のダンディズムが禍《わざわ》いしているのだろうと、その場に居合わせたすべての友人知人は忖度《そんたく》するのであるが、それにしてもなぜネコには弱いのか、周囲一同はまったく理解できなかったものでもあった。

本書はそのような日高先生が『ネコはどうしてわがままか』というタイトルで復讐をとげようとした本である。これはどうでも紹介しなければなるまい。

そこで勇躍、本書を読んでみたのだが、なかなかネコが出てこない。最初のほうでは、ぼくは子供のころから春が好きで、梅にウグイスとはいうけれどあの鳴き声は美しいだけではなく縄張り争いをしているのだとか、ゼンマイが芽吹くのを見ているとほんとうに心が躍るとかなんとか書いて、そのゼンマイにはゼンマイハバチがいてゼンマイを操作しているのだとか、ギフチョウが四月に羽化するのは温度のせいだから、冬眠中のサナギを適当な冷蔵庫に入れるときれいなギフチョウが出てきますというような、まるで春を欺くような話ばかりが書いてある。

まあ、これは前段だからいいやと読み進むと、春にはドジョウも出てきますね、とある。そしてドジョウが何を食べているかとか、オタマジャクシの群には変わった性質があって、一匹のオタマジャクシが敵によって傷つくと、その一匹から恐怖物質が出て、他のオタマジャクシが一斉に逃げられるようになっているという話になっていく。

つまり先生はネコに自信がないのである。できるだけ本題を先送りにしているのだ。それだから、「カエルの合唱はのどかといえるか」とか、「ヘビの走る速度は獲物の速さに追いつかないのはなぜか」とか「カタツムリは雌雄同体なのになぜ交尾する必要があるんだろうか」というような、もちろんそんなことを聞かれたら「はてな？」とは考えこむけれど、だからといってその答えを知ったから日々の生活が充実するわけでもないようなことばかりを、次々に連射するのだ。

ちょっと役にたちそうなことも書いてある。それは話がいよいよテントウムシの段になって（どこがいよいよかはわからないが）、なぜテントウムシはあんなに屈託なく動きまわっているのかという大問題にさしかかったときなのだが、テントウムシを潰《つぶ》して食べるとあんなにまずいものはないというのだ。

どうやら先生はテントウムシを一度だけは食べたのだ。これでは誰もテントウムシを口に入れなくなるだろう。だからこれは役にたつ。しかしネコとは関係がない。関係がないどころかネコはテントウムシを口に入れるようなヘマはしない。

役にたたないことも書いてある。日本では「雀のお宿」といってスズメがたくさん集まってチュンチュンしているところをそう名づけるが、先生はこの「雀のお宿」がどうしてできるのか不思議だなと訝《いぶか》ってきた。とくに烏丸《からすま》三条の第一勧銀あたりにはスズメがいつも集まっている。その理由に当たりそうなことをイギリスの生態学者が「あれはスズメの人口調整で、スズメはああやって集まっていると、これはいくらなんでも多すぎると気がついて、それで数をへらす気になるのだ」と発表して、先生はすばらしい考え方があるものだと感心した。

ところが、このようなことはその後の調査で否定されてしまったのである。科学者の仮説だからといって役にたたないことも少なくはないという教訓です、と先生は平然と結ぶ。われわれならスズメがそんなことはしっこないとすぐに合点できることを、わざわざ世界中で調査するあたり、学問というものは変なものだと知るという意味では、これは役にたつ話だった。

こうしてさんざん焦《じ》らしておいて、二二〇ページの本のやっと一五八ページになって、イヌは飼い主に忠実なところがあるのに、ネコはわがままなのはどうしてでしょうかね、ととまるで主題をほったらかしにしていたことを懺悔《ざんげ》するふうもなく、先生はやおら結論に入るのである。

そして、ネコというもの、父ネコと子ネコにはまったく情愛も親交感覚もない。母ネコと子ネコの関係も母から子への一方向の関係付けしかおこっていない。これは疑似親子関係ともいうべきもので、きっと人間の飼い主とネコとの関係もこの疑似親子関係のようなものではないでしょうかと、澄ましたものなのだ。

これはネコがわがままだという説明とは何の関係もない。ネコの自立した性質の解説にはなっていない。自分がネコと親子のような愛情を交わせなかったという事実を隠しただけなのだ。それが証拠に奥さんはネコに溢《あふ》れるような愛情を注いでいて、日高家とぼくの共通の友人であるティムによると、ネコからも完全に信頼されている。けれども先生はその事実に目をつぶった。

期待してはいけなかった。先生は自分の言葉で自分に有利なことだけを話すのだ。ネコがわがままなのは先生が世話をしていないだけでなく、世話したところで自分に有利にならないことを知っていたからなのである。やはり先生はよくよく「利己的遺伝子《セルフィッシュ・ジーン》」ということを研究しつくしている。

第四八四夜　二〇〇二年二月二五日

参照千夜

一七二夜：ローレンツ『鏡の背面』　一〇六九夜：ドーキンス『利己的な遺伝子』

三ちゃんとうんこと
時代小説家の涙ぐましい工夫

子母澤寛

愛猿記

文藝春秋新社　一九五六　文春文庫　一九八八

昭和四三年、子母澤寛《しもざわかん》は心筋梗塞《こうそく》で急逝した。翌日はお手伝いさんと封切りしたばかりの《猿の惑星》を見にいくつもりだった。それをとてもたのしみにしていたらしい。それほどこの作家は猿好きだった。猿だけではない、かなりの動物好きである。

あんなにおもしろいものはないよと言って、『愛猿記』をぼくに薦めてくれたのは杉浦康平である。コンラート・ローレンツの『人イヌにあう』の話をひとしきりしたあとのことだった。一九七二年前後のことだ。杉浦さんは当時ダックスフントを室内で飼っていて、仕事中でも、その「レア」が窓のところでブン！と一声吠《ほ》えると、必ずドッグフードを二粒ほどもって、話のほうは休むことなくイームズの椅子をそっと立ち、バルコニーの窓を開けにいっていた。そのときばかりは、スラリとした杉浦さんも脚の短い茶色のダックスフントの親なのである。このレアは当時の「朝日ジャーナル」の矢野編集長がもちこんだ犬で、元はジョン・レノン家から運ばれてきた。

杉浦さんはそうとうの犬好きだ。この話の一年後には、中垣信夫とともに「犬地図」という前代未聞の犬嗅覚《きゅうかく》による地図作成にものりだしたものだ。その杉浦さんが薦めるのだからまちがいはない。いつか手にとろうと念《おも》っていたが、『愛猿記』を読んだのはそれから七、八年後のことだった。しまった、早く読んでおけばよかった。それならぼくも七匹の猫と二匹の犬との生活をしはじめる前に、猿を飼っていた。

本書は、連作である。最初に子母澤寛の友人が箱詰めの一匹の猿を運んでくるところから始まる。大暴れして近所にも迷惑をかけているいわくつきの猛猿だが、動物好きの子母澤さんなら引き取るだろうというので、運びこまれた。「三ちゃん」という。

ここからご主人の日夜にわたる格闘が開始する。奥さんは大迷惑なのだが、ご主人は三ちゃんがふにゃりと自分につかまった最初の感触がたまらない。なんとか妻子からの攻撃に抗するため、三ちゃんを弁解する立場にまわってしまったのがいけなかった。まるで猿の気持ちがみんなわかるんだという態度で、家中にも近所にも、猿にも偽善をふるまわなければならなくなっていく。

ところが親の心、子知らずで、三ちゃんは主人の薄くなりつつある髪の毛をむしろうとする。次に原稿用紙をむちゃくちゃに引きちぎる。あまつさえ、うんこをそこらじゅうにする。風呂に入ってくるので顔をくしゃくしゃにして喜んでいると、風呂中におしっこをする。どうやら猿には〝猿寝入り〟というものがあるらしく、おとなしく一緒に蒲団で寝ていても人間のほうが寝息をたてたとたんにむっくり起き上がり、日頃してみたかったことのすべてをやりとげるらしい。戸板をたたく、本棚をひっかきまわす、電気のコードをめちゃめちゃにする、ご主人の洋服をめためたにする。

そこで作家は対策を練る。叱る、あやす、キスする、笑ってやる、手をつなぐ。いろいろ試したのだがダメだった。

ついに猿回しから伝授されたとおりに、ご主人は意を決して三ちゃんの首ねっこにがぶりと噛《か》みつくことにした。二分、三分、「五分は噛みつきなさい」と言われたので、ご主人は必死に噛みつづける。大作家が猿の首を噛みつづけて離さないという図は、これは想像するだにおぞましい。杉浦さんもきっとこのあたりで感極まったのだろうと見当がついた。

これで、さすがに猿もちょっとは観念したらしく、このあと二人にしかわからない主従関係がほんのりと確立するようになった。しかし、世界に二人しかいないのならともかくも、この二人は都会の真ン中で家族とともに暮らしている。三ちゃんのいたずらが復活してくると、またまた新対策を練るしかなくなってきた。

そこで、この主人もそうとうおかしな人だとおもうのだが、猿と知恵くらべをすることにした。バナナにうんこを塗っておく。ニンジンは真ン中にうんこをこすりつけておく。ブドウは中身を自分で食べて、その袋の中に三ちゃんのうんこをつめる。なぜ、うんこばかりで復讐しようとしたのかわからないが、そんな面倒なことに歴史作家が毎日とりくんだのである。

この反撃が成功しはじめた。そうなるとおかしなもので、うんこばかり食べてしまった三ちゃんに主人は同情するハメになる。ブドウを三ちゃんが食べ始めようものなら、作家は矢も盾もたまらず「おい、それはダメなんだ。吐きだせ、吐きだせ」と叫ぶ始末なのだ。

こうして主人は三ちゃんを鵠沼《くげぬま》に連れていく。多少はのんびりした日々を二人で送ろうとするのだが、翌日には事件が発生してしまった。隣の家の庭にたわわに実るブドウをほとんどたいらげてしまったのだ。作家は大反省をする。ブドウに丸いうんこなど詰めるんじゃなかった、三ちゃんにおいしいブドウをあげておけばよかった。

結局、作家と猿の関係はただただ愛情が深まるばかり。三ちゃんが不慮の死をとげたあとも、二代目の三ちゃんを飼うことになる。作家はついに三代目の三ちゃんまで飼っている。尋常ではない。よくも時代劇などが書けたとおもう。

三代目の話は「悪猿行状」「嫁えらび」「三ちゃん追悼記」「追慕」に、さらに詳しく書いてある。ここでは三代目のおちんちんが腫《は》れたので、作家が毎日フラジオマイシンという噴霧液をかけ、これをフーフー吹くと三ちゃんがホウホウと泣くという話が中心である。

次に、嫁をもらってやるくらいなら自分が一生面倒を見るという決意のこと、および、ついに三代目の三ちゃんが七年目で死んでいく場面などが綴られる。このへんはとても悲しいところなので、一部の読者は読まないほうがいい。

ともかくこうして『愛猿記』はおわる。ところが子母澤寛は犬も好きなのである。そこで話は今度は「ジロの一生」「チコの話」、フクとトチコをめぐる愛惜きわまりない「犬と人との物語」というふうに続く。ほんとうに、この人は流行の文学者だったのかとおもうほどである。

かくして最後に「カラスのクロ」が登場する。ある意味では、この話が最も子母澤寛の愛情が切々とあらわれていて、珠玉のエッセイになっている。ある意味ではというのは、すでにいろいろの飼育記を書いてきたので、余計なところが省かれていて、そのためかえってカラスの可憐《かれん》が伝わってくる。ぜひとも読んでほしいが、これも最後は泣かされる。覚悟して読まれたい。

子母澤寛は初期の『国定忠治』(改造社→新潮文庫)などの股旅《またたび》ものや中期の『父子鷹』(文藝春秋・新潮文庫ほか)などの勝海舟ものが人気だし、とりわけ『新選組始末記』(中公文庫・中経出版)で幕末血風録の先鞭《せんべん》をつけたのだが、実は晩期の『枯草物語』『雨の音』『厚田日記』(中央公論社・講談社の全集)がいい。幕府と運命をともにしていった江戸っ子の敗残者を描くのだが、その直情な善意に哀切がある。それを「本所《ほんじょ》もん」という。動物にひれふす子母澤も「本所もん」なのである。

第九四夜　二〇〇〇年七月十八日

参照千夜

九八一夜：杉浦康平『かたち誕生』　一七二夜：ローレンツ『鏡の背面』

黒いコッカースパニエルは
二人目の女房のようなものだった

江藤淳

犬と私

三月書房　一九六六

江藤淳は愛妻の死を追って死んだ。一九九九年のこと、六六歳の自殺だった。このニュースがテレビで流れたときはギョッとした。数日たってちょっとだけだが事情の断片が伝わってきて、むしろアーサー・ケストラーが老妻を伴って安楽死を選んだことを思い出すほうがよかったと考えなおした。

本書は江藤淳の最初の随筆集である。したがってここに綴られた文章は一九五九年から一九六五年までのものになっている。これは江藤淳が生意気だった(ように見えた)二六歳から三二歳までにあたる。以前にも書いたように、ぼくはこのころ「文學界」「群像」「新潮」「文藝」を毎月の巡回雑誌でとっていて、江藤淳の文芸批評は三六歳で始めた「毎日新聞」の文芸時評を含めてだいたい読んでいたとおもうのだが、ここに載っているような随筆はまったく読んでいなかったし、こんなことを書いていたとは予想すらしていなかった。

それゆえ本書に顔を出すような愉快な江藤淳の相貌《そうぼう》は、あの辛口で理屈っぽい憎まれっ子の江藤淳からはとうてい予想もつかないものだったのである。

この随筆を綴っていたころの江藤はまだアパート暮らしだった。六畳・三畳に四畳半のダイニングキッチンという状態だ。なのに蔵書だけはどんどんふえていた。

そんな江藤が部屋中を本だらけにしながらも、大きなペンギンのぬいぐるみを大事にしていたなんて、どうみてもテディベアが離せない中村歌右衛門のようで、おかしな話なのである。しかし、そこにこそもう一人の江藤淳がいて、その江藤淳があれこれの変転のうえ、老年になって夫人を追って自殺したわけだった。そのあれこれの変転という場面に、犬がいた。

江藤は本の洪水を脱出するために一軒家に引っ越した。本のためだけではなく犬を飼いたいせいでもあった。江藤夫妻には子供がいない。二人は夢中で仔犬選びに乗り出した。一ダース以上の仔犬が候補にあがるのだが、結局は黒いコッカースパニエルを貰《もら》い受けることにした。このミス・ダーキイちゃんが江藤家を変える。その変え方は文学作品の比ではない。

まずダーキイは江藤の顔を舐《な》めた。ぷんぷんとした仔犬の匂いに覆われながら、江藤は奇妙な感動に嗚咽《おえつ》する。「これがおれの犬だ」「これはおれだけの犬だ」という私有と支配の勝利に似たそわそわした感動だった。次にダーキイは夫婦のあいだにすぐもぐりこんできた。夫婦ゲンカをしているときは二人の顔をのぞきこみながら部屋をうろうろした。これで江藤夫婦は人間以外に人間を動かすものがあることを知る。それにくらべれば、文学は人間のつくったものにすぎないのだ。

ついでダーキイは等身大のペンギン人形に嫉妬した。江藤がペンギンを抱こうものなら唸《うな》り声をあげ、すぐに手放さなければ嚙みつかれそうだった。そこで江藤はペンギン人形を放棄するふりをするのだが、ダーキイは許さない。そのうちペンギン人形の片目が忽然《こつぜん》と消えた。どこをさがしても見つからない。ある日、庭の一角にした自分のうんこに向かって吠えているダーキイの動作を不審におもって見にいくと、なんとそこにはペンギンの目玉が無残にもこちらを向いていた。

まあ、ここまではペットを飼ったことがある者には早晩おこることである。やたらに自慢するほどのことじゃない。ぼくだってこのくらいの体験はそこそこ味わった。それにぼくのばあいは犬二匹とリス一匹と猫一六匹だ。負けはしない。

ところが、ここから江藤淳は妖《あや》しくなっていく。犬馬鹿になっていく。子母澤寛が猿馬鹿になったのはまだしも（何がまだしもかわからないが）、江藤淳が犬馬鹿になったのだ。犬のために奉仕し、犬の下僕となり、将軍綱吉もどきの犬に仕える最高権力者をめざしてしまうのだ。

生活はほとんどダーキイの一挙手一投足のままに従い、そのたびの一喜一憂である。よくそんなことでオモテムキは文芸批評家の一方の雄でいられたなどおもうのだが、ウラムキは大騒動だった。獣医がダーキイの見合いの相手を選ぶのに、黒いみすぼらしい犬を選んだというだけで不機嫌になる。それなのに、ちょっと見栄えのいい相手と見合いをしたとなると、なんだか理由もなくこみあげるものがある。首尾よくダーキイが四匹の赤ちゃんを生んだとなると、これはもう極楽だ。

さっそく江藤は目黒から麻布の巨大な邸宅に引っ越した。留守役だ、借家だとは弁解しているが、これが将軍綱吉でなくて何なのか。

そして、ついには次のような文章を綴る男になりさがって、ぼくを感動させる。外国に一年少々ほど滞在しなければいけないことが決まったときの随筆である。「犬の問題」というタイトルがついている。

私は他人がそばにいると、原稿が書けないたちで、ことに女房がこっちをむいているとよく書けない。きっと、ものを書くということに、どこか犯罪に似たところがあるからにちがいないが、犬は容赦もなく書斎にはいって来て、私の顔を眺めている。昔はおしっこが出たいのかと思ったものであるが、今は何をしに来たのかよくわかっている。彼女は私を憐んでいるのである。そして、男というものは、何でこんなつまらないことにむきになっているのだろうか、と変に智慧のありそうな眼で、少し首をかしげて不思議がっているのである。

犬を飼っているということは、二人女房を持っているようなものだ。これは妻妾同居という意味ではなくて、まったく同じ女房が二人いるという意味である。だから女房を連れて来いというなら、犬も連れて行かなければならない、犬を置いて行けというなら、どうして女房を置いて行ってはいけないのだろう。どちらかにしなければ、私の精神のバランスが崩れてしまうのです。

ともかくこの本は心底感動的な本である。どれほど江藤淳の思想や顔付きに偏見をもっていようと、この本を読めばたちまち病気は治る。

ここでは紹介しないが、本書の後半はダーキイが出てこないかわりに、人間の宿世というものが描かれていて、これがダーキイの顔に付いている瞳のようなのである。この一連の随筆がなかなかの則天去私で、渋いのだ。まあ、騙されたとおもって『犬と私』

を読みなさい。なにしろ『犬と私』だけが志賀直哉も川端康成をも感心させた江藤淳であり、もう一人の女房を追って自害したもう一人の江藤淳なのである。

そしてその次に五冊本『漱石とその時代』（新潮選書）を読むことだ。読めなくなったら『荷風散策』（新潮文庫）で息をつぎ、また『漱石とその時代』を読んでみることだ。それでもやっぱりもう一人の江藤淳の体温に触りたくなったら、『犬と私』に戻るか、『妻と私』（文春文庫）に進むか、あるいは『南洲残影』（文春文庫）を読むとよい。こんな昭和の文人は、もう見当たらない。

第二一四夜　二〇〇一年一月二三日

参照千夜

九四六夜：アーサー・ケストラー『ユダヤ人とは誰か』　九一九夜：ローレンス・オルソン『アンビヴァレント・モダーンズ』　一二三六夜：志賀直哉『暗夜行路』　五三夜：川端康成『雪国』

第四章　背に腹はかえられるか

デズモンド・モリス『裸のサル』
三木成夫『胎児の世界』
石原勝敏『背に腹はかえられるか』
久保田博南『電気システムとしての人体』
クロード・ベルナール『実験医学序説』
イヴ＝マリ・ベルセ『鍋とランセット』
藤田紘一郎『笑うカイチュウ』
石弘之『感染症の世界史』
レイチェル・カーソン『センス・オブ・ワンダー』

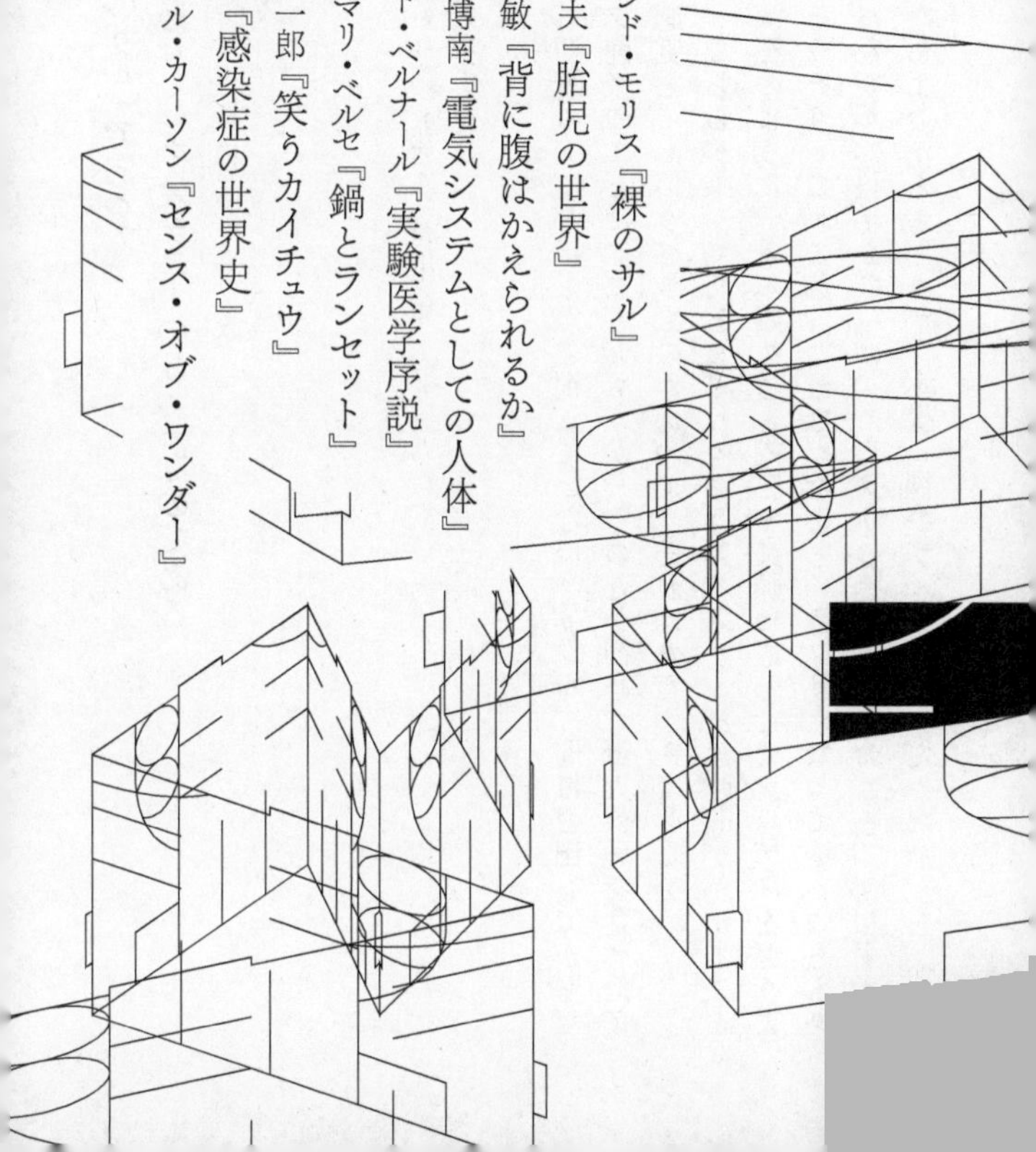

われわれは「裸のサル」であって
「悪食《あくじき》のサル」であり、「ネオテニーのサル」なのである

デズモンド・モリス

裸のサル

日高敏隆訳　河出書房新社　一九六九　角川文庫　一九七九
Desmond Morris: The Naked Ape 1967

ずいぶん前なのに初読の実感がほとんど消えていない。「遊」を二冊ほど出してからだから、ドルショック前後のことだったとおもうが、そのとき初めて野人料理を食べたような脳の中の口中感覚とでもいうべきものがあって、それがまだ消えていない。

読書というもの、こちらが乗ってくるまでけっこうアイドリングに時間がかかることもあれば、楽器の演奏のように、読み始めると内容や文脈にあわせてメロディを追うように指が動いて、そうそう、これこれ、これなんだよというノリになっていることもある。ぼくのばあいはなぜか〝科学もの〟に、このノリの感覚がよくおこる。さしずめ器楽的繙読《はんどく》感といったらよいかとおもうが、本書『裸のサル』がそれだった。

のちにデズモンド・モリスが矢継ぎばやに書きおろしていった話題の『マンウォッチング』（小学館）や『ふれあい』（平凡社）なども読んだが、同様の器楽的繙読感はおこらなかった。それらの内容に文句があったわけではなく、なるほどと思わせるものだったのだが、何かがちがう。科学的なアプローチと言葉のスピードが合致していないからなのだ。楽器の出来と音楽の出来がちがうのだ。たとえていえば三味線でビートルズを弾こうとしている。『裸のサル』はそこが卓抜な合致を次々におこしていた。

こういうことはよくあることで、たとえばカール・セーガンのものなども、最初の『エデンの恐竜』（秀潤社）のどきどきさせた演奏力にくらべると『コスモス』（朝日新聞社）や『宇宙との連帯』（河出書房新社）がかったるい。きっと学者がくりかえし同じテーマを書いていると、こんなことになってしまうにちがいない。

で、『裸のサル』であるが、この書名はもちろん人間のことをさしている。人間は（ヒトとかヒトザルと書いたほうがいいのかもしれないが）、毛皮を失った「裸のサル」であり、何でもむしゃむしゃ食べたがる「悪食のサル」であり、他の哺乳《ほにゅう》動物がめったにそんなことはしない同種殺害が平気な「憎悪のサル」なのである。

やがてヒトは、どんな動物にもまったく似なくなってしまった。しかし考えるべき問題は、われわれがそういう特徴をもっているということではなく（もうそうなってしまったのだから）、われわれは何を身のおぼえとしているのかということだ。

モリスが本書で挑戦したのはこの問題だった。地球上にいる一九三種のサルとヒトザル（ヒト）のちがいはいったい何なのか。すでによく知られているように（モリスがこれを書いたころには知られていないことだったが）、DNAの配列レベルではサルとヒトザルとのちがいはごくごく僅《わず》かなものである。それなのに一方は動物園で似たような日々をおくり、他方は洋服を着て車に乗り、石油を燃やして戦争をするサルになった。どうしてこんなことになってしまったのか。

モリスが最初に探索するのは、ヒトが狩猟型のサルを起源としていたということだ。われわれは捕食性霊長類なのである。そのためいろいろな特質が突起した。たとえば、視覚が嗅覚をはるかに上回り、並行視《パララックス》が完成し、捕食感覚をつねに刺激するためにのべつまくなしに口に何かを入れていなくてはすまない「過食のサル」になっていた。

捕食性をもった霊長類は食物をちゃんと貯蔵することをおぼえた。これがそのうち煮炊きをして食物をおいしくするという工夫を生むわけだが、それとともに、いつも見張り番たちが狩猟をしていなくてもすむライフスタイルをつくっていった。貯蔵は共同生活というスタイルを始める理由になったのだ。群れが「分割することをしないですむ家族性」を生んだのである。

もっと重要なことがある。ヒト型の霊長類は何でも加工して食べているうちに、糞尿に関心をもたない動物になったということだ。捕食型で貯蔵型であるのに、インプットは大好きだがアウトプットには責任も愛着も感じない生物になってしまったのだ。これがいまになってゴミや産廃に悩みぬく遠因になっている。

次にモリスが着目するのは「裸のサル」がネオテニーを利用してサルから決別したということだ。第三一三夜の『神の生物学』のところでも少しふれたように、ネオテニーは人間だけに特有ではないが、とくに人間が活用した異様なシナリオである。サルやチンパンジーの脳は出生時にすでに成体の脳の七〇パーセントに達するようになっている。われわれの脳は生まれたてでは二三パーセントにしか達しない。そして、その後の五～六年間で急速に成長するようになっている。これがわれわれヒトザルが採択したネオテニーである。

われわれは「幼稚なサル」として生まれるようにプログラミングをして初期の成長を遅延させ、あとから環境に適応するようにしたわけなのだ。なぜこんなことをしたかということは、われわれが直立二足歩行をしたことと関係がある。

ふつうはサルは性器を露出し、発情期にはフェロモンを発散させて、性交期を決めている。そのためそのときはメスの生殖器もふっくらと入れやすいものになっている。また子宮口も胎児が出やすい大きさになっている。

一方、われわれは二本足ですっくと直立したために子宮口を狭いものにした。胎児が出にくくなった。このためつねに難産を余儀なくさせられ、嬰児《えいじ》は未熟なままに外に出ることを強いられた（ヒトの赤ちゃんは動物界のなかで最もフラジャイルな未熟児である）。これではすぐに成体にはなれない。それならあえて初期の成長を遅らせようということになる。胎児が狭い子宮口から押し出されることになったので、さいわい脳はトコロテン式に出たあとに膨張するようになった。そこでこの肥大する脳をゆっくり成長するようにプログラミングすることにした。

これがヒトのネオテニー戦略である。これこそが人間がわが子を一年も二年も育児をすることになった原因だ（もっと長期にわたって育児をする場合さえ多くなった）。この育児の期間に脳は最初はゆっくりと、その後は急速に発達した。幼児の模倣による学習が十分に脳の発達と見合うようになったわけである。

こうしたモリスの着目はたちまち話題になった。実際にはモリスが本書で述べていることのすべてが納得されているわけではない。いろいろ不備もある。けれども大筋において、「裸のサル」が直立二足歩行をしたことと、ヒトザルが人間になったことのあいだには、かなりネオテニー戦略が活用されただろうことはまちがいない（もっと詳しい論証はアシュレイ・モンターギュの『ネオテニー』や第二〇九夜に紹介したスティーヴン・グールドの『パンダの親指』ほかのシリーズを読まれたい)。

直立二足歩行はもっといろいろのことをおこしている。そのひとつは発情期《アドレッサンス》をなくしたことと、ヒトザルが相手とのコミュニケーションを求めて言葉をつかいはじめたことである。もっと変なのは、セックスを発情期以外のときでもできるように、オスの文化とメスの文化に差異をつけてしまったことだ。これはいまではジェンダー問題というとてつもなく大きな問題にふくれあがってしまったが、もともとは発情期の喪失に関係がある。

これらにくらべると小さな余波のように見えるかもしれないが、われわれは「裸のサル」でありながら、頭髪や腋毛《わきげ》や陰毛だけは残してしまったという、奇妙な事態をうけいれた。モリスはこの問題にも旺盛《おうせい》な興味を寄せて、本書でいろいろの仮説を紹介している。

火の使用が毛皮をなくすことになったのだろうということ、ひょっとするといったん海中(水棲)を選んでからふたたび上陸したから毛をなくしたのかもしれないということ、そのときいつも水の上に出ている頭だけは、太陽の直射から守るために毛が生えたのだろうということ、その他、あれこれだ。もっともモリスも腋毛と陰毛が残った理由をうまく説明できないでいて、このあたりは読んでいて笑わせる。

ぼくは水棲《すいせい》説には好感をもっている。そもそもヒトが流線形の体形をもっていること、体毛が背骨にむかって生えているということ、サルとちがって著しい皮下脂肪に富んでいることなどは、どうもわれわれが一時期水の中にいたことを暗示しているような気がしてならないのだ。かつてジョン・C・リリーとこの話をしたときは、リリーさんは「そんなこと言うまでもない、当然のこと」というように、自分の両手をフリッパーにしてクジラとイルカの真似をしてみせた。


デズモンド・モリスはバーミンガム大学で動物学を、オックスフォードの大学院でニコ・ティンバーゲンのもとでエソロジーをみっちり仕込まれた。ティンバーゲンはコンラッド・ローレンツ、カール・フォン・フリッシュとともにノーベル賞を受賞して、動物行動学《エソロジー》を天下に認めさせた大御所だ。

その後、ロンドン動物園の鳥類学研究部門に携ったことがモリスをおもしろくさせた。ＢＢＣの「Zoo Time」のプレゼンターに起用されたときは、その後の世界中の動物テレビ番組のほぼすべての企画・構成・演出のプロトタイプをつくりだした。日本のテレビ局の動物番組はほとんどモリスからの借用だ。

モリスは驚かせること《アメージング》に長《た》けていたのであろう。本書でもわれわれが「裸のサル」であることを気づかせるいくつもの証拠と仮説を列挙して、驚かせてくれた。ぼくはこの本で驚かされたことを感謝する。その後のサル学や霊長類学で、モリスの驚かせ方が極端に走っているとも知ったのであるが、まずもって自分で自分のルーツに衝撃をもったということが、ぼくをしてその後のヒト類ヒト科の存在学に向かわせた理由になったと得心できるのだ。

第三二二夜　二〇〇一年六月二六日

参照千夜

三一三夜：アリスター・ハーディ『神の生物学』　一〇七二夜：アシュレイ・モンターギュ『ネオテニー』　二〇九夜：スティーヴン・ジェイ・グールド『パンダの親指』　二〇七夜：ジョン・C・リリー『意識の中心』　一七二夜：ローレンツ『鏡の背面』　一五四四夜：早木仁成『チンパンジーのなかのヒト』

三木先生は、「松岡さん、あなたはデボン紀だ」と言った

三木成夫

胎児の世界

中公新書　一九八三

開口一番だった。「そうか、あなたが松岡さんですか。うーん、デボン紀ですね」。「えっ、デ、デボン紀？」「そう、顔ですよ、顔。松岡さんはデボン紀だ」。

東京芸大の生理学研究室（保健センター）でのこと、一九七八年くらいのことだったか、それより二年ほど前だったか。「遊」の読者が多かった芸大のイベントに学生たちから招かれ、かれらがそのあと「三木先生という芸大でいちばんおもしろい先生がいる」というので、研究室に入っていったときのことだった。

なるほど開口一番に「あなた、デボン紀！」と言うのはよほど変わっているか、かなりおもしろいか、ひょっとしたら天才か、バカのひとつおぼえしか言わない人か、ヘンリー・ウォットン卿《きょう》（オスカー・ワイルド『ドリアン・グレイの肖像』の登場人物）か、たんに傲慢か、

そのいずれかだろう。

研究室には胎児が成長順にホルマリン漬けになっていた。そこに白衣を着た三木先生が江戸川乱歩あるいは高木彬光《あきみつ》然として、いらっしゃる。それだけでも十分に不気味だが、その胎児の〝顔〟がオルドビス紀、シルル紀、デボン紀、石炭紀、ジュラ紀、白亜紀と順に並んでいて、ぼくの顔はそのうちのデボン紀だというのだ。カンブリア紀やジュラ紀でなくて意味なくホッとしたとはいえ、まったく失礼な話である。けれども、三木先生は実に嬉《うれ》しそうに笑っている。「いやあ、デボン紀、さすがさすが、松岡さん」と、おっしゃる。何がさすがなのか、さっぱりわからない。

これが、ぼくがデボン紀の生物として再生した一日の記念すべき発端である。このあと、三木先生と「ねじれ」の話に終始した。人間は捩《ねじ》れている、人体のどこもかしこも捩れている、生命の本質は「ねじれ」であろう、そんな話だった。

ジル・パースのスパイラロジー（螺旋学）の話を持ち出してみたら、三木先生の顔が輝いたのだ。ぼくも図に乗って「捩率《れいりつ》」に関するゴタクを並べた。ぼくはそのころ、自然界の動向を捩率のふるまいによって見ていて、「捩れ的相似律」に凝っていた。けれどもそれを人体のすべてにあてはめるなんてことまではしていなかった。ところが三木先生は、体も命もなにもかもが捩れでできていると言うのだった。それをまたまた嬉しそうに話した。「だって松岡さん、内臓の末端は全部ねじれているんです」「へその緒だって、十二指腸だって、大腸だってね、そうでしょう」。ええ、ええ。「実は耳もねじれてですよ」。はい、はい、三半規管なんて全部ねじれている。「いや、それだけじゃない。うんこだってねじれているんです。えっ、そうでしょう、うんこ」。うん、うん。「あれはハッキリ言って、ねじれドーナツです」。でも、そういえば……。「あのね、脳もねじれてます。ニューロンそのものが松岡さんのいう捩率の産物なんです」。

「それにね、声だって口の中の動きがねじれているから発声できるんだと思いませんか」。はあ。「それから、歩き方。人間は体をねじって直立二足歩行しているわけですよ」。ええ、ロボットも。「もっと決定的なのはね、赤ん坊がねじれて出てくるということです！」。

ぼくはずうっと頷きながら、自分が大過去のデボン紀を引きずっているのだろうと、思わざるをえなくなっていた。いや、そう思っているフリでもしないと、この会話の異様な高揚感が失われそうだったのだ。

こうして、ぼくは三木先生と親しくなった。ふらりと工作舎にもやってきて、ぼくがそのころ無料で開催していたレクチャー「遊学する土曜日」を聞き、おおいに感心してくれたりもした。ただし、その感心というのも、「ねえ松岡さん、般若心経《はんにゃしんぎょう》はもっとゲーテ的に、松岡ふうに言うなら遊学ねじれ的問題で、つまりは〝おもかげ物質〟で説明したほうがよかったんじゃないかなあ」というものだった。

何が松岡ふうだかわからないが、なにしろぼくは会った当初から〝デボン紀の男〟としてクリッピングされているのだから、抵抗のしようがあるはずもなかった。

しかし、そのあとの時間は至福の対話時間、ぼくは三木先生とついに「心のアリバイ」さえ突きとめるに至ったのである。そう、心は脳だけにあるにはあらず、体の各所にも出入りしているという仮説であった。三木先生は「脳は内臓を反映する鏡にすぎない」と宣言しつづけていたのだ。

これはものすごい思想である。脳の役割を認めていないというのではない。脳は内臓すべて（血液の動向も尿道の出来事もみんな入る）の一部始終を反映している翻訳マシンにすぎないというのだ。当時すでにY先生といった〝唯脳論者〟が登場していたが、そうした唯脳論や唯心論に対する痛烈な批判でもあった。

三木先生はもともとは解剖学者である。そのうえでゲーテを愛する形態学者でもあった。それから徹底した反還元主義者であり、言霊《ことだま》主義者でもあり、そしてタオイストであった。近頃えらそうな顔をして思想を息巻いているY先生という解剖学者とは格がちがっていた。

けれども、その三木先生の考え方を読める本がない。書こうとしないのだ。先生、本を書いてくださいよと言っても、まあそのうちねというだけで、いっこうにとりあわない。だいたい芸大の保健センター所長などというポストではこの風変わりな天才の間尺にあわなすぎるのに、まったくおかまいなし、平気なのである。

その三木先生がついにメジャーの版元で本を出したのが、本書『胎児の世界』であった（ほぼ同じころ築地書館から『内臓のはたらきと子どものこころ』も刊行された）。それは、ぼくがしばらく先生と会わなくなってしまった時期のことだった。とびつくように読んだ。『胎児の世界』まえがきの第一行目にはこうあった。「過去に向かう〝遠いまなざし〟というのがある。人間だけに見られる表情であろう」。

わぁー、すごい。かっこいい。これが仕方なくてやっと書いた一般書の第一行目なのだ。Y先生とは品がちがっている。さらに本文の冒頭にはこうあった。「生命記憶。みなさんはあまりお耳にしたことがないでしょうが、このことばには何か心の奥底に響くものがあります」。そして「椰子《やし》の味」と「母乳の味」と「玄米の味」の比較に入っていく。最後には伊勢神宮の遷宮と生命のリズムの比較をする。なんだか涙がたまってきてしょうがない一冊だった。

本書は胎児が刻々とかたちを変えて、一億年の生命の歴史を再現していくことを詳細に追っている。そしてそのつど、解剖学の成果と形態学の推理が第一ヴァイオリンのごとくに奏でられていく。

その知的曲想の演奏がすばらしい。例の「ねじれ」も出てくる。赤ん坊がついに羊水を飛び散らせてズボッという音とともに出てくる瞬間だ。「頭のツムジをなぞるかのように赤ん坊の大きなからだが螺旋《らせん》を描いて飛び出してくる」と三木先生は書いていた。こういう書きっぷりは随所にあらわれる。

たとえば、たとえば、である。「植物のからだは、動物の腸管を引き抜いて裏返しにしたものだ」。たとえば「この小さな胎児は喉《のど》を鳴らして羊水を思いきり飲み込む」。たとえば「母親の物思いによって無呼吸の状態がつづくようなとき、増量した血中の炭酸ガスが臍《へそ》の緒を通って胎児の延髄に至り、そこの呼吸中枢を刺激するといった事態が起こるという。ここで胎児もまた大きく溜息《ためいき》をつく。母と子の二重唱といったところか」というふうに。

圧巻は、「いったい生物はどうしてリズムを知るのか」という自問自答に始まるくだりだった。女性の排卵は月の公転と一致して、左右の卵巣から交互に一個ずつ体腔《たいくう》内に排卵される。このとき暗黒の体腔でかれらはどのようにしてだか、月齢を知る。三木先生は、この問題は魚や鳥が移動するとき、その時刻と方角をどのように知るのかという問いに集約されると考える。そして、この問題を解くための指針はただひとつ、それは卵巣こそが一個の「生きた惑星」ではなかったかということに合点することなのだ、と考えていくのである。

こうして三木先生は、「地球に生きるすべての細胞はみな天体なんだと知ることなのである」というふうに喝破する。すなわち、胎児たちはすべて「星の胎児」なのだと宣言をするのだ。

本書を一貫しているのは、「面影」というものだ。これはゲーテの「原型」にあたるキーワードで、むろん生きた面影のことをさす。この面影が数億年の太古に蘇《よみがえ》り、胎児に宿る。この面影を消し去ることはできず、この面影を含まない科学は生きた生物学にはなりえない。ぼくにデボン紀の面影を見たのは、三木先生の一貫した哲学による御神託だったのである。

それでは、せっかくのことなので謎のデボン紀について一言だけ加えておくことにする。ここからはおまけだ。

デボン紀(Devonian period)は約四億一六〇〇万年前から約五〇〇〇万年ほど続いた。デボンというネーミングは、イギリス南部のデヴォン州に分布するシルル紀と石炭紀の地層に挟まれた地層名に由来する。

デボン紀が始まるころ、地球では複数の大陸(陸塊)がぶつかりあっていた。ローレンシア大陸とバルティカ大陸の衝突などとして知られる。これで赤道あたりにユーラメリカ大陸が出現した（今の北米の東海岸、グリーンランド、スコットランドなどのもと）。こうした地質と地形の変動は衝突時に隆起した山脈、その山脈による大気の流れの誕生、恒常的な降雨、それによる長大な河川の誕生などをもたらした。

ここにデボン紀の生物圏が次々に姿をあらわした。まず、山と川と海が大きくつながったことで、シダ状の葉をもつ樹木状植物が繁茂して、最古の森林がつくられた。森林ができると、その拡大につれて湿地帯や沼地が形成された。

海洋も変動した。森林や河川からの栄養物が海に流れこんだために、コケムシやサンゴが大規模なコロニー（個体群）をつくり、そこに腕足類、ウミユリ、三葉虫、甲殻類、オウム貝、アンモナイトなどが棲息《せいそく》するようになって豊かな海ができあがっていったのだ（いや、ぼくはまだ登場していない）。

デボン紀を象徴する動物は、まずは硬骨魚類《こうこつぎょ》である。その前のシルル紀の棘魚類《きょくぎょ》から分岐進化した。どういう魚かというとシーラカンスや肺魚のような奴で、空気呼吸ができる骨っぽい魚たちだ。

のちにアジやタイなどになる現世魚類を代表する硬骨魚類は条鰭類《じょうき》とか真骨《しんこつ》類というのだが、これらには肺がない。遊泳能力を向上させるために肺が浮袋に変化したからだ。

デボン紀の魚はそうではなく、肺がある（してみると、ぼくは肺魚だったのかもしれない。そういえば三木先生の前でも煙草をスパスパ吸っていた）。

　空気呼吸ができるのだから、肺魚類の中には河川をつかって陸上の沼地に上っていく奴もいた。これは肺魚系エウステノプテロンから分岐して、アカントステガ、イクチオステガといった初期両生類になった。

　次にデボン紀を象徴するのは昆虫類の出現だ。すでにシルル紀にはダニ（鋏角《きょうかく》類）やムカデ（多足類）などの前期昆虫系が陸上に登場していたのだが、デボン紀では六脚型があらわれた。エビやカニの甲殻類とかミジンコやフジツボなどの鰓脚《さいきゃく》類や蔓脚《まんきゃく》類が進化したようだ。

　ただ、この時期の昆虫にはまだ翅《はね》がない。翅があって触角を発達させた昆虫が栄えるのは石炭紀のことだ。それでもデボン紀の昆虫においては外骨格のボディプランが発明されたのである（ぼくは翼のない鎧《よろい》をつけた男だったのか）。

　シルル紀からデボン紀にかけて、もうひとつ活躍した奴がいた。サメなどの軟骨魚類だ。サメは興味深い連中で大陸近くの浅い海で進化した。だから淡水との親和性がある。五〇〇種に及んだ形態もさまざまで、基本は流線形であるけれど、初期にはエラもヒレも多様にもっていて、自由闊達《かったつ》に動きまわっていた。鰓孔《えらあな》も五対も七対もあった。

日本の近海には一三〇種のサメがいる。日本神話や風土記では鰐《わに》とも鱶《ふか》とも鮫《さめ》とも呼ばれた。和邇《わに》氏という一族がこの系譜の伝承や物語を記録していた可能性がある。最も有名なのは山幸彦（ホオリノミコト）の物語で、海洋系の一族の娘トヨタマヒメが八尋和邇《やひろわに》に包まれていたという話だろう。琉球沖縄にもこの手の話が多く、サメ・ワニは神の使いだとみなされている。

こうなるとよくわからないが、ぼくはシダっぽくて肺魚っぽくて、翅のない虫にもなりうるような、ときに海の一族を引き受けるワニ族だということになるわけだ。三木先生、これが「デボン紀の男」という面影なんですかねえ。

第二一七夜　二〇〇一年一月二六日

参照千夜

五九九夜：江戸川乱歩『パノラマ島奇談』　九七〇夜：ゲーテ『ヴィルヘルム・マイスター』

背中と腹は何がちがうのか
極性ZPAがつくるボディプランのしくみ

石原勝敏

背に腹はかえられるか

ポピュラー・サイエンス（裳華房）一九九六

この著者とぼくとは、少年期にまったく同じどぎまぎする体験をしたようだ。セミの地虫《じむし》（幼虫）をたくさんとってきて、蚊帳《かや》の中で一晩中セミの羽化《うか》をずうっと眺めていたという体験だ。

この体験は忘れられない。茶色い地虫の背中が割れ、小さく透明で柔らかな翅《はね》がみるみる伸びたかとおもうまもなく、その翅が未明の曙光《しょこう》に照らされてキラキラと七色に輝くのである。それがたちまちおこっていく。この世で最も美しいひとときに思えた。鳥取生まれの著者もまったく同様に、蚊帳の中のセミの羽化に固唾《かたず》をのんでいたらしい。「その美しさはたとえようがない」と書いている。

ところが、この同じような少年観察をした著者とぼくとのあいだでは、ほんの一瞬のことではあるが、決定的な差がおこっていた。著者は感動のあまり一匹の幼いセミの翅に思わずさわってみたらしい。そして、その指が触れたセミの片方の翅だけが伸びなかったというのだ。それだけではなく、この指を触れたセミはくるくる回るようにしか動けず、翅は茶褐色となり、二日後に死んでしまったという。

こうして、著者の石原勝敏は島根大学から東大大学院をへて発生学者となり、ぼくは早稲田を途中で放棄して父親の借金返済に向かい、一介のエディターとなった。教訓。ふやふやとした生き物がいたら、それが好きな子であれ綺麗《きれい》な先生であれ、ちょっとはさわってみるということである。これで、あとの人生が変わってくる。

植物や動物には相称性と非相称性がある。植物の大半は線対称、タンポポの種にも放射相称の冠毛がついている。原生動物の多くは点対称の回転体、ヒドラやイソギンチャクは上下の方向性だけをもった線対称、哺乳動物のほとんどは面対称である。

非相称性もある。アサガオ・ヒルガオ・インゲン・サツマイモの茎は右巻きで、フジ・スイカズラ・カナムグラは左巻きだ。巻貝も一方向の巻きになっている。「左ヒラメで右カレイ」といわれるように、あるいは「ムニエル・ヒラメに、煮つけのカレイ」（あっ、ちがうか）というように、御存知カレイ類たちは非対称の体型なのである。

全体の体型が対称的であっても、部分的に非相称をつくっている器官もある。鳥のメスの卵巣や輸卵管は左側にしか発達しないし、アヒルの鳴管はオスでは左側だけが大きくなるし、たいていの動物の内臓は左右相称ではない。われわれの多くは心臓を左にセットしているし、肺もだいたい右のほうが大きい。

これらの相称性と非相称性がいつ発現されるかというと、発生初期からのこともあれば、分化の途中の出来事もあって、まちまちである。けれどもそのような「形のルール」がそもそもどこに起源しているかといえば、やはり受精卵か遺伝子で決まっていたとしか考えられない。この受精卵時にすでに発揮されるなんらかの「形のルール」のことを、「極性《ポラリティ》」（ときに軸性）という。

しかし、その極性がさらにもともとはどのように決まったのかというと、まだわかっていないことが多い。

受精卵には、その生理活性において卵の一方から他方に向かう不均一な分布（勾配）がある。一方を細胞質の多い核が近寄るので動物極といい、他方を発生のための栄養となる卵黄が多いので植物極という。この二つの極を結ぶ軸線上に発生していると仮定されているのが「極性」（polarity）である。

極性にはいちじるしい特色がある。まさに本書の著者が幼いセミの片方の翅にさわったことに関係してくるのだが、分極のおわった受精卵を左右に分離して二つにすると、それぞれが失った部分を補って二個体のカラダの全体をつくり、完全無欠のカラダになっていくのだ。それなのに、動物極と植物極を分断するように上下に分離すると（人為的に切断すると）、正常な個体はつくれない。こういうことが数々の実験で知られてきて、極性の役割が注目されるようになった。

かくて極性がカラダのデザインの決定的な設計図《ボディプラン》に深く関与しているらしいことが見えてきた。それも左右とか前後とか、表か裏かとかの、つまりは「背に腹はかえられるか」どうかの瀬戸際を決めているらしい。では、どの程度の決め手になっているのか、そのかかわりぐあいがむずかしくも、おもしろい。

われわれを含めて動物のカラダは細胞分裂によって細胞の数をふやして成長し、それを維持している。すべては細胞の量の調整と維持にある。

ところが、受精卵のばあいは次々に桑実胚《そうじつはい》を分裂させて細胞の数を多くしていっても、いっこうに成長せずに、むしろ細胞はいずれも小さくなっていく。しかも動いていく。これは細胞が自分の役割を発揮するために何かの目印か何かのレールに従って、自分がどの器官をつくるかを決めるために移動しなければならないからである。この目印やレールがわかれば極性の中身もわかるはずなのだが、残念ながら細胞には目印もレールも見当たらない。極性がはたらいていることだけははっきりしている。そこで、いろいろの仮説がたてられた。

たとえば、①オーガナイザー（誘導体・形成体）というものがあって、それが仮に外胚葉《がいはいよう》となるべき部位に接触すると、そのときオーガナイザーと外胚葉の協同作用による器官の発生がおこるのではないか。②形態生成を促すモルフォゲン（形を誘導する因子）とでもいうべき化学物質がひそんでいて、それが位置情報を与える作用を司っているのではないか（これについてはレチノイン酸が有力な候補となった）。あるいは、③胚葉には極性に関する位置価をもった胚葉等高線のようなものが隠れていて、それが胚の形成のときにむずむずと発現してくるのではないか。こういった仮説である。

それぞれ一長一短があって、まだ正確な全貌《ぜんぼう》はわかっていないのだが、どんな仮説をとるにせよ、極性がなんらかのかっこうで生物における「背に腹はかえられない事情」をむずむずと決めているのはたしかなことらしい。著者の指はその「むずむず」に触れたのである。

多くの動物のカラダには基本的に三つの極性があると考えられている。アタマとシッポの方向を決める頭尾極性（ぼくなら「徹頭徹尾性」とよびたい）、背に腹を代えられるかどうかを決めている背腹極性（いいかえれば表裏性）、それに、カラダの左右対称性をつくっている左右極性である。

これらの極性にはＺＰＡとよばれる極性化活性域があって、どうやらビタミンＡを含むレチノイン酸が機能して位置情報をマネージしているらしい。この位置情報をもった極性は、受精卵のときにおいても完成したカラダになってからも、生きている。トカゲのシッポの再生はそれを雄弁に物語る。

しかし、「生きている」といってもいつも極性がはたらいているとはかぎらない。大半の極性は特定の時期だけに発現される。ということは、極性がモノをいう時間判断か状況判断かを決めている時計がどこかにあるということなのである。この時計が動いているときに何かの異常がおこると極性が狂い、奇形になったり生命を危うくしたりする。著者の指が幼いセミにさわったのは、セミがまだ極性をつかって薄い翅を伸ばそうとしている時機だったのである。ひょっとしたらもう一分あとであれば極性が死に、セミはどこを指でさわられても元気に飛んだかもしれないのだ。

それにしても「発現」(expression)とはずいぶんデリケートなものである。それが生物のカラダのアイデンティティを決定するというのに、それが決定されるのはたいそうきわどい関係によっていた。

細胞にはすべて同じ遺伝子が入っている。どの細胞もその遺伝子成分にはまったく変わりがない。それなのに、どれかの細胞の集まりが「背」になって、べつの細胞の集まりが「腹」になり、またべつの細胞どうしが神経系になり、肝臓になっていく。なぜなのか。どうやら極性は、どの細胞たちがどの位置に落ち着いたかを知ったうえで、細胞内の遺伝子それぞれにお前たちはいつ「発現」すればよいかの指示を与えているらしいのだ。その指示をもらわなかった遺伝子はそのままじっとしていることになる。

本書の後半は、この極性と遺伝子の絶妙な関係を追う。ノッチ、デルタ、トルソ、トルソライク、ビコイド、スワロー、ナノス、オスカーなどといった、まるで宝塚の雪組・星組・花組を交ぜたような極性誘発遺伝子の名前も次々にあがってくる。

ぼくは本書を読んで、従来の確信に自信を深めたものだった。それは、心身ともにアイデンティティなんて位置と極性によってどうとでも変わるものだということである。アイデンティティとはまさに自己同一性ということだが、その自己は自己のために同一性をもつとはかぎらず、自己の極性が他の何かとの関係をとりこむ同一性、すなわち自他同一性だってありうるということだ。いや、まあそこまで哲学しなくとも、ごく日常的な汗や耳のことだって、そうなのである。

たとえば、ぼくはまったく汗をかかない体質だったけれど、四五歳をすぎてからは首の後ろにすぐ汗をかくようになった。それも激辛カレーなどを食べてみると、最初に左の首筋にどっと汗が吹き出て、それから右に移っていく。その時間差はわずかだが、しかし決定的なのだ。ほかにも似たようなことがいろいろおこっている。右向きに寝ていたのが左向きのほうが安定するようになったとか、受話器は左の耳にあてるものと思いこんでいたのに、あるとき代えてみたら、なんだ、右の耳のほうがよく聞き分けがきいたとか、というように。

表題の「背に腹はかえられるか」でいえば、ぼくは厄年に胆嚢《たんのう》を摘出する手術を受けたのだが、その当時の手術ではお腹を両乳の下からまっすぐ（臍《へそ》だけは避けて）、臍下六センチまで切ってしまった。まさに腹切りだった。これで腹筋はバラバラになり、おまけに手術が下手だったのか、みごとにケロイドの線条が残った。以来、腹筋にもうひとつ力が入らない。まあ、それも仕方がないかと思っていたのだが、ふと気がつくと腹で力を入れるところをつねに背中が肩代わりしているらしい。おかげですぐに背筋がはり、肩がこる。こういうことはしょっちゅうなのである。

ついでながら、もうひとつ言っておきたい。「ほらほらアイデンティティなんて、幼い頃に誰にどこを突《つつ》かれたかで何とでも変わるものだよ」ということを――。

第七七〇夜　二〇〇三年五月九日

われわれは体でも脳でも細胞でも
いつも小さな電気を使っている

久保田博南

電気システムとしての人体

ブルーバックス（講談社）二〇〇一

一五四三年、ポーランドのコペルニクスが『天体の回転について』を問い、半世紀後の一六二八年にロンドンのウィリアム・ハーヴェイが「動物の心臓と血液の動きについて」を問うた。『血液循環の原理』（岩波文庫）で読める。マクロの天体で星が巡回し、ミクロの人体で血液が巡回していることが、これであらかたはっきりした。みんながみんな回っていたわけである。

ハーヴェイの一〇〇年後にヘイルズが樹液の押し上げに関心をもって樹液圧を測定した。ヘイルズは牧師だったが、牧師にしては敬虔《けいけん》になるよりも大胆になることが好きだったようで、樹液測定の方法に自信を得て血液にも手を出した。馬だった。生き馬の目ならぬ生き馬の血を抜く実験をした。そのとき馬の動脈血は二・五メートルも噴き上がったらしい。これが血圧と人類の出会いとなった。

さらに一〇〇年後、生理学者のマイヤーが血液は酸素を運搬していると言い出した。この仮説に刺激されてアイントホーフェンが心臓から電気が発生しているという証拠を発表した。一九〇三年である。このアイントホーフェン検流計をつかって心臓から出ている電気の流れを記録したものが「心電図」にあたる。

科学というもの、いつの時代も次々に主題を飛び火させてきたものなのだ。人体に関しては、そのように科学者が飛び火をするたびに電気を発しているという証拠が固まってきた。

結論からいえば、人体は精妙な電気体である。心臓も肺も電気を出しているし、胃も腸も目も、脳もまた電気を出している。人体は電気リズム振動体なのだ。しかもあとで説明するが、液体情報型の電気体なのだ。

人体はまた、電気をよく通す伝導体にもなっている。コンセントにプラグをさしたままその電線の断面露出部に手を触れれば、すぐさま体の中に外の電気が入ってきてギャッとなる。荒野では雷たちが人体を狙っている。ぼくが胆嚢摘出手術で入院したとき、近くの病室に体中に皮膚移植をしている青年がいた。電気屋の青年で、天井のコードを取り替えているときに触電して全身が焦げた。さすがに瞬間に手を離したので表面だけを電気が走ったらしい。

ヒトの体が電気体だといっても、人体が漠然と帯電しているわけではないし、電気ウナギのような強力な発電装置をもっているわけではない。電池というわけでもない。しかしどこかで電気が生産されているのだ。本書はそのしくみを追っている。

人体電気の発生現場は、細胞である。細胞膜（生体膜）の内と外でいつも約一〇〇ミリボルトの電位差がおこっている。この状態を「分極」(polarization) という。細胞の内側のほうが低いマイナス電位になっているのだが、何らかの刺激をうけるとプラス電位に反転する。「脱分極」という。この脱分極こそが人体のさまざまな電気的神秘をうけもっている。

もともと細胞の内外は電解液で満たされている。そこはふだんはナトリウムイオンとカリウムイオンによって濃度平衡を保つようになっている。ところが外から何かの刺激が加わると、細胞膜の透過特性に変化がおこってナトリウムイオンが突発的に内側に向かって流れていく。突進する。

これが生物学でよくいう「細胞が興奮《バースト》した」という現象にあたるのだが、実際には「細胞膜が興奮した」のであって、それはナトリウム・イオンとカリウム・イオンの相互に濃度の変化がおこったということだった。このとき、ナトリウムイオンはプラスの電荷をもっているので、それが細胞内に流れこみ、内側の電位は二〇ミリボルトほど上昇する。この脱分極は〇・三秒ほど続く。この時間が重要で、その持続を保つために電解液に溶けこんでいたカルシウムイオンが一斉にがんばって内部に移動して、内側のプラス状態を維持するように動くのだ。かくてこのあと、カリウムイオンがあらためて外側に移動して、細胞膜はふたたび分極状態に戻る。

つまり、われわれの人体の電気を作ったり運んだりしているのはナトリウムやカリウムやカルシウムのイオンなのである。われわれの体はすべてイオンという電気に満たされた電気システムなのである。これに対して、世の中の電気製品のすべては電子によって動いている。

ぼくは「筋肉番付」というテレビ番組をときどき見る。自分ではとうていできそうもないことを次々にやってのける男たちの動力学的競争を見ているのは、なかなか痛快だ。少々ながら陶酔もする。ちょっとしたバシュラール＝バタイユ的陶酔である。

見ていると、ものすごいことをやるなという感慨とともに、やはり運動の限界というものも見えてくる。筋肉がそれ以上は発奮できない限界があるようなのだ。跳び箱は二〇段あたり、一〇〇メートル疾走は一一秒あたり、このへんでギブアップがおこる。逆にいえば、筋肉は鍛えればそこまでは活動してくれるということになる。その筋肉の活動も、やはり「分極・脱分極・再分極・分極」のくりかえしによっている。「筋肉番付」ではそれが異常な速度で集中的におこっているところをカメラが追う。

海藻や魚の小骨などのカルシウムの補給が、いっぱしのスポーツマンに必要な理由もここにある。細胞の中に入ってきたカルシウムイオンがアクチンという細胞の筋原繊維を活性化させるからだ。太い繊維のほうはミオシンという。その活動のプロセスは筋電計という電気記録装置で記録できるようになっている。筋肉がムキムキ動くとはアクチンとミオシンがどれだけ活性化するかということで、筋肉電気がムキムキしているということなのだ。

しかし筋肉が動くには、まずもって筋肉に血液が送られていなければならない。その血液を送り出しているのは、もちろん心臓だ。その心臓が血液を送り出すときにはリズムが加わる。われわれが脈をとるときのリズムにあたる。このリズムが何から来ているかといえば、やはり心臓が電気発振しているからだった。

当然のことながら、心臓も細胞でできている。だから心臓の活動電位は心臓細胞のそれぞれの細胞膜の内外でおこっている。しかしながら、こと心臓においてはそれぞれの細胞が別々の電位差をつくり、別々のリズムを発振していたのでは大変なことになる。そこには統一リズムを生み出すしくみが必要なのだ。

実際にも、生きた心臓を取り出して心筋細胞をバラバラにしておいておくと、それらは最初は別々にピクピクするそうだ。ところがまもなくそれらは同期的に統一されていく。そうだとすると、どこかに全体のリズムを管理しているコンダクターがいるはずなのである。

心臓のコンダクターは洞結節にある。右心房の上の上大静脈の開口部の前方だ。この洞結節がコンダクターであって、いわゆるペースメーカーである。ここで心臓の「分極・脱分極・再分極・分極」の統一発信をする。

このペースメーカーによって発信されたマスターリズムを洞調律という。正確には発信というより発振だが、それこそが誰もが知っている「心拍」(脈拍)というものだ。

心拍も当然に脱分極でおこっている。たとえば一分間に九〇回の心拍数の持ち主は、二秒ごとに三回の脱分極をおこしているということになる。パソコンでいえばクロック発振器にあたるとみればよい。ふつう、この洞調律のリズムを意志によって変えることはできない。しかしぼくもよくあることだが、人前で話をしようとするときなどは急に心拍が高まって、ときには心臓が苦しくなってきたような気さえする(ウソじゃない、ぼくはよくよくアガルほうなのだ)。

これは脳からの信号が洞結節に届いたためである。これを脳にひそむ何らかのメンタリティの因子が心拍に異常をもたらすというふうに、ふつうは解釈している。けれども、そうともかぎらない。

メンタリティとはいえ、もとはといえば脳の細胞であるニューロン（神経細胞）の電気的興奮によっているわけである。静かにしているときのニューロンはマイナス八〇ミリボルトなのだが、そこに刺激が送られてシナプスを経由して伝わってくると、そのニューロンはプラス二〇ミリボルト以上になる。これこそがいわゆる「バースト」（発火）だ。興奮だ。脳科学ではこのバーストによっておこる波動単位を「インパルス」ともいっている。一つのニューロンがバーストするだけではなく、ネットワーク状に連続放電のようなことがおこっていく。ほぼ一瞬である。

加えてシナプスでは、このとき化学物質ニューロトランスミッター（神経伝達物質）を放出する。カテコールアミンやアセチルコリンなどのことである。しばしば脳内物質といわれるが、例のエンドルフィンばかりではない。さまざまなニューロトランスミッターがある。これが「化学的な意味」をもっていて、簡単にいえばインパルスとともに伝わっていく。その流れが心臓の洞結節にもとどく。メンタリティの実態がこれだとは言わないが、かなりこのような電気＝化学的な機能も関係していた。

ざっとこんな話が本書には張りめぐらされて、あまり詳細な説明がないぶん、けっこう納得させられる。

著者の久保田博南は電気工学者で、医療機器も開発しているエンジニアである。サイエンスライターとして『医療機器の歴史』（真興交易医書出版部）なども書いている。本書はあれこれおもしろかったが、最も共感できたのは実は以上のことではなくて、次のことだった。人体を工学的に見てみると、どう考えても「液体システムを大前提にしている」と思えるということだ。

だいたい人体には体重の六〇パーセントの水分があり、そこをくまなく血液がめぐっている。それだけではなく、脊髄《せきずい》液やリンパ液があり、唾液《だえき》・胃液・胆汁《たんじゅう》が出入りして、かつ、そのほかに汗・涙・尿・精液などがある。これはどう見ても「液体いっぱいのシステム」なのである。人体はこの液体システムをフルに活用した液体活用技能に満ちていて、その活性化と制御化の大半のしくみをイオン化された電解液のバランスで動かしている。組織的な信号伝達も信号制御も、とどのつまりは細胞内外の液体中を出入りする電荷をもった「イオンという電気的なるもの」なのだ。

著者はこう説明したうえで、次のように結んでいる。人体のシステムは何が特徴的かという質問にまともに答えるなら、それは「統率のとれた稀有《けう》な液体制御システム」ということになるのではないだろうか、というふうに。

そこで予告しておきたいことがある。千夜千冊でもいずれ木下清一郎の一冊をとりあげるつもりだが、ぼくはこの〝まともな答え〟におおいに賛成しつつも、一方、そこに加えて「細胞間コミュニケーション仮説」における液状の意味の冒険が重要だと思っているということだ。われわれはもっと液状的になるべきだ。デボン紀を懐かしむべきなのである。

第四六七夜　二〇〇二年一月三十日

参照千夜

一四五夜：バタイユ『マダム・エドワルダ』　七〇一夜：木下清一郎『細胞のコミュニケーション』　一七五夜：クロード・ベルナール『実験医学序説』

統計なんかで
自然や人体を測るもんじゃない

クロード・ベルナール

実験医学序説

三浦岱栄訳　岩波文庫　一九三八　東京創元社　一九六一

Claude Bernard: Introduction à L'étude de la Médecine Expérimentale 1865

少年時代は科学者や哲学者や俳人に漠然と憧《あこが》れていた。

小学校が電気倶楽部、中学校は一年目が郷土部（鉱物化石部）で、二年からは科学部だった。高校時代はクラブは新聞部になって、その一方で天文と数理科学に夢中になった。高校の屋上にちっちゃな天文台があったのが刺戟《しげき》になった。それが高校三年に遭遇した出来事と『カラマーゾフの兄弟』とによって軌道がゆっくり転回した。このぼくを変えた出来事についてはいずれ書くことがあるとおもう。

なぜ科学者に憧れていたのかと思い出してみても、理由は判然としない。身近かに見本があったわけでもない。動物の先生や星の先生などがいてほしかったとおもうが、残念ながらいなかった。ただ、やたらに「山」「シダ」「虫」「石」「星」などに惹《ひ》かれていただけだった。

だから身近かな科学者といえばせいぜいお医者さんがいるだけなのであるが、お医者さんを自分に重ねてみることもなかった。中学一年のときに猩紅熱《しょうこうねつ》で堺町二条の隔離病棟に入り、患者のほうの意識を強く植え付けられた。学校がＤＤＴで真っ白になり、退院して登校したらみんなからイジられた。それなのに漠然と科学者に憧れていたのは、なぜだったのだろうか。

ただ、ひとつだけはっきりしているのは、シリンダーやビーカーや注射器や、メス（ランセット）や電気部品や工作機械がやたらに好きだったということだ。

ぼくは少年のころから親に何かを買ってほしいとほとんど言わなかった子供だったのだが、ガラスや金属の光を放つ実験器具のたぐいだけは、こっそり手に入れて部屋いっぱいにしてみたいと思っていた。そうだとすると、ぼくの科学者への憧れは「実験」へのオブジェクティブな憧れにすぎず、あの冷たい器具の美しさに触れてみたかったということ、ただそれだけのことだったかもしれない。

クロード・ベルナールの『実験医学序説』を読んだのはいつごろだったか。手元の岩波文庫の発行日は昭和四五年一月十六日とあるから、一九七〇年のこと、二六歳の直前である。ということは「遊」を用意しはじめていたころだ。工作舎をつくる前だ。「遊」は科学と芸術のあいだに複数の対角線をつくりたくて発想した雑誌だから、そのころまだ出会っていなかった科学書をかなりのスピードで次から次へと読んでいたのだが、そのうちの一冊だったのであろう。

科学書には読んですぐに引きずりこまれるものと、必要があって手にとって気まずい思いをしながら読むものがある。ファラデーやポアンカレは前者の代表書だ。後者は、光合成やフーリエ級数や月の出の大きさの謎について知りたいのでその本を読んだのだが、いっこうにロジックもセンスも磨かれていなかったような本をいう。

今夜とりあげたベルナールの一冊は、近代医学の幕開けを告げる最も重要な書物であるということよりも、予想をこえて引きずりこまれて読んだ前者のほうの科学書だった。ベルナールの発想が冴《さ》えに冴えて、こちらの共振を促してやまなかった本だった。ときに観察から実験に驀進《ばくしん》するのだが、そのときの加速力がすばらしかった。一言でいえば「感情」から「理性」へ、「理性」から「実験」へと驀進する快感を味わった。そのこと、いまでも思い出せる。

ベルナールがぼくを気持ちよくさせたメッセージは、次の言葉にあらわれている。とくに説明は不要だろうとおもえるので、列挙する。いずれもその後の実験の哲学になっている。ということは、ぼくが少年時代に憧れた実験器具の背後には、こういう哲学があったということだったのである。括弧《かっこ》内にぼくの一言メモをつけておいた。

[1] 実験は客観と主観のあいだの唯一の仲介者である。(なるほど実験こそが客観と主観をつなぐのか)
[2] 直観または感情が実験的構想を生み出していく。(感情のある実験でよかったのだ)
[3] 実験家は精神の自由を保持しなければならない。(科学者こそ「精神の自由」をつくるべきなのだ)
[4] 実験は哲学的疑念に立脚している。(ベルナールはデカルトをベーコンの上においていた)
[5] 偉大な科学者とは新しい思想をもたらす者のことである。(そうなのだ、新しい思想が科学なのである)
[6] 偉大な科学者とは誤謬《ごびゅう》を破壊した人のことである。(誤謬の訂正じゃない、破壊を科学にしてほしい)
[7] 実験的方法は科学を支配している非個人的権威を自分自身の中から引き出すのである。(むろん科学者も体で考える)
[8] 実験的方法とは、精神と思想の自由を宣言する科学的方法である。(方法、それが魂なのだ)

[9] 実験家の質疑的推理を帰納とよび、数学者の肯定的推理を演繹とよぶのである。（これこそ帰納法と演繹法の実験的な定義だ）
[10] 数学的真理は意識的絶対的真理であって、実験的真理は無意識的相対的真理である。（意識と無意識を数学と実験に持ち出すなんて、すごいことを指摘する人だ）
[11] われわれは疑念をおこさねばならないが、懐疑的であってはならない。（これこそまさに哲学者の言葉であろう）
[12] 実験的見解は完成した科学の最終仕上げである。（実験ですべてがファインアートになっていく）
[13] 統計学に立脚しているかぎり、医学は永久に推理科学に止《とど》まるであろう。（いまこそ医者が銘記するべきことだろう）
[14] 科学と科学者はコスモポリタンである。（まさにその通りであってほしい）

こういうことが言えるので、本格的な科学者というものは燦然《さんぜん》とし、断然としているわけなのである。しかし、このようなベルナールの決然とした断言力はいまの科学者には大きく欠けている。

なぜそうなってしまったか。ひとつは科学が技術に覆われたからである。ぼくは技術の革新には賛成だし、技術にロマンがないとも思わない。けれども科学にはそれを上回る哲学と思想が必要だ。いま、それが足りない。もうひとつは、科学者が科学の一部門のそのまた一領域ばかりに入りこんで、科学という大きなスコープに向かわなくなったのが気になる。そういうことをしていた科学者は理論物理学者や天体物理学者を最後に、だんだんいなくなってしまった。もう一度、ベルナールからやりなおしたほうがいい。とくに［11］［13］［14］だ。

第一七五夜　二〇〇〇年十一月二一日

参照千夜

九五〇夜：ドストエフスキー『カラマーゾフの兄弟』　八五九夜：ファラデー『ロウソクの科学』　一八夜：ポアンカレ『科學と方法』

天然痘から炭疽菌《たんそきん》へ
人を救えるのは「人」である

鍋とランセット

イヴ＝マリ・ベルセ

松平誠・小井高志監訳　新評論　一九八八
Yves-Marie Bercé: Le Chaudron et la Lancette 1984

タドリ読みという読書法がある。一冊の書物にはたいてい多様なストリームが同時に動いているものだが、あえてそのうちの一筋にだけ目をつけて、それを辿《たど》るのだ。

本書は歴史家が書いた医学史である。一人の医者を追った記録ではなく、一つの医療機関の活躍についての記述でもなく、科学の勝利の記録ですらない。多数の医者がひとつの症状の克服にそれぞれ向かったことを記録した。その多数の医者は、一人ずつが似たような努力に向かい、その努力の成果を互いに伝えあっただけで、そこにはどんな組織的な指導も誘導もない。それなのに、ここには大きな歴史の歩みが立ち上がる。ぼくはそれをタドリ読んだ。

ひとつの症状とは天然痘である。その天然痘に対して各地で判で押したような闘いがくりひろげられる。種痘《しゅとう》という闘いだ。種痘のためにはワクチンがつくられていった。しかしそのために医師たちが用意したのは鍋《なべ》とランセットだけだった。ランセットとは小型のメスのことをいう。

ランセットがなければバラの刺《とげ》やサボテンの針を代用した。ワクチンに涙や唾《つば》をまぜることもあった。本書にはそういう各地の歴史が輻輳《ふくそう》的に描かれているのだが、なんとも一筋なものを感じた。そのときの読後感を思い出すと、この一ヵ月にわたってマスコミを賑《にぎ》わしたニュースとの対比がかけめぐる。

この一ヵ月というもの、炭疽菌《たんそきん》というこれまではあまり聞きなれなかった細菌のばらまきテロのニュースが毎日のように伝えられていた。バイオテロによる恐怖をどう見るかをめぐって、知識人やマスコミによる議論も始まっている。炭疽菌よりも天然痘細菌のばらまきのほうの防備こそが水面下では進行しているとか、炭疽菌のワクチンはアメリカ政府の強力な指導のもとに用意されているとかとも報道されていた。

細菌もばらまかれ、ワクチンもばらまかれる。花粉もばらまかれ、コンピュータ・ウイルスもばらまかれる。なんとも妙な時代になったものだ。しかし本書が扱った歴史は、まったくそういうものではない。当時の天然痘は今日の炭疽菌にも劣らない恐怖であったと思うのだが、また今日の医療力やワクチン効能にくらべて比較にならないほど低レベルであるのだが、それにもかかわらず一人一人の村の医師たちが少しずつ立ち上がって、恐怖を水際《みずぎわ》で次々に消し去ろうとする努力が波打った。本書は、天然痘に対して地域の共同体がどのように対応したかという記録にもとづいた歴史書なのである。

著者のベルセについて一言書いておく。先だって何人かのフランスの学者たちと交歓する機会があったとき、意外なことにフランス人がフランスの学問状況がなかなか鎖国性を打破できないでいるという話を聞いた。フランス文化やフランス語をやたらに自慢したがるのは昔からのことだし、それが行きづまり感をつくっているとは必ずしも思えないのだが、業界にいるとそういう閉塞感もあるらしい。

ベルセはそういうなかでは、まことにインターディシプリナリー（学際的）であり、扱う領域も広範囲におよぶ。かつて話題になった『祭りと叛乱《はんらん》』（藤原書店）など、そこからいくつもの主題と奏法を拾い出すことができる。アナール派ともくされてはいるものの、本人はもっと自由な立場で研究をしていると見える。また存分にインターディシプリナリーであるのに、そういう特徴を発揮する研究書や啓蒙《けいもう》書の多くにふつう見られるような、どんな「衒《てら》い」もない。この「衒い」がまったくないということが、本書を退屈させない発酵体にしている。

もともとの専門は国立文書館で研究していた、古い農業社会と民衆叛乱史である。それがリモージュ大学に移って、革命期および帝政期にフランスの侵略をうけたイタリア農民の抵抗に着眼してから、しだいに多様な研究に入り、祭りと人間、牛馬と人間、病気と人間というふうに歴史の舞台裏のしくみの解明に入っていった。この時期の名著が『祭りと叛乱』だった。

どこかカルロ・ギンズブルグと通底するものがあるように見えるけれど、本人はあくまで近代社会の成立基盤を問うているのだとみている。ベルセの視点が広いのは民衆意識の解読に立ち会っているからで、その民衆がどの時代のどの社会に属していようと、そこを掘り下げることは、かえってどんな人間社会の問題の網目とも交差するものがあるからなのであろうとおもう。本書もそういう視点が張りめぐらされている。

扱っている時代は一七九八年から一八三〇年までと限られている。表立った主題も天然痘をめぐる民間信仰と予防医学でしかない。ところが読めばすぐに伝わってくるのだが、ここからはアペニン山脈の集村で息づくロマン主義時代の医師たちの活動が、スタンダールの『イタリア紀行』などでは窺《うかが》い知れない臨場感で蘇ってくる。

そればかりか、ワクチンの開発の処方箋《しょほうせん》や種痘の可能性が次から次へと各地に伝播して、それがアメリカ政府による上からの炭疽菌対策などとはちがって、人から人へ、口から口へ、紙から紙へ、鍋から鍋へ、ランセットからランセットへと伝わっていく様子がヴィヴィッドに描写される。まるで当時のドキュメンタリー・フィルムを見ているかのような印象なのである。

その一方で、世界中の天然痘の流行とその対策の歴史が挟まれていく。民間信仰や魔術が復活する村もある。ワクチンこそが悪魔がつくった毒薬だとも騒がれた。それをひとつずつ医師たちが突破していく。全部を読むと、まるで自分が勇気ある民間医師たちとともにどこかの村を守ろうとしているんだという気にさせられる。

天然痘痘苗《とうびょう》の接種を考え出したのはオスマントルコだった。一七一〇年前後だ。それがイギリス大使夫人のメアリー・モンタギューによってヨーロッパに伝えられた。一七二〇年ごろ、ロンドンに痘苗接種術があったことが確認されている。

それから半世紀、世界中で天然痘が猛威をふるうなか、ジェンナーが牛痘による防疫効果を発見した。一七九六年のことである。しかし、その論文が「ビブリオテック・ブリタニック」に掲載されても誰も驚かなかった。これに注目したのはジュネーブの医療雑誌の編集者オディエだった。オディエは牛痘をワクチンと名付けた命名者でもある。

その二番煎《せん》じの記事に医師ジャン・ド・カルロが反応する。

さっそく子供のシャツに染みこんだ膿《うみ》をとっておいて、それを一方から他方へと移して種痘の連鎖をつくった。

そこから先は北イタリアで、マルタ島で、バグダッドで、セイロン島で、ロッテルダムで、それぞれ別々の医師が種痘に挑戦し、その効果を隣の医師に伝えていった。あとはこのような鍋とランセットによる個別の闘いが連打続行されただけなのである。それなのに、本書はその事実を次々に記述するだけで（しかしながら、その事実の積み上げが正真正銘の歴史活性であることを告知するに充分な出来事の順序によって記述するのだが）、われわれを深々と感動の脈絡に引きこんでくれた。

ふつうはこの手の歴史の中心にいるはずのジェンナーは、ところどころに顔を出すだけだ。それがかえってベルセの書きっぷりの自信を感じさせもした。そんなタドリを体験させた一冊だった。それにしても最近の社会は、なぜこれほどに〝見えない敵〟に右往左往してしまうのだろうか。

第四二三夜　二〇〇一年十一月十九日

参照千夜

五六夜：カルロ・ギンズブルグ『闇の歴史』　三三七夜：スタンダール『赤と黒』

カイチュウ博士の
寄生と宿主をめぐる怖い話

藤田紘一郎

笑うカイチュウ

講談社　一九九四　講談社文庫　一九九九

ぼくが子どものころ、日本人はナマの野菜など食べなかった。家庭でサラダが食卓に並ぶこともなかった。そのかわりみんな腹に一物もっていた。カイチュウである。だから、みんなが検便をした。うんこの一すくいをマッチ箱に入れて学校に持っていくのだ。カイチュウがいることが後日にわかると虫下しを飲まされる。教室の半分の子に虫がいた。日本人はカイチュウの民だったのだ。駐留中のアメリカ人はそのことを極度に恐れ、蔑《さげす》んで、ひそかに「清浄野菜」というものを大量につくってレタスやブロッコリーをばりばり食べた。

やがて日本に高度成長とともにニューファミリー世代が定着してくると、日本人もアメリカ人の真似をしてサラダ派になり、野菜をナマで食べるようになった。そして気がつくと、日本中が「清浄野菜」ばかりになった。それとともに日本にカイチュウがいなくなった。それまでは国民の七〇パーセントが寄生虫病にかかっていた。土壌伝播《でんぱ》寄生虫病という。

カイチュウこと寄生虫がいなくなって、どうなったのか。寄生虫予防協会は解散に追いこまれ、全国の衛生研究所の寄生虫部の看板がはずされた。そればかりか寄生虫がいなくなったのだから、大学の医学部でそういう教育をする必要もないとされ、各大学から寄生虫学教室が改組され、消滅していった。

こうして本書の著者、すなわちカイチュウ博士はまったくヒマになったのだが、最近になって日本人はふたたびカイチュウを飼いはじめた。有機野菜ブームが急激に広まってきたからである。いま、カイチュウ博士はほくそ笑んでいる。仕事がふえ、日本人のウンコが生きたものになってきたからだ。

日本人が七〇パーセント以上のカイチュウ所有率を二十数年間で一挙に〇・二パーセントにしてしまったというのは、日本人の特質をよくあらわしている。一斉になんでもやってしまうという特質だ。これは恥ずかしい、それがみっともない、あれはいけないとなると、一斉にこれらを排斥する。

逆のこともやる。フラフープに走り、田中角栄を応援し、松田聖子に沸き、日本新党になだれ、たまごっちをみんなで買って、ルイ・ヴィトンになびいていく。そのとき国も市も、学校も企業もメディアも一斉にこの運動にとりかかる。こうして右のものは一挙に左に移り、かつては黒だったものはなくなり、すべてが白になる。

ここには途中のプロセスがないのだから、驚くべき反作用もおこる。そのひとつがカイチュウ博士によれば花粉症やアトピー性皮膚炎などなのである。日本人が一気にカイチュウを徹底駆除してしまったことが、まわりまわって花粉症やアトピーにかかりやすいおかしな日本人をつくってしまったのだ。

アレルギーの症状は、スギ花粉やダニのような微細な物質がヒトの体内に入ってIgE（免疫グロブリンE）という抗体をつくり、それがふたたび体内に入ってきたスギ花粉やダニと結合しておこる。寄生虫がヒトの体内にいると、このアレルギー反応のもとのIgEを多量につくる。そうすると、スギやダニが入ってきて抗体をつくろうにもその余地がなくなっている。それでアレルギー疾患にかかりにくくなる。

こういうことがあるので、カイチュウを撲滅するなんてことをやみくもにすると、一方では花粉症やアトピー症状がおこるのだ。三十年前までの日本には花粉症なんて用語すらなかったのだ。これはカイチュウ撲滅とともに浮上してきた現象なのである。

本書は大半はまじめな寄生虫に関するエッセイで埋まっているのだが、かなり話題になった。が、読んでみればすぐわかるのだが、ユーモアのほうは実はたいしたことはない。文章にもユーモアはない。カイチュウが回虫ではなくて怪虫のようで、しかもそんなものに真剣にとりくんでいるカイチュウ博士の姿がなんとなくおかしいので、全体にユーモアに富んでいるように見えるだけである。

それがベストセラーになったのは、カイチュウ博士や「笑うカイチュウ」というネーミングがうけたせいだった。これも一斉好きな日本人のビョーキなのだろう。ちゃんと読んだほうがいい。本書はむしろ考えさせる本なのだ。

ぼく自身は、子供時代の体験とおおいに重なるところもあって、学校中で検便をしていたころを懐かしく思い出した。しかし、それとともにあのびくびくした感じがなくなる一方、日本がツルツルで衛生無害な国になっていったことを、本書を読みながらおおいに回顧できた。

こうなると、誰かがわれわれの世からヒビやアカギレやシモヤケがなくなっていった理由を書いてくれないだろうか。われわれの手がツルツルになっていったことには、何か怪しい原因がありそうなのである。次に登場してほしいのはツルツル反対博士やサラサラ反対先生なのだ。

カイチュウとは寄生虫のことである。寄生生物にはいろいろいるが、そのうちの動物に分類される寄生動物たちがいて、この連中はなぜか自立生活力を失って宿主に寄生して繁殖するようになった。

寄生虫は、吸収や付着などによる生殖力はもっているのだが、消化器官や感覚器官や運動器官は退化した。ひたすら宿主のスネかじりをするしかない。そこで動物や人体を選んで延命をはかる。人体をホテルに選んだ寄生虫には、体皮にくっつくノミ・シラミ・ダニ（節足《せつそく》動物）、中に入ってくるハナビル（環形《かんけい》動物）、たむし（節足動物）、ジストマ・吸虫・条虫・エキノコックス（扁形《へんけい》動物）、そしてカイチュウ・ギョウチュウ、フィラリア、住血線虫などの線形動物がいる。

かれらはかれらで、宿主のどこに居候するかを決めるのが命がけである。カイチュウは人の小腸に寄生することにした。ギョウチュウは盲腸や結腸を塒《ねぐら》にした。フィラリアは人体では受け付けられなかったので、イヌの心臓の右心室を定宿《じょうやど》にした。

カイチュウたちのニッチと生活は、宿主としてはうまく語れるものがないほど、切羽詰まっている。藤田さんみたいな語り部が必要なのである。

第二四四夜　二〇〇一年三月七日

ウイルスは生物モドキだが
生物はずっとウイルスとともにある

石弘之

感染症の世界史

洋泉社　二〇一四　角川ソフィア文庫　二〇一八

ぼくの肺の中にはざっと一七〇種のウイルスや細菌が棲《す》みついている。まとめて常在菌という。ぞっとする。肺だけではない。人体のどこにもいる。

ブラウン大学のスーザン・ヒューズが数え上げたところ、舌の両側に七九四七個、口腔に四一五四個、耳の裏側に二三五九、大腸に三万三六二七の常在菌がいた。この調子で数え上げると、総数で数百兆個になる。細胞の十倍以上いる。総重量は約一三〇〇グラムあったというから、これは脳くらいの重さになっている。

常在菌として、このところ日本で話題になっているのがピロリ菌だ。医療ニュースでは「日本人最大の感染症」と言われた。日本人にはピロリ菌の保菌者がかなり多かったのである。

意外だったのは、塩酸いっぱいの強酸性の胃にはどんな細菌もとても棲めないと思われていたのに、そうではなかったということだ。ピロリ菌は胃の粘膜の中にいた。ヘリコバクター・ピロリ（Helicobacter pylori）という正式名がある。ヘリコはヘリコプターと同じ語源で「螺旋《らせん》」のことを、バクターは「細菌」を、ピロリは胃の出口の「幽門」をさす。捩《ねじ》れた形状で四〜八本の鞭毛《べんもう》をもつ。一九八四年に西オーストラリア大学のロビン・ウォーレンとバリー・マーシャルがピロリ菌こそが胃癌の引き金の正体だということをつきとめた（二〇〇五年にノーベル賞をもらった）。

ぼくが胃癌を疑われたとき、中目黒の森センセイはひょっとするとピロリ菌のせいかもしれないと推定し、のちに築地の国立がんセンターで調べたところ、おそらく中学生のころからいたんじゃないかと言われた。ぞっとした。かつては世界中の大半の胃の中にピロリ菌がいたらしい。いまでも人口の半数の胃の中にいる。ということは、ピロリ菌の移動の歴史と文明の伝搬には関係があるともくされる。

生物は自分の遺伝子をコピーして子孫を残そうとする。そのプロセスでコピーミスが生じ、さまざまな突然変異がおこる。その残痕《ざんこん》は次々に蓄積されていく。遺伝子は「進化の化石」なのである。

遺伝子の変異がどのようにおこるかということを一定の時間で割り振って、同じ祖先をもつ生物種がどのように分岐していったかを調べることができる。ものさしは分子時計にもとづく。

ある遺伝子が一〇万年に一個の割合で変異しているとすると、二つの種の遺伝子に五〇個ほどのちがいがあれば、この元の遺伝子は五〇〇万年前に分岐したことになる。こういう具合に分子時計による計算を詰めていくと、人類は四八七万年前にチンパンジーと共通の祖先から分かれたと推定できる。

マックス・プランク研究所が胃の中に棲みついたピロリ菌の遺伝子を分子時計で調べてみると、東アフリカからの距離が遠くなるにしたがってピロリ菌の数が減少していくことがわかった。ピロリ菌の先祖は人類の胃袋とともに、アフリカを旅立ち、中央アジアや東アジアをへて日本にやってきたのである。いまでは七種のピロリ菌の遺伝子型が発見されている。

日本人のピロリ菌は第七種で、中国、韓国、台湾先住民、南太平洋、北米先住民と同じものに属する。ピロリ菌人類学だ。しかし、なかでも日本人にピロリ菌が多く、胃癌の発生率と重なる傾向を見せていることについては、いまのところ多様な要因がからんでいるせいで、その理由ははっきりしていない。ぼくの場合は人類学とカンケーなく、喫煙常習性、ピロリ菌保菌、不節制な生活、偏った食事習慣などが重なり、細胞が変異して胃癌になったのだろう。

ポール・フォーコウスキーの『微生物が地球をつくった』(青土社)が鮮やかに描いたように、環境も地球も生物も、そしてわれわれも、微生物で成り立っている。ぼくはニトロゲナーゼとルビスコの役割に驚嘆した。

そんな微生物のなかで、これまで約五四〇〇種のウイルスと約六八〇〇種の細菌(バクテリア)が発見されてきた。びっくりするのはウイルスの種類がとてつもなく多いということだ。コロンビア大学のスティーブン・モースによると、まだ見つかっていないウイルスの存在数を予想すると三六〇万種になるのではないかという。

細菌(真性細菌 bacteria)はれっきとした生物である。大腸菌・枯草《こそう》菌・シアノバクテリアを含み、地球中のどこでも活躍して、広範囲の生物圏の底辺を支えてきた。光合成や窒素固定も細菌がいなければおこらなかった。ウイルスはどうか。

細菌たちの三〇分の一のサイズしかないウイルス(virus)は、生きものとしては極小の存在者たちではあるが、実は生物の条件を満たしてはいない。生物の最低の条件は、わかりやすくいえば、①遺伝子をもっている、②細胞がある、③代謝エネルギーを生成する、④自己複製できる、という四つにあるだろうが、ウイルスは遺伝子をもつものの細胞がなく、自律的には複製できないし、代謝エネルギーももっていない。それでも「生きている」。

ウイルスは生物ではなく、生物モドキなのである。生物モドキであるウイルスは、しかしながら生物の細胞を利用して自己複製をする。つまり増殖できる。他動的なのだ。これがなんとも微妙だ。

増殖は「細胞表面への吸着↓細胞内への侵入↓脱殻↓部品の合成↓部品の集合↓感染細胞からの放出」というふうに進むのだが、このプロセスのなかで、細胞はウイルスに感染した状態になり、われわれは感染症（infectious disease）に冒される。麻疹《はしか》もインフルエンザもエイズもウイルスによる感染症である。

ウイルスが感染症をおこすのは、ウイルスがモドキであるからだ。自分のコピーをつくりたいくせにタンパク質合成に必要な遺伝情報や酵素をもたず、宿主細胞のものを借りて、自己複製や自己組織化をする。この「ちゃっかり」のメカニズムは、まだ十全には解けていない。

そもそもウイルスの基本構造は粒子っぽい。粒子の中心にウイルス核酸があり、それをとりかこんでカプシド（capsid）というタンパク質の殻がある。カプシドとエンベロープ（envelope）の二重殻になっているものもある。

おまけにウイルス殻はRNAかDNAかのどちらかしか含まない。通常の生物は一個の細胞にRNAとDNAの両方を含むのに、ウイルスは片方しかもたない。RNAウイルスかDNAウイルスしか、ない。それでどうするかというと、カプシドはウイルスが細胞に侵入したのちに壊れて脱殻し、あとは宿主の細胞のもつタンパク質合成機構や代謝力を利用する。「ちゃっかり」かつ「ハッキング」なのだ。

ウイルスがどのように標的の細胞を感染させるのかは、宿主細胞の表面に露出しているレセプター（標的分子）に出会えるかどうかで決まる。この決まり方に感染症という事態が蔓延する最初の要因がある。

感染症とは、医学的には寄生虫・細菌・真菌・ウイルス・異常プリオンなどの病原体（pathogen）によって、宿主（host）に生じる「望ましくない反応」（症状）の総称だ。「望ましくない反応」は人体のどこにでもおこる。

ごく一部をあげても、脳（髄膜炎・脳炎）、顔（鼻炎・咽頭炎・喉頭炎）、肺・気管支（肺炎・気管支炎・結核）、心臓（心内膜炎・心筋炎・大動脈炎・敗血症）、消化器（胆嚢炎・肝炎・胃炎・胃潰瘍・腸炎・虫垂炎・クラミジア肝炎）、泌尿器（腎盂《じんう》炎《えん》・膀胱炎・前立腺炎・膣炎）、皮膚（蜂窩《ほうか》織炎《しきえん》・脂肪織炎・ガス壊疽《えそ》・とびひ・せつ・よう・ブドウ球菌性傷様皮膚症候群・帯状疱疹《たいじょうほうしん》・水痘・麻疹・風疹・疥癬《かいせん》）など、膨大だ。これでは感染症という名称は広範になりすぎていると思うのだが、いまのところそうなっている。

本書は石弘之さんによるダイナミックな感染症案内記である。感染症に関する本はゴマンとあるけれど、とてもいい本だ。

石さんはぼくが初めてお会いした頃はまだ朝日新聞の編集委員をしていて、その精力的な活動範囲で、多くの人脈ネットワークの雄弁なハブになっていた。その後はもっと大事なハブになられただろう。著書も多く、新聞記者時代に鍛えた文章もうまい。かなり自在に文章を書く。

とくに『地球環境報告』1・2（岩波新書）は画期的だった。最初に読んだときはかなり衝撃を受けた。歪《ひず》みながら腐食しつつあるリアルな地球像の実情を突きつけられた。ぼくは湯浅赳男《たけお》・安田喜憲《よしのり》さんと自在に語りあっていた『環境と文明の世界史』（洋泉社）も愛読した。これもたいへん仮説に富んでいた。意外な名著に『鉄条網の歴史』（洋泉社）などもある。

石さんはずっと「文明」とは何かを考えてきた人だ。本書も、文明の伝搬にあたっては農耕・道具・言語・技術・神話・音楽・信仰・武器・服飾などとともに、ネズミ・ダニ・ゴキブリ・ノミ・カ・シラミ・寄生虫たちがいたこと、膨大な細菌・ウイルス・原虫・カビなどこそが猛威をふるうグローバライザーであったことをくりかえし訴えて、病原性の微生物としてのウイルスがもたらす感染症をわかりやすく案内した。

石さんが本書で重視したことは、大きくは三つある。

第一に、感染症をもたらすウイルスがなぜ感染網を広げるのかということだ。答えははっきりしている。通常の遺伝子は親から子へとタテ（垂直型）に移動するけれど、ウイルスはヨコ（水平型）に遺伝子を移動させてきたからだ。

ヒトゲノムが二〇〇三年にすべて解読されて、タンパク質をつくる機能のある遺伝子はわずか一・五パーセントしかなくて、全体のほぼ半分くらいはウイルスに由来することがわかってきた。多くはトランスポゾンといわれる自由に動きまわれる遺伝子の断片だった。

ウイルスが進化の途上でわれわれの遺伝子に潜りこんだのか、それとも遺伝子がウイルスを利用したのか、どちらが「つもり」で、どちらが「ほんと」かはわからない。なかでもＲＮＡウイルスの一種のレトロウイルスは、自分の遺伝子を別の生物の遺伝子に組み込むことによってまんまと生き延びてきた。これでヨコ水平ネットワークをつくりあげたのだ。

第二に石さんは、いったいいつごろから人間とウイルスが共生してきたのかということを考える。

われわれの祖先がアフリカのサバンナから出所したことはわかっている。そこからさまざまな文明が発達し、多くの為政者が世界を征服するつもりになってきた。その一方、結核菌、ピロリ菌、エイズ、パピローマウイルス、マラリア、麻疹、水痘（水疱瘡《みずぼうそう》）、成人T細胞白血病などの原因になる病原性微生物が、いずれもアフリカ起源であることもわかってきた。

この二つのことは生物と人間と文明の展開のなかできわめて重大な両義性もしくは多義性が、アフリカで発揚されていただろうこと、直立二足歩行とともに何かが始まっていたことを暗示する。ウイルスはわれわれに厄災をもたらすとともに、その半面でわれわれをここまで進化させたのだ。

第三に、いったいウイルスと人間は敵対しているのか、それとも共生しているのかということを問う。

生物は感染したウイルスの遺伝子を自分にとりこむことで、突然変異をおこして遺伝情報を多様にし、進化ゲームを有利に進めてきた。とりこんだのだから、われわれにとってウイルスがすべて有害者や敵対者だったはずはない。たんなる居候《いそうろう》だったはずもないし、お互いにそれなりの利得をなにがしか交換しあったはずだ。ウイルスはわれわれを感染病に罹《かか》らせるだけではなく、なんらかの恩恵も提供したはずなのだ。

たとえば、ウイルスは哺乳動物の胎児を守っていることがわかってきた。胎児の遺伝形質の半分は父親に由来するもので、それは移植された臓器のように母親の免疫系にとっては異質なものである。だから胎児は母体がもつ免疫反応によって生きていけなくなってもおかしくなかったのだが、そうならなかった。なぜなのか。このことは学界でも長らく謎になっていた。

一九七〇年代になって、哺乳動物の胎盤から大量のウイルスが発見され、拒絶反応を引きおこすはずの母親のリンパ球が一枚の膜（合胞体細胞膜）に遮られ、胎児の血管に入るのが阻止されていたことが判明した。一九八八年にはウプサラ大学のエリック・ラーソンによって、この細胞膜が体内に棲むウイルスによってつくられていたことが発見された。最新の研究報告では、どうやら海洋にうごめく大量のウイルスが、大気中の二酸化炭素の蓄積や雲の形成にかかわっていることもわかってきた。

こうなると、ウイルスによって地球生態系を語る方法がもっとあっていいということになるのだが、しかし一方、人体と文明に危険な状態をもたらすウイルスも少なくない。ふつう、感染症といえばこの「由々しいウイルス」との闘いをどうするかという問題になる。

感染症についての本は、最近になってずいぶんふえたようだ。ぼくもちょいちょい目を通してきた。よく読まれてきたものとしては、国立感染症研究所の初代感染症情報センター長だった井上栄の『感染症の時代』(講談社現代新書)や『感染症』(中公新書)、山本太郎の『感染症と文明』(岩波新書)、益田昭吾の『病原体から見た人間』(ちくま新書)などの新書がある。いずれも新書だから入手しやすいだろう。

世界の感染症をセンセーショナルなヴィジュアル・リストにしたのは、日本疫病研究会が編集した『人類を滅ぼす感染症ファイル』(竹書房)だった。二〇一四年にエボラ出血熱が大ニュースになったとき緊急出版された。ペストやチフスやマラリアだけでなく、炭疽《たんそ》症、クロイツフェルト・ヤコブ病、ラッサ熱、SARS《サーズ》、サルモネラ症、O157、ボツリヌス食中毒なども採り上げていた。一冊入手しておくことを薦めたい。

それでも千夜千冊としては石さんのものを選んだのは、ぼくが大の石ファンであったからだ。そのうちフランク・ライアンの『破壊する創造者―ウイルスがヒトを進化させた』(早川書房)、ポール・イーワルドの『病原体進化論』(新曜社)といった本格的なウイルス論も採り上げたいが、まずは石さんだ。そう思って本書を千夜千冊しようとしていたら、ごくごく身近で感染症の実例がおこった。

二、三週間ほど前、編集工学研究所のスタッフがノロウイルスに感染した症状を見せたのである。それも続けさまに四人だ。一日おいたり、四日ほどしてからだったり、一週間をこえてからだったりした。みんな、嘔吐《おうと》や下痢に苦しんだようだ。一人は、パソコンを打っていたら急に何かがズンとやってきて目の前でしていることが手につかなくなったと、一人は「出産以来の辛《つら》さだった」と言っていた。

ノロウイルスは牡蠣《かき》などの二枚貝をナマで食べるとおこりやすいが、小腸粘膜の細胞だけで増殖し、嘔吐物や糞便《ふんべん》によって感染が広がる。感染も速い。八〇度以上二分間をこえて加熱しないと死滅しないところが悩ましい。水洗トイレもあやしい。当然、四人とも仕事場に来るのを控えた（これを書いているときに、「出産以来の辛さだった」と言った彼女の娘もノロになった）。まもなく一人はアニサキスによる食中毒だとわかった。自分で捌《さば》いたシメ鯖《さば》をばくばく食べたせいだ。シメ鯖の彼は、みんなから自業自得だと詰《なじ》られた。

日本語になったノロウイルスという響きはまるで呪われたような名前に聞こえるが、もとはノーウォーク・ウイルス（Norwalk virus）と呼ばれていた。一九六八年にオハイオ州ノーウォークで集団発生したときの糞便から該当ウイルスが検出された。検出されたのはＳＲＳＶ（小型球形ウィルス）で、一九九〇年に全塩基配列がほぼあきらかになり、二〇〇二年にノロウイルス（Norovirus）と名付けられた。経口感染して、たちまち感染性胃腸炎をおこす。潜伏期間は十二時間から七二時間。わがスタッフたちは仕事場で感染したとおぼしいが、こんなに感染力があるとは思わなかった。

ノロウイルスのことなど、てっきり遠方のニュースで知るものだと感じていたが、いやいや、こんなふうに身近なところでもおこるのである。

そういえばこの数年で、スタッフの中にはインフルエンザに罹る者が必ず出るようになった。タミフルで治った者もいる。症状はどうあれ、いったん罹ると医者からは自宅軟禁のお達しが出るし、仕事場には急にマスク派がふえる。

ぼくの家内も昨年の冬に罹った。ちょうどぼくが肺癌手術を了《お》えて退院する一日前のことで、おかげで家には戻れず、数日を渋谷のホテルで待機した。肺をやられた者にはインフルエンザは致命傷になることがあるので隔離されたのだ。右肺三分の一をもぎとられた直後のホテル滞在は、なんとも落ち着かなかった。

インフルエンザのことを、ぼくの子供の頃はリューカンと言っていた。流感、つまり流行性感冒だ。リューカンは近所とか学校で流行《はや》る「きっつい風邪」のことで、昔は友達の多くが罹ってもよほどのことがないかぎり学校は休みにならなかった。マスクなど誰もしなかった。当時のリューカンは冬の風物詩のようなものだったのだ。ちなみにぼくはいまなおマスクが苦手で、息苦しくなるので、すぐ外してしまう。

風邪とリューカンの区別も知らず、いつからリューカンがインフルエンザと呼ばれるようになったかも知らなかったが、むろん両方ともウイルスが原因である。

医療的な病名では、風邪（common cold）は「急性上気道感染症」で、一番多いライノウイルス、夏風邪（プール熱）をおこさせるアデノウイルス、冬に広まるコロナウイルスなど、一〇種類以上のウイルスがいたずらをしてきた。

風邪ウイルスにくらべて、インフルエンザ・ウイルスはそうとうに強い。毒性ももつ。季節性を伴うものとしてA型・B型・C型があり、A型から新型インフルエンザが派生する。毎年、世界中で三〇〇万人から五〇〇万人が罹り（A型が多い）、二五万人から五〇万人が死んでいる。

インフルエンザ・ウイルスの正体や感染経路は一様ではない。もともとはシベリア・スカンディナビア・アラスカ・カナダなどの北極圏の近くで、凍りついた湖や沼の中にじっと潜んでいて、それが春になって水鳥のカモやガンなどの体内に入り込み、腸管で増殖し、その鳥たちが渡り鳥として各地に飛来するとともに撒布《さっぷ》されるという定式で、流行する。

インフルエンザは鳥インフルエンザがルーツなのである。その水鳥のウイルスが変異をくりかえしているうちに、だんだん多様な亜型を生んでいった。鳥インフルエンザ・ウイルスの表面には二種類のトゲ状のタンパク質の、ＨＡ（ヘマグルチニン）とＮＡ（ノイラミニダーゼ）がある。ＨＡは宿主の細胞に付着するときに使われ、ＮＡはウイルスが別の細胞に乗り移るときに機能する。

このHAが抗原によって一七種ほどの違いをもつ亜型ヴァージョンをつくる。そうするとNAが一〇種類ほどの亜型に分かれる。となるとHAとNAの順列組み合わせだけでも、理論的には鳥インフルエンザ・ウイルスは一七〇種のインフルエンザのパターンをもっていることになる。

しかし奇妙なことに、宿主のカモやガンはインフルエンザには罹らない。長らく共生してきたからだ。けれどもそのウイルスがアヒルやニワトリなどに入りこむと、とたんに感染がおこる。ウイルスには「他者」が必要なのである。感染がくりかえされるうちに遺伝子がさまざまに変化して、強い毒性を発揮するようにもなった。

それでもすぐに人には感染しなかった。それなのに鳥インフルエンザ・ウイルスが今度はブタに入ると、人に感染する亜型ウイルスがつくられるようになった。鳥インフルエンザから豚インフルエンザへ。養豚場がふえたからだ。そのうちブタが新種の亜型ウイルスの製造工場になっていた。ブタが媒介になったのは中国南部での出来事だったと推測されている。

こうしてかつての二十世紀初頭のスペイン風邪、一九五七年のアジア風邪、一九六八年の香港風邪、一九七七年のソ連風邪などのインフルエンザ大流行がおこったわけである。スペイン風邪ではエゴン・シーレ、クリムト、アポリネール、島村抱月、辰野金吾、関根正二らが死んだ。

問題はここから新型ウイルスが次から次へと派生していったということだ。とくにA型だ。インフルエンザ・ウイルスの遺伝子はRNAでできている。これが驚くべき連続抗原変異をおこす。増殖速度も異様に速い。一個のウイルスが翌日には一〇〇万個になる。哺乳類が一〇〇万年をかけておこしてきた変異がたった一年でおこるのだ。

二〇一四年、南極のアデリーペンギンから鳥インフルエンザの新型が見つかったニュースは、関係者を震え上がらせた。唯一の空白地帯だった南極にもウイルスが届いていたのだ。これでインフルエンザ・ウイルスは全地球にくまなく撒布されていることになった。

インフルエンザの正体と経路をめぐることは、文明の正体と経路を辿ることである。さまざまな推理が乱立してきた。かつてはフレッド・ホイルやウィクラマシンジがそういう仮説をたてたのだが、彗星《すいせい》や隕石《いんせき》によってウイルスが撒《ま》き散らされるとも思われていた。そういったなか、インフルエンザについてはジョン・バリー『グレート・インフルエンザ』（共同通信社）、アルフレッド・クロスビー『史上最悪のインフルエンザ』（みすず書房）、山本太郎『新型インフルエンザ―世界がふるえる日』（岩波新書）、ＮＨＫ「最強ウイルス」プロジェクト『最強ウイルス―新型インフルエンザの恐怖』（ＮＨＫ出版）、岡田晴恵『鳥インフルエンザの脅威』（河出書房新社）、外岡立人《とのおかたつひと》『豚インフルエンザの真実』（幻冬舎新書）などが、かなりヤバイ話を満載している。

いわゆる風邪についての本も家庭医療本をふくめてかなり出回っているが、ジェニファー・アッカーマンの『かぜの科学』（早川書房）が詳しく、岸田直樹の『誰も教えてくれなかった「風邪」の診かた』（医学書院）が専門家たちに受けている。

身近で感染症を知ったという例では、イシス編集学校にデング熱に罹った者がいた。たいへん優秀な学衆で、チェンマイに住む化粧品クリエイターだった。当時の症状を聞いたが、高熱・関節痛・発疹《ほっしん》のほか、口や鼻からの出血がとまらなかったようだ。

デング熱（dengue fever）はフラビウイルス科に属するデングウイルスによるもので（血清型で四種類に分けられている）、このウイルスの仲間は黄熱病・西ナイル熱・日本脳炎・リフトバレー熱・ダニ媒介性脳炎などを発症させる。いずれも蚊やマダニが媒介する。デング熱はヤブ蚊の一種のヒトスジシマカ（タイガー・モスキート）による。

それでも一九七〇年代までは、デング熱は九ヵ国でしか発症していなかった。デングウイルス四種類が発見されたのも東南アジアだけだった。それがいまでは一〇〇ヵ国をこえる。二〇一四年の夏には東京の代々木公園でダンスの練習をしていた若者が発病した。ただちに蚊の退治が徹底されたが、わずか二ヵ月で感染者が青森から高知に及んでいたことが確認された。

世界で最も大量の人間を殺してきた野生動物は何か。わかるだろうか。第一位は、なんと蚊なのである。第二位は何か。蚊に続くのは人間だ。蚊は人間と並ぶ殺戮《さつりく》生物なのである。マラリア、デング熱、黄熱病、日本脳炎などで毎年一〇〇〇万人が死ぬ。これらの感染症は人から人へと感染するのではない。必ず蚊が媒介になる。

蚊（Culicidae）にはナガハシ蚊、イエ蚊、ヤブ蚊、ハマダラ蚊など三五属、約二五〇〇種がいる。一億七〇〇〇万年前のジュラ紀の化石に発見されているのだから、小さな恐竜と言っていい。

われわれを刺すのはメスである。メスだけが吸血する。それも交尾した直後のメスが産卵に必要な栄養分として血を選ぶようになった。ふだんの蚊が血を必要としているのではなく、オスもメスも花の蜜などで一般養分を確保するのだが、メスは卵巣を活性化させるために吸血をする。一滴吸えばそれだけで何百個もの卵を産める。気温が一五度以上にならないと、蚊は吸血活動をしないこともわかっている。

どうやって吸うのかというと、まず口吻《こうふん》（極細の針が六本束ねられている）を皮膚に刺し、タンパク質などの生理活性物質がまじった唾液を注入しておいてから（この液によって血小板の凝固反応を巧みにくいとめる）、毛細血管の血を吸い上げる。人体のほうはこれで小さなアレルギー反応がおこり、血管が拡張して痒《かゆ》くなる（掻いてはまずいらしい。冷たいタオルなどを当てるか、ひどいときは抗ヒスタミン薬を塗るかする）。

よく血液型がO型の者が刺されやすいといわれるが、これについては証拠がないらしい（O型説を調査しているグループもある）。それよりも汗が蒸発するときに汗の中のL（＋）乳酸が誘引物質になったり、皮膚呼吸による炭酸ガスがその気にさせたり、女性ホルモンの分泌周期が原因になったりすることが多いようだ。

いつのまにか話がぼくの周辺事情や蚊に片寄ってしまったが、本書は今日の地球文明にとって感染症がどんな緊急事態をもたらしたかということを縦横無尽に説明してくれている。せっかくなので、猛威をふるった新興感染症（エマージング感染症）について、二、三、とりあげておく。

二〇一四年に西アフリカで発症したエボラ出血熱は、内臓が溶けて全身から血を噴き出して死んでいくという悲惨な症状で、死亡率はほぼ九〇パーセントに達する。治療対策もまったく見つかっていない。

エボラ・ウイルスは細長いＲＮＡウイルスで、糖タンパク質を鍵にして人間の細胞の鍵穴をこじあける。マールブルグ出血熱の要素や機能に似ていた。治療対策が見つからないのは、鍵になる糖タンパク質が細胞に入ってくるとき、「おとり」を使っているためで、この巧妙な手口によってウイルス本体を叩くことがなかなか成功しないせいでもあった。ザイール株が最も毒性が強く、レストン株はフィリピンからアメリカとイタリアに輸出されたカニクイザルの大量死によって発見された。感染源はまだ不明だが、熱帯林で果実を貪《むさぼ》るオオコウモリが有力視されている。ちなみにコウモリたちは、一〇〇種以上の多様なウイルスを媒介することで知られる名うての「運び屋」なのである。

エイズ（AIDS）については、すでに畑中正一の『エイズ』（共立出版）を千夜千冊したことがあるが、文明社会に突如として姿をあらわしたのは一九七九年から翌々年にかけてのことだった。最初はその末期症状からカリニ肺炎などと呼ばれた。実はHIV（ヒト免疫不全ウイルス）による感染だということがわかった。

一九八二年には「スリム病」の名のエイズが、タンザニア国境近くのウガンダ南部で流行した。五〇〇人の村人のうちの一七人が死に、五年後に患者は六〇〇〇人に達した。リュック・モンタニエ、ロバート・ギャロをはじめ、多くの医学者がこの奇病の原因究明に乗り出した。こうしてひとまずはエイズ・ウイルスHIVがつきとめられたのだが（二人はノーベル賞をもらった）、一方では各国の研究機関がエイズ・ウイルスに似たもの、すなわち〝モドキ探索〟に一斉に取り組んだ。

その結果、ミドリザル、マンガベイ、バブーン、マンドリルなどのアフリカ産の霊長類の大半、および牛・家猫・ライオン・馬・羊・ヤギなどに同類のウイルスがあることが判明した。マカクザルから摘出されたウイルスもＨＩＶに酷似していたため、こちらはＳＡＩＤＳ（セイズ）と名付けられ、ウイルスのほうはＳＩＶと命名された。

やがてロスアラモス国立研究所のチームが、ツェゴチンパンジーのＳＩＶが突然変異をおこして人間感染型のＨＩＶ－1型に変わったのではないかという仮説を発表した。そういうことがおこったのは一九五〇年前後のことだという。

なぜこんなことがおこったかは推測するしかないけれど、おそらくはチンパンジー狩りをしているうちに、この異常な転移と変異が生じたのではないかと予想されている。「ハンター（狩人）仮説」と呼ばれる。


エイズの症状は恐ろしい。最初は全身の倦怠感《けんたい》、体重の急激な減少、慢性的な下痢、極度の疲労、帯状疱疹などが発症し、しだいに過呼吸、めまい、発疹、口内炎、発熱などを併発するため、いったんは風邪とまちがえるほどなのだが、この時期の自覚では医者もお手上げなのだ。

やがてＣＤ４陽性Ｔ細胞の減少とともに、ニューモシスチス肺炎、カポジ肉腫《にくしゅ》、悪性リンパ腫、皮膚癌などが次々におこり、悪性腫瘍やサイトメガロウイルスによる身体異常が目に見えてくる。ＨＩＶ感染細胞が中枢神経系組織に浸潤してしまったのだ。これが脳に及べば認知症や精神障害になる。

いまでは二三にのぼるエイズ指標疾患がリストアップされている。カンジダ症、サルモネラ菌血症、壊疽《えそ》、クリプトコッカス症、活動性結核、反復性肺炎、原発性脳リンパ腫などだ。これほど恐ろしいエイズなのだが、潜伏期間が十年近いため、気が付きにくい。感染源となりうる体液は血液・精液・膣《ちつ》分泌液・母乳などで、これも警戒がしにくい。

疫病や厄災が世界的に広がることをパンデミック（pandemic）という。

これまで感染症パンデミックで歴史上最大の犠牲者を出したのは、六世紀の「ユスティニアヌスの疫病」である。ペストのことだ。約一億人が死んだ。第二位が一三四六年から四年間に猛威をふるった黒死病（ペスト）で五〇〇〇万人が死に、第三位は一九一八年からの二年間でパンデミックになったスペイン風邪で、約四〇〇〇万人が犠牲者になった。

そして第四位がエイズなのである。すでに三六〇〇万人を突破している。ロック・ハドソン、アンソニー・パーキンス、フレディ・マーキュリーなどのスターも倒れていった。ちなみにパンデミック第一三位に、二〇〇九年の二八万人を失った豚インフルエンザが入っている。

それでもエイズ対策はそこそこ進んでいて、いま先進地域でエイズ患者がふえているのはどうやら日本だけになった。なぜなのかははっきりしないけれど、日本はスリーパーエージェント（潜伏ウイルス）に対する警戒心が極端に甘いからだという説が有力だ。

スリーパーエージェントで最も厄介なのはヘルペスである。ヘルペス・ウイルスはいつ暴れだすのかがわからない。宿主《ホスト》の状態を見きわめているとしか思えない。疲労、ストレス、紫外線、妊娠、病気がち、免疫力の低下などを見計らって、てきめんにヘルペスは動き出す。

子供のころに罹る水痘（水疱瘡）、口のまわりに水ぶくれができる口唇ヘルペス、陰部が痒くなる性器ヘルペス、加齢につれて脇腹や背中に激痛が走る帯状疱疹、いずれもヘルペス・ウイルスの悪さだ。なかでもＨＳＶ－１（単純ヘルペス・ウイルス1型）は、感染すると三叉《さんさ》神経節に潜伏して、じっと出動の機会を待っている。

ヘルペス・ウイルスは二億二〇〇〇万年前に、哺乳類が出現する以前に登場したとみられている。真核生物とともにスタートを切って、変異をとげながら動物間にヨコ水平に広がっていった。そのうち七〇〇〇万年前に分化をおこして、その一部が人間を好み、その最も狡猾《こうかつ》なウイルスが三叉神経節に隠れることを学んだのだろう。

ぼくの友人や知人も三人がヘルペスに悩まされた。なかには有名な写真家もいる。なんとも名状しがたい鈍痛に苦しむようだ。帯状疱疹にかかると、自分の皮膚が異質なものに冒されているという奇怪な実感に耐えられなくなると言っていた。しかも日本はワクチン対策がかなり遅れている。抗ヘルペス薬「アシクロビル」のこともあまり知られていない。感染症の歴史は、いまや生物学の歴史に介入してしまったのである。

第一六五五夜　二〇一七年十一月十日

参照千夜

一六二二夜：ポール・G・フォーコウスキー『微生物が地球をつくった』　一六二三夜：別府輝彦『見えない巨人―微生物』　一二七夜：ロビン・マランツ・ヘニッグ『ウイルスの反乱』　一六二〇夜：マット・リドレー『やわらかな遺伝子』　一〇七八夜：畑中正一『エイズ』　四〇二夜：チャールズ・ペリグリーノ『ダスト』

一羽の鳥がもたらした沈黙の春
生態系にはとっくに農薬がまじっている

レイチェル・カーソン
センス・オブ・ワンダー

上遠恵子訳　新潮社　一九九六
Rachel Louise Carson: The Sense of Wonder 1965
「わたしはなにかおもしろいものを見つけるたびに、無意識のうちによろこびの声をあげるので、彼もいつのまにかいろいろなものに注意をむけるようになっていきます。」

彼とは四歳のロジャーという少年のことだ。レイチェル・カーソンの姪《めい》の息子にあたる。レイチェルはこのロジャーをメイン州の森や海辺に連れ出しては、大きな自然や小さな生命の驚異を二人でたのしんだ。レイチェルはロジャーにはどうしてもそのことが必要だと感じたのである。「このようにして、毎年、毎年、幼い心に焼きつけられてゆくすばらしい光景の記憶は、彼が失った睡眠時間をおぎなってあまりあるはるかにたいせつな影響を、彼の人間性にあたえているはずだとわたしたちは感じていました」。

本書はそのロジャー少年に捧《ささ》げられた。原文は一九五六年に「ウーマンズ・ホーム・コンパニオン」に掲載された。ロジャーはその後、五歳のときに母を失い、それからはレイチェルに引きとられて育てられた。レイチェルはいつかこの原稿を膨らませて単行本にしたいと考えていたようだったが、それが叶《かな》わぬまま、一九六四年に五六歳の生涯を閉じた。

本書はレイチェルの死後、友人たちが惜しんで掲載原稿そのままに出版したものである。原書は大判でメイン州の森と海の写真入りだが、日本語版ではすばらしい翻訳に加え、八ヶ岳に住む森本二太郎のカラー写真が添えられている。

センス・オブ・ワンダーとは、レイチェル自身の言葉によると「神秘や不思議さに目を見はる感性」のことをいう。「目を見はる」ところが大切だ。この感性は、これもレイチェルの説明によると、やがて大人になると決まって到来する倦怠と幻滅、あるいは自然という力の源泉からの乖離《かいり》や繰り返しにすぎない人工的快感に対する、つねに変わらぬ解毒剤になってくれるものである。

そのセンス・オブ・ワンダーをもつことを、レイチェルはどうしても子供たちに、また子供をもつ親たちに知らせたかった。なぜなら『沈黙の春』(新潮文庫)の執筆中に癌の宣告をうけたレイチェルは、自分の時間がなくなってしまう前に、なんとしても自分が生涯を懸けて感じた「かけがえのないもの」を次世代にのこしておきたかったからだった。その「かけがえのないもの」とは、地球を失ってはならないと感じられるセンス・オブ・ワンダーだったのである。

レイチェル・カーソンの『沈黙の春』との闘いは四年間におよんだ。それまでのレイチェルはジョンズ・ホプキンス大学の大学院で生物学を修め、つづいてはアメリカ合衆国漁業局の海洋生物学者としての活動の日々のかたわら、つれづれに科学エッセイを書いていた。

そうやって綴られた『潮風の下で』(岩波現代文庫)、『われらをめぐる海』(ハヤカワ文庫NF)、『海辺』(平凡社ライブラリー)などは、海洋生物学者としてのまさにセンス・オブ・ワンダーに充ちていた。ここまでのレイチェルの人生はきれいな人生だった。

しかし一九五八年の一月のこと、友人オルガーからの一通の暗示的な手紙がレイチェルに届き、それがレイチェルを変えた。役所が殺虫剤DDTの散布をしてからというもの、いつも友人の家の庭にやってきていたコマツグミが次々に死んでしまったという手紙だった。きっとコマツグミはDDTに殺されたにちがいない。この日からレイチェルの四年間におよぶ闘いが始まった。

レイチェルはいっさいの仕事を捨てて、農薬禍のデータを全米から集め、これを徹底分析して、この問題にトゲのように突き刺さっている人類の過剰技術問題のいっさいにとりくんだ。レイチェルはそのトゲを一本一本抜く覚悟だったのである。この研究調査のプロセスのすべてを綴ったのが、世界中で話題になった『沈黙の春』（Silent Spring）にほかならない。一九六二年の出版だった。

全世界が驚きをもってこの一冊を迎えた。どんな環境汚染の研究調査より早く、どんな薬理科学者よりも洞察が深く、どんな自然愛好者のエッセイより慈愛のような説得力に富んでいた。

ぼくが『沈黙の春』を読んだのはずいぶん前になるけれど、そのときの衝撃的な突風のような感触は、いまなお忘れない。こんなふうに、あった。「春が来ても、鳥たちは姿を消し、鳴き声も聞こえない。春だというのに自然は沈黙している」。心やさしい一文のようだが、なかなかこうは綴れない。何かが体の奥に向かってぐいぐいと食いこんできた。

いま読めばひょっとすると古い議論も多いのかもしれないが、当時は、こんな清新な読み物はなかった。しかし、この本ができあがる前に、レイチェルは癌の宣告をうけたのである。そしてそれからは、レイチェルはその存在自身がセンス・オブ・ワンダーというものになっていった。

本書は九二歳で亡くなったスウェーデンの海洋学者オットー・ペテルソンが息子に残した次の言葉を引いて、静かに終わっていく。こういうものだ。「死に臨んだとき、わたしの最期の瞬間を支えてくれるものは、この先に何があるのかというかぎりない好奇心だろうね」。

われわれは、ときどきは目を見はる理科に没頭するべきなのである。

第五九三夜　二〇〇二年八月一日

参照千夜

一六五五夜：石弘之『感染症の世界史』　一六一三夜：別府輝彦『見えない巨人—微生物』　一五一五夜：齋藤勝裕『毒と薬のひみつ』　一〇七三夜：デボラ・キャドバリー『メス化する自然』　一五六二夜：デイビッド・ウォルトナー＝テーブズ『排泄物と文明』　三五八夜：佐倉統『現代思想としての環境問題』

追伸

化石・サンゴ・三葉虫・カラス・感染症

この一冊は「科学」ではなくて「理科」をとりあげた。科学も理科も、もともとはラテン語の scientia (知る、知られたこと) から成語した science の訳語なので同じ意味なのだが、手ざわりや対面感がそうとうちがう。理科にあたる科学は自然科学なのだろうが、科学には社会科学も人文科学も環境科学もある。理科には社会理科や人文理科がない。そのぶん、理科は屈託がない。

実際には近代日本の理科教育が理科をつくりあげた。数学以外の自然科学の基礎を学ぶこと、それが「理科する」になった。リケジョ (理系女子) などというジャーゴンもある。講談社はリケジョ専用のウェブサイトを開いていて、リケジョを商標登録した。

「理科する」は基礎の学びだから観察と実験を重視したが、学校理科にはモンダイもある。ぼくもいっとき、『理科基礎』という高校の検定教科書を監修したことがあるけれど、指導要領がけっこう硬直していることを知った。とはいえ、理科学習の根幹を支えているのは、なんといってもキラキラの自然科学とピカピカの科学者と、理科センセーと「変なおじさん」なのだ。そんなことは、理科好きにはずっと前からのジョーシキだ。本書では、そこを浮上させた。

ピカピカの科学者としては血液循環論のベルナール、『ロウソクの科学』のファラデー、『化学の学校』のオストワルド、『科學と方法』や『科學と仮説』のポアンカレ、湯川秀樹、朝永振一郎を、理科センセーとしては漱石派の寺田寅彦、雪の中谷宇吉郎、星の野尻抱影、化石の井尻正二、生物文明論の本川達雄、生きもの屋の盛口満を、「変なおじさん」としてガモフのトムキンス氏、オリヴァー・サックスが子供時代に憧れたタングステンおじさん、ロンドン動物園にいたモリス、ネコを扱えないエソロジスト日高敏隆、ぼくをデボン紀に見立てた三木成夫、カイチュウ博士の藤田紘一郎、ミジンコの坂田明を、それぞれとりあげた。

実は千夜千冊の第一夜は中谷の『雪』だった。東京に雪が降りそうな二〇〇〇年二月二三日のことだ。千夜千冊はぼくの中のリケオ（理系男子）から始まったのである。一方、キラキラものとしては「鉱物から植物へ、そしてサンゴ・三葉虫から人体の謎へ」という脈絡をつけた。貝、クラゲ、ペンギン、昆虫、フクロウ、カラスらがずらりと並ぶことになった。なかでイチモンジセセリを追った『海をわたる蝶』が読ませる。

理科好きは科学者とはかぎらない。たくさんのアマチュアが自然と交わり、努力と偏愛のはてにコーブツ・ショクブツ・ドーブツと格闘してきた。野尻の星も、牧野の植物も、悟堂の鳥も、益富の鉱物も独学なのである。

独学だけではなく、独創独案独執もある。なかでペットに心も魂も奪われた文人もいた。子母澤寛の猿、江藤淳の犬との日々は、涙なくしては読めない。熱心な江藤淳ファンから「江藤を犬との日々だけで千夜千冊したのは偏見である」とのお叱りをうけたことがあるが、ぼくは江藤の真骨頂が見えていると思っている。

地球は「水の惑星」であって「貝の惑星」であり、「花の惑星」で「虫の惑星」なのである。「理科の教室」はどこにも広がっている。しかし、いまや「ヒトの惑星」として多くの矛盾をかかえるようになった。石弘之の『感染症の世界史』とレイチェル・カーソンの『センス・オブ・ワンダー』がそこを切々と訴える。

松岡正剛

千夜千冊
EDITION

「千夜千冊エディション」は、2000年からスタートした
松岡正剛のブックナビゲーションサイト「千夜千冊」を大幅に加筆修正のうえ、
テーマ別の「見方」と「読み方」で独自に構成・設計する文庫オリジナルのシリーズです。

執筆構成：松岡正剛
編集制作：太田香保、寺平賢司、大音美弥子
造本設計：町口覚
意匠作図：浅田農
口絵撮影：熊谷聖司
編集協力：清塚なずな、編集工学研究所
協　　力：東京書籍株式会社
制作設営：和泉佳奈子

松岡正剛の千夜千冊　https://1000ya.isis.ne.jp/

千夜千冊《せんやせんさつ》エディション

理科《りか》の教室《きょうしつ》

松岡正剛《まつおかせいごう》

平成30年 12月25日　初版発行
令和6年 12月10日　4版発行

発行者●山下直久

発行●株式会社KADOKAWA
〒102-8177　東京都千代田区富士見2-13-3
電話　0570-002-301（ナビダイヤル）

角川文庫 21376

印刷所●株式会社KADOKAWA
製本所●株式会社KADOKAWA

表紙画●和田三造

●お問い合わせ
https://www.kadokawa.co.jp/（「お問い合わせ」へお進みください）
※内容によっては、お答えできない場合があります。
※サポートは日本国内のみとさせていただきます。
※Japanese text only

ISBN 978-4-04-400447-7　C0195

◆◇◇